"十三五"重庆市重点出版物出版规划项目

重庆市出版专项资金资助项目

Yang Yuzhen

100 Sections

Chongqing City in the Early 20 Century in between Text and Images

100像

文字与图像间的重庆城（晚清—民国）

杨宇振　著

重庆大学出版社

图书在版编目（CIP）数据

100像：文字与图像间的重庆城：晚清-民国 / 杨
宇振著.--重庆：重庆大学出版社，2020.2
（重庆近代城市历史研究丛书）
ISBN 978-7-5689-1963-0

Ⅰ.①1… Ⅱ.①杨… Ⅲ.①城市史—重庆—清后期
-民国—图集 Ⅳ.①K297.19-64

中国版本图书馆CIP数据核字（2020）第001729号

100像：

文字与图像间的重庆城（晚清—民国）

YIBAI XIANG:WENZI YU TUXIANG JIAN DE CHONGQINGCHENG （WANQING—MINGUO）

杨宇振 著
策划编辑：雷少波 张慧梓
责任编辑：张慧梓 许 璐 版式设计：张慧梓
责任校对：万清菊 责任印制：张 策

*

重庆大学出版社出版发行
出版人：饶帮华
社址：重庆市沙坪坝区大学城西路21号
邮编：401331
电话：（023）88617190 88617185（中小学）
传真：（023）88617186 88617166
网址：http://www.cqup.com.cn
邮箱：fxk@cqup.com.cn（营销中心）
全国新华书店经销
重庆升光电力印务有限公司印刷

*

开本：720mm×960mm 1/16 印张：20.5 字数：361千
2020年5月第1版 2020年5月第1次印刷
ISBN 978-7-5689-1963-0 定价：88.00元

100 Sections

Yang Yuzhen

100 Sections

Chongqing City in the Early 20 Century in between Text and Images

文 字 与 图 像 间 的

重 庆 城

（晚清—民国）

100像

杨宇振 著

总　序

为城市存史

中国城市史学科肇始于 20 世纪 70 年代末、80 年代初，是在改革开放的大潮中伴随着中国经济体制改革从农村向城市的转移而逐步发展起来的。迄今 40 年了。

那时，我们国家工作的重心开始了从以阶级斗争为纲到以经济建设为中心的伟大转折。在中央高层的酝酿下，提出以重庆为突破口，将国家经济体制改革的进程从农村推向城市。这涉及管理体制的重大变革，其中一个设想就是，让重庆市脱离四川省，以新体制来承担改革重任。这在当时是一件很秘密的事。因此重庆市委对外只能提"如何正确认识重庆在社会主义现代化建设中的地位和责任，更好地发挥重庆这个经济中心城市的作用"。围绕这个主题，1982 年 3 月，以中共重庆市委研究室和重庆市经济学会的名义，召开了"发挥重庆经济中心作用讨论会"。会议的议题只有一个涉及历史——"近代以来重庆作为经济中心所发挥的作用"，希望以此论证由重庆承担国家城市经济体制改革重任的历史逻辑。会议组织者专门约请专家学者撰写了《重庆经济中心的形成及其演进》一文，用近代以来重庆城市由军政中心转变成为经济中心的历史，对重庆在当时国家经济社会发展全局中的作用进行了初步的论述。随后，《重庆日报》全文发表。由党报发表一篇城市经济史论文，不同寻常，加上坊间传闻的"重庆直辖"消息，引起了轰动。这是近代重庆城市历史研究的先声。大约一年之后，1983 年 2 月，中央批准重庆市为全国第一个经济体制综合改革试点大城市。为了搞好这次试点，发挥重庆作为长江上游经济中心的作用，从 1984 年起，国家对重庆市实行经济计划单列体制，从此拉开了中国经济体制改革从农村到城市转变的大幕。

40 年来，伴随着重庆城市的改革开放、发展进步，重庆城市历史研究取得了巨大的进步，在中国城市史研究领域里独树一帜。出版了《重庆开埠史》《近代重庆城市史》《重庆：一个内陆城市的崛起》《重庆通史》《权力、冲突与变革：1926—1937 年重庆城市现代化研究》《当代中国城市发展丛书——重庆卷》《中国和世界历史中的重庆》《重庆历史地图集》《重庆古旧地图研究》，以及《一个世纪的历程——

重庆开埠100周年》、《国民政府重庆陪都史》、"重庆抗战丛书"、《重庆抗战史》、《抗日战争时期重庆大轰炸研究》[1]、《走向平等：战时重庆的外交界与中国现代外交的黎明曙光（1938-1946）》[2]等。

40年中，成立了重庆市地方史研究会，秉持"弘扬优秀传统文化精神，推进地方历史文化研究"的宗旨，团结培养了一大批在中国史（尤其是巴渝、三峡、移民、抗战历史文化）和中共党史、专门史等领域里成就卓著的中青年专家学者，形成了"讲政治，崇学术，重团结，推新人，出成果，走正路"的优良传统，为重庆历史文化研究的繁荣发展贡献良多。

集40年之经验，我以为，以城市史研究和以城市历史研究为己任的学者，只有与城市的命运紧密相连，休戚与共，才会有蓬勃的生命力和持续发展的动力。

近年来，重庆大学出版社提出了编辑出版"重庆近代城市历史研究丛书"，并被批准为"十三五"重庆市重点出版物规划项目，获重庆市出版专项资金资助。这是重庆历史学界，尤其是近现代史学界的一件大好事，是面向下一个40年，重整行装再出发，继续为中国的城市发展提供历史借鉴和学术支撑的重大举措。

"重庆近代城市历史研究丛书"首先确立学术性的定位，即以科学的态度、求实的精神、学术的理论方法来研究城市的历史，努力揭示其发生发展的规律，而不是宣传性、普及性读物。第二，强调原创性的品质。努力开拓研究的新领域，史料的新披露，理论和方法的新运用。不炒冷饭，不做已有成果的简单重复，努力在现有基础上再探索、再深入、再创新。第三，坚持高水平的追求。确立以原创为目标，以研究为基础，以创新为追求的丛书特色，严格审稿标准，实行匿名评审，保证公正和高水准。这是为了在新的历史条件下展现重庆近现代历史研究在新观点、新材料、新方法方面的新担当、新作为、新水平，

---

1 该书随后获国家社科基金中华学术外译项目资助，以《重庆大轰炸研究》为名，2016年在日本岩波书店出版日文版。
2 该书英文版，2018年由荷兰博睿出版社出版。

努力贡献新时代的标志性成果。这种高水平的追求，还有助于在重庆形成包括文献、国际、建筑、文物、影像视角在内的不同的研究群体，完善重庆历史研究的学科结构，进而形成重庆历史学界的新版图。

"重庆近代城市历史研究丛书"，在选题上继续关注传统史学的重大领域，尤其关注那些至今尚没有系统成果的重要领域，比如城市空间、金融、新闻、地图、国际文化交流等；从微观视角入手，研究那些具有典型重庆个性现象的历史领域，比如防空洞、码头、兵工企业等；还从新的史学研究前沿切入，比如用影像史学、数字史学、心理史学、遗址遗迹考据的方法等，研究重庆近现代历史；还期待对独特的城市档案（如巴县档案）和海外史料新发掘基础上的选题。

"为城市存史，为市民立言，为后代续传统，为国史添篇章"是我们研究城市历史的理念，也是我们40年前出发的初心。

不忘初心，方得始终。

与作者们共勉。

2018 年 7 月 23 日
于十驾庐

想象之城

重建一座面貌丰富的

《100 像》和《五十章》是《历史与空间：晚清重庆城及其转变》一书的延续，是我试图以内陆城市——重庆为研究依托，理解自 19 世纪末以来国家和社会现代化转型的一部分工作。《100 像》按照时间过程，从晚清到抗战结束，将文字解说与历史图像结合起来，提供重庆城近代发展过程的 100 个"面相"。然而我很清楚，再多的"个像"都无法完全还原历史的真实，但尽可能多的"个像"却有助于摆脱虚空的想象，多维拼贴、共构出贴近历史真实的可能性，也可能从丰富、细腻的具体"个像"中理解国家与社会转型的结构性关系。"个像"的模样尽可能类型丰富，而不是同质重复。日常生活中的衣食住行、苦乐悲欢，旅外留学生在城市对比中的呼吁，过客的感受、经验和描写，地区与国家的政治变动与城市受动，以及交通网络的变化、城市面像的历时改变、特别事件与人物、抽象结构与具象事物关联变化等都是我关注的，也体现在"100像"的选取中。在具体写作过程中，我根据手边现有的文献，特别是历史图像材料，调整了内容的选取。我在《历史与空间》的后记中说，"能不能利用这些图像资料，结合历史文献的研究，从不同方面拼贴出一座想象之城？能不能将人们生活的状态与城市的个性结合在一起，思辨两者间的关系？能不能同时从结构性和细微之处来看这座城的历史呢？"《100像》是对这些问题的回应。希望这种文字解说和历史图像相结合的方式，能够使读者阅读愉悦，读之有益，读之有趣。

《五十章》是在对大量的历史文献梳理中产生的。重庆是个生动活泼的城，但如何具体的生动活泼，显然缺少必要的整理。在我读大学的时候，沙坪坝南开步行街里还可以摆摊设点，有不少街头书摊。我曾在书摊上买过一套上下两册的《北京乎》。我很是喜欢这套书，至今还摆在床头随时翻阅。2003年春到2005年冬我在北京工作，《北京乎》里各位名家的文字，常使我遥想旧时的北京状态。《五十章》里的文字选择，却不必然是名家的，也不是完全的散文体。我的目的在于通过这些历史文字的编汇，用鸟瞰和游荡的方式，和《100像》一起，重建一座面貌丰富的想象之城。这当然是一种不能实现的野心，却是值得做的事情。另外，我对城市历史地图有着深厚兴趣。《五十章》里各章间插入了尽可能与选编文字相应时期的重庆城历史地图（重庆市规划局、重庆市勘测院编撰的《重庆历史地图集》和蓝勇教授主编的《重庆古旧地图研究》两书提供了研究的便利和指引）。我期待读者在阅读各章时，能够文图对应，建构自己的想象之城，游荡在地图里的街道中,去感受彼时城市的这样或那样的状态。

这里要致谢重庆大学出版社的雷少波、屈腾龙、孙英姿、张慧梓同志,是他们的督促和努力促成了《历史与空间》《100像》的写作,《五十章》的选编。特别要谢谢张慧梓同志在编辑过程中的耐心、细心和辛勤付出。也要谢谢协助我进行文字选编和图像处理的诸位同学。这三本小书是我一段时期研究重庆城市历史的小结。虽然我生活在重庆,但对重庆并不很了解。我想这是大多数人的状况——并不了解生活着的城市。历史研究是理解城市的一种方式,是试图超越日复一日劳作空间限制的可能。我想,也还可以有其他的路径值得探索。

杨宇振

2019.11.6

目　录

▲
▲

导言　消失的一种城的气象和灵韵

一

怎么样写一座城的历史？经济学家们喜欢统计数据，把城的人口、土地、产业数据一一按序罗列纸上，经由数据涨落讲城的兴衰。地理学家描述城的方位和交通、地质构成、产业空间布局和某些独特的景观。敏感的诗人抓住了城的一瞬，或晨曦间的光影，或日暮时的离愁，写下人景感应的词语和诗句。小说家描述的城，是一个个人在城里行移，在城里因为此事彼事交织成的人间悲剧或者喜剧——它们是虚构的城，却来自真实的城，又构成这座城的一部分。建筑家惊喜地发现城里城外的精致建筑，用笔直或弯曲的线条在纸上刻画下飞檐或石雕的模样。可是在小孩眼里，城太巨大复杂，他/她记忆里的城，他/她的历史的城，可能就是家，就是家旁边的空地和水坑，是和隔壁邻居小友的游玩和打闹。菜农的城市历史，是每天从家屋到菜田、从菜田到街市、从街市返回家屋的历史。船夫的城市历史，大概有点不同，他们不常行走在城里，不在大街小巷里游荡，他们聚集在喧嚷的码头，他们划船离开城，却可以回望城的整体，看到城的至少是一部分的全貌。

这里出现了两种城。一种是抽象的城，数据、词语、故事、观念构成的城，一种是具体的城，每一个个人和物、和其他人互动共构的城，是各种日常生活的城。抽象之城的写者往往得意于长期的历史数据的完整、"乾坤万里眼"般的词语的优美、人生故事的跌宕起伏。但它们不是具体之城里"微民"的关注，他们往往焦虑于"近忧"，忙碌或苦恼于当下的手边事情。

一种城市历史的写作，是抽象之城与具体之城结合的写作。卡尔·休斯克在《世纪末的维也纳》中，用七个不同的方面（包括音乐、哲学、经济、建筑、心理分析等），共构了19世纪末20世纪初维也纳政治与文化转变的种种复杂纠缠和尖锐矛盾。大卫·哈维在《巴黎：现代性之都》中，用历史地理唯物主义的观点细细描写了第二帝国时期的巴黎，一个从中世纪模样的巴黎，经由路易·波拿巴和奥斯曼的规划和实践，转变为一个现代的巴黎。哈维不忘讨论国家权力、金融、地租、劳动力的生产与再生产、城市空间结构的转变，他也重视城市转型中的经验困境与人们对快速变化的城市生活的各种表述。

还有一种城市历史的写作，是卡尔维诺的《看不见的城市》。也许它不能被称为历史的写作，它是哲理的历史。它不提供城市的数据，它的故事是寓言式的故事，它发生在抽象之城，它也存在于具体之城中。卡尔维诺说："如果你想知道周围有多少黑暗，你就得留意远处的微弱光线……我可以告诉你，高低起伏的街道有多少级台阶，拱廊的弧形有多少度，屋顶上铺的是怎样的锌片；但是，这其实等于什么都没有告诉你。构成这个城市的不是这些，而是她的空间量度与历史事件之间的关系：灯柱的高度，被吊死的篡位者来回摆动着的双脚与地面的距离；系在灯柱与对面栅栏之间的绳索，在女王大婚仪仗队行经时如何披红结彩；栅栏的高度和偷情的汉子如何在黎明时分爬过栅栏。"[1]

《100像》是阅读城市历史的一种方式，是试图越过"这其实等于什么都没有告诉你"藩篱的尝试。它是晚清到民国间重庆城历史的一百个断面图，需要读者自行组合这一百个断面图，通过想象去组构一座更完整城的曾经模样，去洞察和理解它的气象。

二

> 城市不会泄露自己的过去，只会把它像手纹一样藏起来，它被写在街巷的角落、窗格的护栏、楼梯的扶手、避雷的天线和旗杆上，每一道印记都是抓挠、锯锉、刻凿、猛击留下的痕迹。
> ——卡尔维诺，看不见的城市

卡尔维诺说的街巷、护栏、扶手、天线，描写的每一道印记都是

1　卡尔维诺，看不见的城市，上海：译林出版社，2006年，第60、8页。

"像"。它们是具体的物像、具体的事像。恰恰是这些"猛击下的痕迹",这些在物像上留下痕迹的事像,构成了城市的"手纹",城市泄露自己过去之"象"。"像"是具体之城的外在显现,是"编竹为屋,架木为砦""霜寒催晓角,石气录高城",是拉纤的"25个全身赤裸或者半赤裸的汉子",是"名城危踞层岩上,鹰瞵鹗视雄三巴",是"上流社会之人,均造西式之屋居住",是"泮池前的魁星楼亭亭树立",是"群峰紫翠何纷纶",是"龛寂一幢定,磬明四山答""羊肠一线路,片石耸云孤",是鲍希曼记录的"石材、陶、灰泥、镶嵌与瓷片",是中野孤山说的"性情温和,不像湖南和湖北人那样彪悍",是在重庆城里的史医生和贝医生。它们共同拼贴了晚清、民初重庆城之"象",一种城的势态,气象和灵韵。

但这种气象和灵韵终于要黯淡下去。它要接受现代性的挑战,它终于沉淀隐退下去,成为一种记忆。卡尔维诺又说,"记忆也是累赘,它把各种标记翻来覆去以肯定城市的存在"。卡尔维诺也许是对的。但是,又有谁能够绝然而然地不要记忆,切除记忆呢?问题的关键,是要经由研究者,经由抽象之城与具体之城的结合,尽可能地贴近历史的真实,避免历史叙事的粗暴切割、剥夺性的摘取[2],避免历史叙事严重的简单化,避免为后来者提供"伪象",避免在历史过程中留下"陋像"。

三

每一座城市都需要一个符号,一个名字来使得人们记住它。深在内陆的山地城市,从清末的"重庆府"到民国的"重庆市",是19世纪以来全球格局变化中地方状态改变的显现,是帝国王朝向民族国家转变的表征。这座城的气象缭绕在大江、大山之间,离不开长江、嘉陵江,离不开秦岭、云贵高原的滋养。大山隔离了城和山外的世界,大江却联通这座城和许多布落在山水之间的城,使得重庆府治城成为地区的水路交通枢纽。耕作于山地和丘陵,日常劳作更加辛苦,更加漫长。

2　杨宇振,历史叙事空间化与日常生活——空间的当代社会实践,《城市建筑》,2015年第34期,26-28页。

山地和丘陵也就意味着生活的艰辛和不易，孕育着这座古城一缕不断的气象。古语有言"巴出将，蜀出相"，道出这两个地方的典型差异。可是，渐增的流动性叠加了这座城另外的一种神态。它生活艰辛，它地理隔离，可是它仍然是"名城"，是川省人心中的大城，是地区枢纽，是在一个封闭世界中的"得风气之先"者。这种率先窥得外部世界的状况，使它自得、自满（相较山里的其他城）和自卑（相较下江的发达之城，也许有吧）。可以说，清末民初的重庆之于四川省，可以类比于开埠后的上海之于中国。这样的类比不很恰当，但在陆路机动车交通没有开通之前，重庆始终是从长江入川的咽喉之城。1931 年美国医生贝西尔到重庆行医，他说："时间渐渐过去，我最初对重庆所生的反感完全消灭了。并不是后来对污秽与臭气比以前觉得喜欢起来，实在是习惯把这些可厌的东西和整个背景混合了，所以它们不再扰乱我对全盘景象的爱好。这个码头，对美国人的主要吸引力是它的生命永不停滞这一点。重庆是全中国的起点，也是全中国的尽头，它的活动永不静止，而是转变不已的。就沿海各省、华北与整个长江流域而言，重庆是最后一个商埠，更就另一面深入喜马拉亚的心脏的广大神秘领域而言，它又是与西洋接触的第一扇门户了。"[3]

20 世纪 30 年代以后川省公路开始四通八达，水路仍然是沟通区域内与区域间的主要通道。两江交汇的水路枢纽带来流动性，带来财富、信息和斑驳的各省人士。于是，这座城的气象是两种状态混杂交织构成的奇异模样。一种是在山地丘陵间的农人，日复一日代复一代耕田劳作，他们需要比其他自然条件好的地方的人们更加辛劳才能养活家人。几无停顿的耕作是日常状态，阻碍了他们停下来看看自己，看看周边风景，听听远方的消息，即便府城就在几十里、几里路的不远地方。两江交汇的重庆府城，重庆商埠或者重庆市，是整个四川省里流动性强度最大和速度最快的城。极度的静和极速的快形成鲜明对比，如白纸上的红线；极大的静和极快的小形成了鲜明对比，如连绵身体上几不可见的针灸点。极静与极动相互拨动作用，重庆城的气象就在这缓缓的运动中孕育和变化。19 世纪末，极动日渐雄起，吸吞了一些极静，

3　贝西尔，美国医生看旧重庆，重庆：重庆出版社，1989 年，第 172 页。

破坏了一些极静。重庆城内各省奢华的会馆林立，各级庄严的官衙、各类大小寺庙遍布，城外江滩竹撑的极度贫苦人家的吊脚楼密布，就是重庆这一矛盾又独特气象的外在显现。城内外到处都是的不同等级的烟室、妓馆、茶室是极动与极静的交汇处。上上下下的山地街巷增加了它的复杂性，孕育出一种现代化进程中的杂乱，杂乱中的现代模样。分裂的静越来越依附这地区的中心，地区流动性的中心。然而这地区的流动性，却不是它自己可以握住的，可以掌控的。它日益陷入国家的事务，更大范围地区的更加频繁的经济往来，它越来越受动，越来越失去静时还可能具有的一些稳定性。

四

《100像》里试图捕捉的是变化中的却不可见的重庆城气韵。它留存在泛黄的历史文字之中，在遥远事件的细节里；在渐多的外国传教士、商人、医生的各类记述中，在彼时某一刻被录刻下的斑斓照片里；在入夜后飘摇昏黄的油灯和时断时续的电灯光亮之间，在从江里经由无数台阶晃动抬来的水和在城里定点供应的机器水之间，在白色的缠头布、草鞋和光亮的西装革履之间，在古老的石砌城墙和新开拓的有路灯的马路之间，在雕梁画栋的带有飞檐的会馆和有拱券的西式建筑之间。这样的表述可以继续罗列下去，但无论排列出多少，都还是太狭隘，只见物不见人。重庆城的气韵，凝滞和萦绕在熊克武的"防区制"设计中，在杨森大刀阔斧的商埠市政建设光影里，在刘湘欲图统一四川的雄心和战争中，在潘文华小心翼翼平衡军政和市政之间的建设里，在捉襟见肘的财政下的苦心经营之中，在刘航琛长袖善舞的金融和产业运作里，在卢作孚沟通川江兢兢业业的实践和他另类的现代化思考中，也在重庆籍留学生焦虑的呼吁声中："然而重庆的人们啊！请你们也不要太乐观了吧，起来呀！别老是这样的糟、糟、糟！……！"[4]在贝西尔观察到的"中间人"里："使我想起其他千百个像他一样的留学生。他们中间有许多因太着重西洋化而受了错误的训练，回得家来，

4　介光，说重庆的糟，《渝声季刊》，1926年，第7期，第35页。

只觉得自己荡在两种文化的中间，而一种也不能插足进去。"[5]

这样的表述依然可以继续罗列下去，但无论排列出多少，也还是嫌狭隘，只见人事而不见区域格局变化与城的关系。1935年之前川省军政与行政的分裂使得重庆成为兵家必争之地。全川最大流动性的空间是获得财税的肥沃之地。四乡里的田赋是静态空间里的有限产出，不能满足和支持突变的巨大需要，如大战所需的消耗。对农村的极度挤压，促进畸形城市化，也自然生产着暗流涌动的反对势力、革命力量。现代产业和金融的产出，却可以提供瞬时需要，只不过它们的生产是关联性的结果，是远方它处和本地市场之间相互作用的结果。刘航琛曾经说，南方国民政府之所以能够战胜，很大程度是因为占据了上海这个大商埠；如果刘湘占据的重庆商埠不能培养出现代的金融、工业，也就不能取得地区战争的胜利。1935年以前，地区战局使得重庆成为最重要的一个税源地（这成为它最基本的角色了），支持刘湘打败川中其他军阀，统一川政。市政建设的目的不是改善人民的生活，而是在军阀竞争的状况下（通过现代化表征合法性），促进市场经济（通过培育市场汲取财税）的强制性要求。中日战局激化、川政统一、三峡天堑、地理区位等原因使重庆在1937年成为国民政府战时首都。1935年蒋介石入川考察前，已经计划开辟后方省市间的陆路交通路线；随后的十来年间，重庆成为大后方区域交通格局的枢纽，新闻报道的中心，这是时势使然。

五

巴金在《寒夜》中写了曾经充满理想的一对大学毕业生。抗战中他们逃难到重庆，堆挤在密集的下江人群里，生活在被战争压迫的日常的种种矛盾里。在一个高度挤压的氛围中，生活里的一点小冲突往往爆发出令人无比烦恼的家庭战争。于是抗战时期的重庆城成了人性的舞台和解剖台，这大概是中国其他城市所完全不具有的一段情景。仓皇逃难的各种不同类型的人在很短时间里堆聚在一个小

5　贝西尔，美国医生看旧重庆，重庆：重庆出版社，1989年，第174页。

小的半岛上面。吃的和住的都成了问题。粮食匮乏是一种恐慌，难觅得一间房子或者房租昂贵又是一击。但这只是对拿薪水的小公务员而言。商贾巨贩、高级官员，向来不缺面包黄油咖啡、澄阳湖的螃蟹、加尔各答来的大衣、香港的皮鞋，甚至是福特汽车、别墅和游泳池等。懂得投机的人在一个投机的时代自然活得比老实巴交的人舒畅。《寒夜》里的主人公汪文宣就是这么一个"小人物"，一个老实的小公务员，郁郁的他最后终于死在抗战胜利的鞭炮声中——这真是讽刺。战争带来的压力就要卸去，生命可能回到原来轨道，最终却还是凋零。巴金写的虽然是小说，内容却是来自他在重庆城里点点滴滴的生活经验。他说："《寒夜》中的几个人物都是虚构的。可是背景、事件等等却十分真实。……我想说，整个故事就在我当时住处的四周进行，在我住房的楼上，在这座大楼的大门口，在民国路和附近的几条街。人们躲警报，喝酒，吵架，生病……这一类的事每天都在发生。物价飞涨，生活困难，战场失利，人心惶惶……我不论到哪里，甚至坐在小屋内，也听得见一般'小人物'的诉苦和呼吁。尽管不是有名有姓、家喻户晓的真人，尽管不是人人目睹可以载之史册的大事，然而我在那些时候的确常常见到、听到那样的人和那样的事。那些人在生活，那些事继续发生，一切都是那么自然，我好象活在我自己的小说中，又好象在旁观我周围那些人在扮演一本悲欢离合的苦戏。"[6]小说是直接来自真实世界的虚拟，却是对真实的观察、提炼和批判。战时重庆城里高浓度、高强度的人生经验，日常生活中各种尖锐的矛盾冲突，是小说的素材、杂文的素材。茅盾写下长篇小说《腐蚀》，张恨水有《山窗小品》，司马讦写了莫泊桑式的杂文《重庆客》，宋之的写下话剧《雾重庆》。逃难的犹太人沃尔夫岗在多年之后写下《重庆往事》，讲他自己的故事，讲这个苦难之城怎么收留了他，他又如何成为这座生活之城的一部分，令人难以置信的是他甚至成为袍哥的一员。

这些人的事情还可以一件一件数说下去。它们是这一段历史里最真实的重庆城的一面。

6　见《寒夜》的附录一"谈《寒夜》"。

六

什么是重庆？或者说，什么是一个城市？每一个人都有他／她理解的城市；每一个在重庆的人，都有他／她自己的重庆。它存在于人的观念之中，在市民的社会生产和交往过程中，在无数个体的日常生活之中，在每日炊食中、来回的路途里和各种细碎的小事间。重庆不仅是物质实体，不仅是一堆房子和一些道路，它是观念、情感和记忆，是社会实践，也是生活状态。于是没有唯一的重庆，却有各种不同的重庆，多样差别的重庆，因着多种不同的人，持有差异观念的人，各种城市经验的人和不同生活水平的人。

如果从外部看，却可能存在着一种总体的重庆，一种由经济、政治、行政、社会、历史过程、自然地理等共同构成的总体重庆。它忽略了内部各种细微、多元的差异，它将重庆置放在更大的空间范围中，在国际、全国、区域等范围里检视重庆，将重庆与其他城市进行对比。这种对比是从外部对重庆的一种总体认识和感知，却往往只能看到城市的某一或某些方面，特别是重庆与对比城市的差异处，构成强烈的感知，进而被反复述说，通过各种报纸杂志和著作等的传播，强化了差异意象。于是，重庆存在于个体的经验与被言说的总体差异之中。从晚清到 20 世纪中期，无论是个体的经验，还是总体的差异，越来越受制于地方城市的现代性状况。现代性的差别，逐渐支配城市总体的感知与认识，却不能抹除个体间的经验差异，甚至加深和区别了其间差异。城市于是在总体上越发显出一致意象，也呈现出更加破碎、多样和差异巨大的个体经验。

或者也可以说，晚清到民国的重庆城，在区域格局的变化中，在流动性的冲击下，逐渐消散了它原来的气韵。它是一大片连绵的小农景观地里的一点，却像是一个针灸点，一个追求商业繁荣、金融发达的城。它是猪鬃、桐油、药材、兽皮等各种初级商品的地区转运中心，连接了西南西北腹地和长江下游地区。它需要现代化，但这种现代化是被迫的现代化，更多是在军阀之间竞争下追求合法性的结果。被迫的现代化更重要的一层力量，是商贸交往地区渐进、整体的现代化所促进的。这是一种外部性的强制力量。现代化需要一整套一致化的现代化语法、语言和空间，它要强迫性地改变旧有的状况。1925 年巴县议会的李奎安提出《创兴重庆大学意见书》，谈到巴县闭塞，以至于与其他发达省份地方的人们交往中发生各种分歧和纠纷。这是在观念和知识方面的现代化需要。商业发展还需要现代化工具和载体，银行、报纸、电话、电报、汽车、轮船、飞机都是商业竞争中的必要利器。

七

"消失的一种城的气象和灵韵"其实是一种误判。1947 年朱家骅曾经谈到，重庆在四川超越成都，后来居上，得益于长、中、短三个时段的变化，即唐宋以后中国政治经济中心转移到长江下游、清末的商埠开辟以及战时的国民政府西迁。城市气韵存在于关系的变化之中，不仅在它自身状态。清末商埠开辟是地区与城市现代化的开始，是整体性状况转变的开始。晚清到民国的现代化过程中，的确是消失了一种重庆城的气象和灵韵。缓慢的变化不容易察觉，可是如果直接翻阅对比清末和抗战后的重庆城照片，就可以很直接得到两种很是不同的城市状态的经验。但一些不可见的结构性的关系并没有改变。重庆仍然深处于中国的内陆，重庆仍然是一座山水之城，重庆与成都仍然还是共生与竞争的关系，重庆仍然是区域的中心，现代化的进程并没有停止。从这个意义上说，重庆城的一部分气象和灵韵并没有消失，它存在于我们的意识当中，存在于我们如何理解从区域结构到日常生活的城市状态中，存在于我们如何智慧和创造性地实践从抽象结构到具体事物的关系之中。

（注：导言部分内容及正文中有十章发表在 UED 杂志 120 期）

1 像　城市的历史

> 涂山斜月落，巴国曙鸡鸣。乱艇烟初合，三江夜潮生。霜寒催晓角，石气录高城。不寐闻猿啸，迢迢入峡声。
>
> ——【清】王士祯：渝州夜泊

怎样能够记住一座城市的历史？

这是无解的发问。没有谁能够完全"记住"，完全洞察城市的过去。任何一座城市，都没有一种可以完全把握的历史，却有着各种各样的过去。

城市的历史写在江中石梁的浪痕缝中，留在磨亮的石阶上，刻在石筑城墙上的洞里；衙门口的告示是它的威武面孔，茶馆或者会馆、治所里的众议是它的一面，可能意味着不久将来的改变；城市历史存在于老百姓细细碎碎的交谈言语中，在"我记得""我就是记得"开始的语句中，也在地方儒士意兴阑珊的诗词中、勉力编撰的方志和图经中。

1672年，王士祯途径重庆府巴县时，写道："江中遥望渝城，因山为垒，邈在天际，女墙阓阓，缭绕山巅……濒江人家编竹为屋，架木为砦，以防暴涨。"这是他对重庆的第一眼印象——也是后来两百多年间许多人的第一眼印象。接着他引用《水经注》《吴船录》《倦游录》等记载来回溯这座城的历史和特点。他在《渝州夜泊》中提炼了这种直接的经验，写下"三江夜潮生""石气录高城"的诗句。

乾隆十六年（1751年），巴县知县王尔鉴主持编的《巴县志》，到乾隆二十五年（1760年）始成。他说："维巴之城，维石岩上；一叶云浮，两道虹盘；既刚且险，鸿垆鼓铸；坚以一心，金汤永固。"王尔鉴本和向楚本的《巴县志》是"记住"清至民国重庆城历史最重要的史料。

乾隆《巴县志》中的重庆城图并不详尽，只是一圈城墙中几个重要机构的表达。光绪初年间的《渝城图》可能是民间的图绘，立体而生动，图中码头和城门详尽（图1）。光绪十二年（1886年）巴县知县国璋主持绘制《重庆府治全图》，详细记录这座城的道路、码头，各种官方、民间的机构，以及周边的山形水势。随后有张云轩、刘子如等的图，各图间的区别记录了这一时期城的变迁。

图 1　渝城图（局部）
　　（图片来源：原图藏法国国家图书馆）

② 像 川 江

巴水急如箭，巴船去若飞。十月三千里，郎行几岁归。

——【唐】李白：巴女词

一座城的命运和奔流不息的大江连在了一起。从叙府（宜宾）来的大河（长江），从保宁府（阆中）、顺庆府（南充）来的小河（嘉陵江）交汇于朝天门，接着向北流过大佛寺再遒劲折回向东，一路蜿蜒曲折地奔涌着，穿过瞿塘峡、巫峡和西陵峡，把重庆和四川其他地方及长江中下游地区紧紧地联系在一起。这座城不是城自身，是各种网络的节点。

重庆到宜昌一千三百余里的下川江，历来是激流汹涌的天堑。川江两岸，在稍微开阔的地方，就有城镇或者村庄。在清末民初许多行旅者的速描或照片中，巫山、夔府（奉节）、万县都很上相。从江上拍摄的城，完整的城或者局部的城，城墙环绕，屋面高低错落、鳞次栉比，高耸的楼阁式塔点缀得恰到好处，和着远近层层叠叠的山峦，是风景优美的画面。而航程中三峡的壮丽、两岸的景致则留在了行旅者的记录和记忆中（图2-1）。

川江两岸，船工拉纤，回荡着时而高亢悠远，可以划破绝壁一线天；时而低沉急促，可以沉入江底的川江号子。它是喊叫，它是吼叫，是劳动的节奏，也是生命的挣扎。一群群衣衫褴褛的船工、赤裸的船工，肩扛纤绳，身体几乎贴近江滩，一步一步使劲拽着木船越过险滩，是川江两岸再寻常不过的景象（图2-2）。拉纤是两岸人群过活的一种方式。

1861年，英国人布莱基斯顿溯江而上。他写道："25个全身赤裸或半裸的汉子用一条长长的竹绳拉着我们的船飞速行驶……看看他们是如何沿着陡峭的岩岸快速爬行的吧！有时他们需要手脚并用，有时仅以脚趾立足，有时又经过倾斜的光滑岩石，只因他们穿着草鞋才不至于滑入下面泡沫翻滚的江流中"；[1]他接着用一大段文字来描写纤夫拉纤的情景：凶猛的江流，江中恶石的拉锯，纤头的古怪行为和纤夫们的高低呼号。

（领）咳呀呀咳咳，（合）咳 咳／（领）清风吹来凉悠悠，（合）咳 咳／（领）连手推船下涪州，（合）咳 咳／（领）有钱人在家中坐，（合）咳 咳／（领）哪知道穷人的忧和愁，（合）咳 咳／（领）推船人本是苦中苦，（合）咳 咳／（领）风里雨里走码头，（合）咳 咳

图 2-1　1861 年布莱基斯顿一行绘制的巫峡（上）和石宝寨（下）

（图片来源：Thomas Wright Blakiston, Alfred Barton. *Five Months on the Yang-Tsze: With a Narrative of the Exploration of its Upper Waters, and Notices of the Present Rebellions in China*, London: John Murray, 1862）

Pulling junk up rapids at a distance.

American Dispensary, Chungking, China.

图 2-2　长江上的木船和纤夫

（图片来源：南加州大学数字图书馆）

3 像 江行重庆

名城危踞层岩上，鹰瞵鹗视雄三巴。

——【清】张之洞：重庆府

事情在慢慢改变。19 世纪中期的清朝，和莫卧儿、奥斯曼等历史久远的王朝一样，遇到了前所未有的尖锐挑战。这是不同生产力、生产方式之间的冲突。清政府屡次和西方列强交锋失败的结果是，经由签订条约，开通商埠，西人深入内陆传教、经商和探险，地方日常生活状况慢慢发生改变。

1860 年 10 月底中英在北京批准和交换《天津条约》，其中第九款规定"英国民人准听持照前往内地各处游历、通商，执照由领事官发给，由地方官盖印"。不久后的 1861 年 2 月初，英国人布莱基斯顿组建"扬子江考察队"，探查扬子江流域的航道、矿产、社会民情和贸易等状况。

经历漫长的行程之后，布莱基斯顿问，这条大江是否适合汽船航行呢？他接着又回答道："如果没有牵引的话，不管哪种汽船要上溯激流肯定是不可能的……唯一能够溯行激流、在宜昌以上大江任何区段都能安全航行的汽船是那种短小、平底、马力强大的船只，并配有独立舵轮和单独引擎……还必须配备一支前舵或者长桨。"[2] 他描写牛肝峡等的险峻和壮丽时，引用洪堡的话"这种记忆就像回味最优美的诗篇和艺术作品一般，是永远难以磨灭的印象"。[3]

1861 年 4 月 28 日下午约四点半，布莱基斯顿一行抵达重庆太平门。他们在随后几日里接连拜会了道台、在重庆的传教士和主教范若瑟。这大概是重庆民众第一次见到身穿欧洲服装的欧洲人，满城民情骚动。在重庆的传教士们身穿中式服装，剃发蓄辫，认为布莱基斯顿一行人身着欧洲服装的游历是鲁莽之事。布莱基斯顿却说，在重庆及沿途看到的帆船数量众多，规模庞大，使得他们相信重庆在地区商业上的重要性。

5 月 2 日，他们把船溯江上行 1 英里，远离围观人群。随行的巴顿医生在这里绘制了重庆城素描（图 3）。这是迄今为止发现的最早用西式画法绘制的重庆城，一座巍峨矗立在山岩上的城。城墙宛如从坚硬的岩石上长出来，城墙上坐落着屋顶如翼的城门楼，城中点缀着高大苍翠的树木。这张图让我们可以直观感受张之洞笔下的雄踞重庆。

图 3　1861 年巴顿医生绘制的重庆城（局部）

（图片来源：Thomas Wright Blakiston, Alfred Barton. Five Months on the Yang-Tsze: With a Narrative of the Exploration of its Upper Waters, and Notices of the Present Rebellions in China.London: John Murray, 1862）

4 像 晚清重庆府

唐人分镇昧形势，梓州亦建东川牙。

——【清】张之洞：重庆府

1908 年有一则关于"重庆府"很有意思的话。这是载于《河南白话科学报》上的"地理科——第二十五课——重庆府"。这大概是史上 第一次用白话文来讲重庆。它说："……一路上说不尽的滩险，共计大滩二十一，小滩六十有三。自从巫峡到巴峡，水程有八百余里。遥见塔影凌空，来此已是重庆府城外了。"[4]

它接着说："他府城东南北三面临江，是嘉陵江和大江河流的地处，势据险要；他城墙是依着山脚造的，城垛是依着峭壁修的，竟是个天造地设，不假十分经营，形势极其雄壮，又极其险固。譬方门户，巫山县的巫峡，是第一重；巴县的巴峡，是第二重；无怪重庆是个有名重镇，他那烟户万万千千，市镇上来来往往的不绝，真不愧为川东一个大都会。"[5]

这则白话说的是重庆府城。重庆府是辖域范围。清道光《重庆府志》载：重庆府县十一领州二厅一，即巴、江津、长寿、永川、荣昌、綦江、南川、铜梁、大足、璧山、定远诸县及合州、涪州和江北厅。光绪三十一年（1905 年）的《大清帝国全图》中有清晰的重庆府辖域。府内各县、州、厅如何联系？光绪二十九年（1903 年）的《大清邮政公署备用舆图》（图 4-1）中可以看到万县—丰都—涪州—长寿—江北—重庆府的东川邮政路线；从重庆府向南到綦江、向西分两路走永川、合州，接着分别走泸州、荣昌、顺庆、潼川府，再到成都府。光绪三十三年（1907 年）的《大清邮政舆图》（图 4-2）中重庆府邮政路线更加复杂，除江北、江津两条短途路线外，区域性的长途路线达到 6向；彼时重庆还设有电报和火汇局。

1910 年《新闻报》转《字林西报》"重庆府市政进步"，言"今之重庆非二三年前之重庆可比，商业及文明均有进步，且喜输入新法，上流社会之人，均造西式之屋居住。一年前瑞记洋行之重庆分行已承设电灯，其工程司于去岁乘蜀通轮船抵重庆……此真数年梦想不到有此一日者也"。——"此真数年梦想不到有此一日者也"，这真是一句谶语。重庆府在辛亥革命后随即废置，成为一个历史符号。

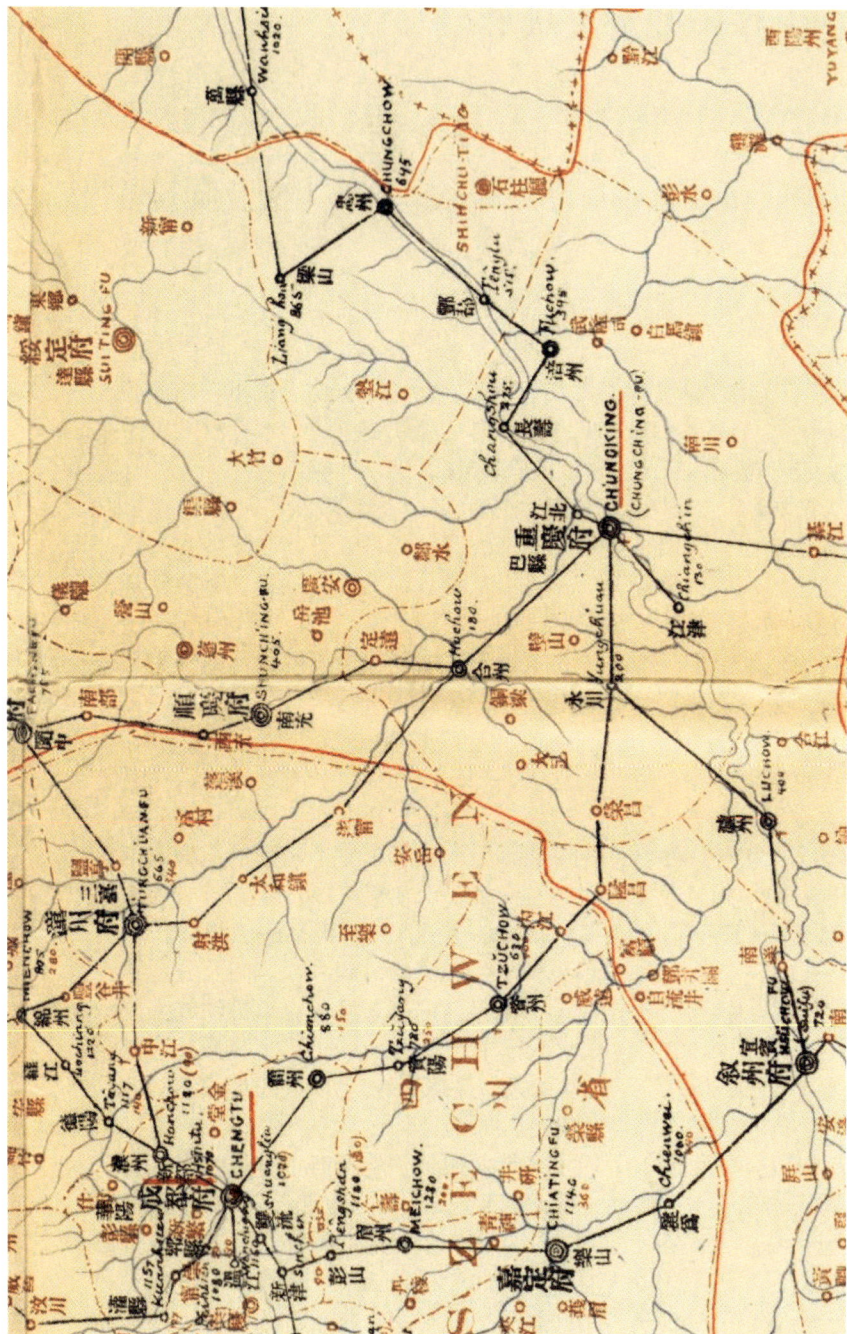

图 4-1　1903 年大清邮政公署备用舆图

（图片来源：哈佛大学图书馆开放数据库）

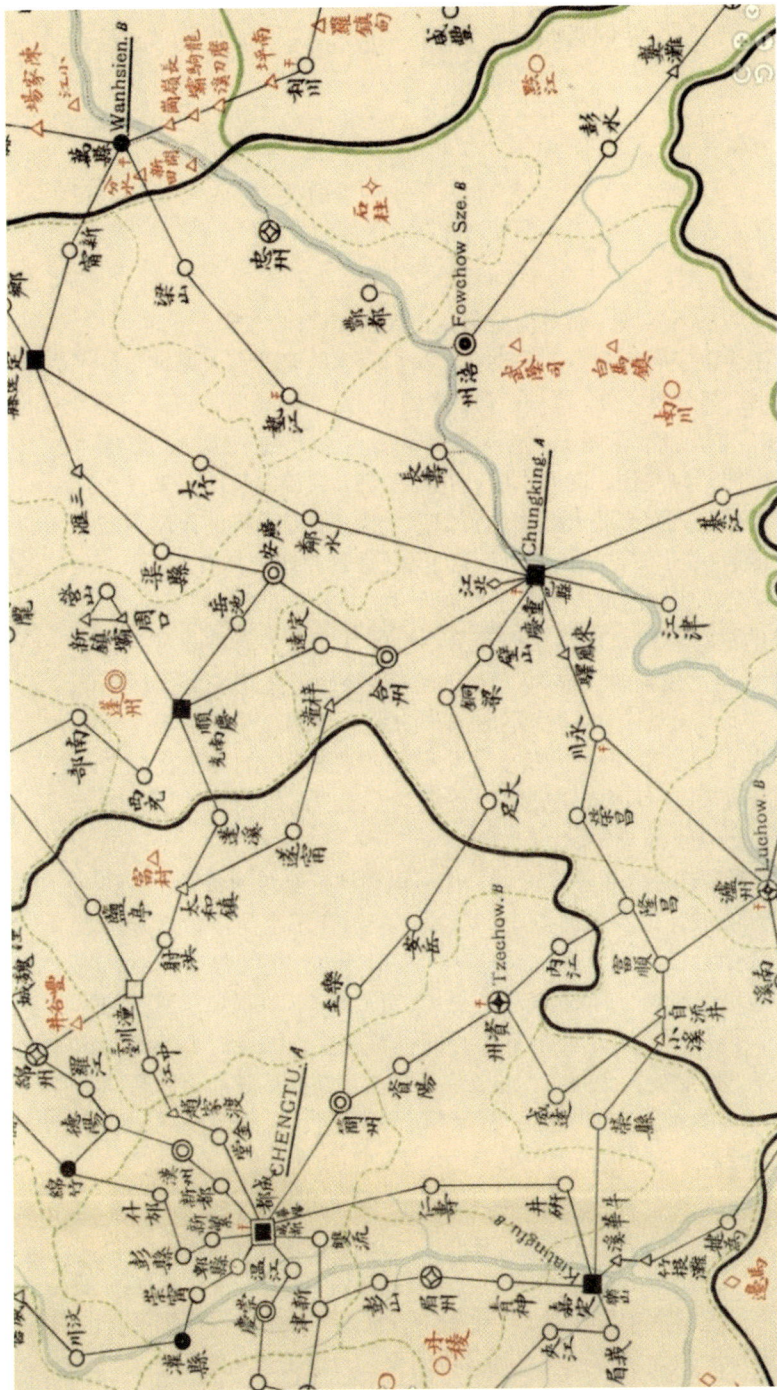

图 4-2　1907 年大清邮政舆图
（图片来源：哈佛大学图书馆开放数据库）

5 像 大河城岸

百折来峰顶，三巴此地尊。层城如在水，裂石即为门。

——【明】曹学佺：登涂山绝顶

府城精华在下半城，在城南城东，在大河城岸。

国璋在《重庆府治全图》中讲："渝郡为水陆交冲，人烟辐辏。据东川之形胜，萃全蜀之菁。贾楼民居，鳞编栉比，层楼叠屋，一望迷离。"刘子如的《重庆府治全图》图上题序中说："渝乃蜀东要地，形如龟而活泼，颈似鹅以高扬，四面水围，九门壁峭。自神禹疏治以来迄今，其形如昨。盛迹古而志载人烟密而善多。"这座城是怎样的人屋稠密？怎样的高低起伏？怎样的让人游荡其间又往往容易迷失其中？

试图看全重庆城的地方不会是巴顿医生站的南纪门江滩一带，不在两河交接的汹涌河口，也不在那奔腾不息的江面上，而是城对面苍翠秀丽的山峦间，在城的"屏障"涂山上。从涂山远望重庆城，很可能有着一种"疏可走马"对"密不透风"的强烈感知。对岸是烟气蒸腾的人间现世，山上是安静平和的云间天堂。登临涂山的文士往往情不自禁地留下笔墨，写下或"层城如在水"，或"渝州天堑地，感慨大江东"（王士禛）的诗句。

在涂山凝视却还是看不完全城，但可以细观这座城的精华，看到立体的、展开的城。沿着大河城岸，城墙环绕，在东水门一带，分布着文星阁、江南会馆、望江楼、禹王宫、广东会馆；稍微靠后一点，略高一点，是川东道府、府城隍庙、巴县文庙（图5，可观川东道府的规模宏大）；再往西一点，就是重庆府衙、老鼓楼、巴县衙等。府衙、县衙背后是"结脉处"金碧山，长安寺正依着金碧山而建。再往高处，柏树密密环绕的是重庆府文庙，棂星门、大成门、大成殿层次分明，泮池前的魁星楼亭亭树立，优美俊朗。据说文庙的院子里还有大桂花树，一到秋日繁花盛开，高大院墙也止不住它的香气四溢。

这是一座迟暮的城。这些照片记录了一座巨变前的城的惊人之美，一座传统的城死亡前的形态和景观。它实在已经极度密集，却在密密细细中，在高低错落中蕴含着、隐藏着一种秩序。恰恰是秩序维系着、连接着这座城。秩序消散也就意味着城的死亡，物质景观的死去。

图 5　重庆府城·大河城岸 2

（图片来源: 南加州大学数字图书馆）

6 像 朝天门

扁舟晚泊黄鱼岭，遥望涂山是故人，便欲招我涉江去，晚烟淡绕江之滨。山头亭子留落照，群峰紫翠何纷纶，期以诘朝当着屐，纵雨无妨垫角巾。

——【清】顾汝修：舟泊朝天门望涂山悠然有作

　　这可能是看完整朝天门最好的角度（图6）。看朝天门往往因为太近而不能真切感知它的雄伟、壮丽；因为太近只能看到城墙的一角、城门楼的飞翼，城门上写着的大大的"朝天门"；因为太近只能看到来来往往光着脚的、衣衫褴褛的挑水工踩着湿漉漉的石阶，看到江滩上卖煤球、卖橘子的摊贩，看到坐在石阶上目光呆滞的乞讨者，看到苦力抬着竹轿子既小心翼翼又健步如飞地上下来回。

　　这是怎样一个立体、生动、优美而又让人感伤的城！大河波光粼粼中倒映着城的影子，船工撑掌着木船，把人从一岸渡到另一岸，却没有意识到他们已经留下一道风景。落踞在岩山上的城，在两岸日夜奔流不止的大江中安稳从容。依然可见被江岸竹编房子遮住大半的高大城墙遒劲有力地弯折过来，护住城里的一切。巨大石阶从两河交接处一直不断上升，再上升，接入端坐的瓮城城门里。重檐歇山顶的城门楼妥帖地落在城墙上，庄严又轻盈；想象着，进入城门楼还要辛苦地继续攀行，折向右再回转过来，就看到主城门楣上饱满遒劲的行书"古渝雄关"。这就要进城了。在英国人立德的记录里，从城门到河滩有240级台阶。

　　城顺着山岩伏展开来，生长开来。官衙建筑、会馆建筑穿插坐落在高处、低处小小密密的民房中；它们高大的屋墙既是为了拒绝一次又一次无情降临的火神，也是在煤雾缭绕、众生喧哗的城里圈划出一块空间。城里没有太多的隙地，却能有几棵大树茁壮挺出重重的屋际，甚是令人惊奇。坚固城墙的周边，是一叠又一叠的竹编房，吊着脚的竹编房子。它们随江河涨落或拆或建。它们慷慨地容纳了这座城的众多贫民和小商贩；它们依附在城的四周，却成了外来人观看这座城的第一眼印象，令他们惊讶于这座城的奇特和混杂。

　　城远处是苍翠的南山，是顾修汝所说的"群峰紫翠何纷纶"。连绵秀丽的山峦群是这座城再美不过的背景了。不，它们就是城不可或缺的一部分，它们和滔滔东去的大江都是这座城不可缺少的一部分。这是一座山水之城。

图 6　重庆府城·朝天门
　　（图片来源：南加州大学数字图书馆）

7 像 南 望

> 高城遥望彩云间，粉堞参差护市阛。带火帆樯斜背郭，上
> 灯楼阁半衔山。
>
> ——【清】朱樟：渝州晚望

在涂山上看城是一种奢侈。那要逐级下到太平门码头，在嘈杂、混乱的各色人群中登上摇晃的渡船，横渡大河，停靠在龙门浩码头，拾级而上，历久才能到山峰，王士禛讲"凡八里，屡折益峻"。或者，也可以骑马曲折攀爬而上。白居易在《涂山寺独游》中说："野径行无伴，僧房宿有期。涂山来往熟，惟是马蹄知。"

日常活动在城里，各种繁琐细碎难缠的事在城里。从府衙、县衙里的窗牖看出去是日常景致。清姜会照写《巴署望江书屋晚眺》："极目长空里，凭栏对晚江。归渔依岸杳，宿鸟入林双。风扫云还岫，山推月到窗，检囊诗欲就，挑户剔银缸。"在王尔鉴拟定的"巴渝十二景"中，从他的望江书屋倚栏远望，就有"龙门浩月"和"海棠烟雨"二景。

王尔鉴讲，旧景中"龙门浩月""黄葛晚渡""金碧香风""浮图夜雨"四景空灵飘渺，在有象无象之间，最为称奇。他有诗写龙门浩月："石破天开处，龙行俨禹门。魄宁生月窟，光自耀云根。"姜会照则写："骊龙珠走字江边，水镜空明别有天。不比蚌胎盈复阔，玉轮终古浪花圆。"王梦庚写："横江刻巨石，激浪悬飞淙。三月春水涨，游鱼争化龙。"

龙门浩因有大石缓阻江水激流，是一处主要的停靠码头。前引顾汝修诗中的"黄鱼岭"，其实是龙门浩中的一处。清张安绂有诗《渝州》："水向峡中去，城缘天半开。龙门留碣石，山上起楼台"，可能是他停靠在龙门浩处所写。海棠溪在龙门浩上游不远处。清刘慈有诗："清溪窈窕兰桡轻，荡入溪中烟水平。两岸海棠睡梦醒，一村春醸香风生。儿童树底逐金弹，少妇楼头吹玉笙。乱后凄凉有明月，芦花处处渔歌声。"很显然，海棠溪的景致更贴近日常状态，更加细腻可亲可近。

从金碧山南望，前可见衙旗、顺地势跌落的叠叠屋顶；江对岸就是龙门浩，稍上是英商立德的洋行，也可见南山诸峰俊秀（图7-1）。这是王尔鉴日常看到的样子吧？视角东转，封火山墙里的屋顶错落有致，屋翼曲线优美，古朴中有一种林徽因提出的"建筑意"（图7-2）。

图 7-1　重庆府城·从城南望

　　（图片来源：南加州大学数字图书馆）

图 7-2 重庆府城·越过会馆屋顶看南岸

图 7-3 海棠溪

（图片来源：安特生相册，可能拍摄于 1933 年）

8 像 建筑意

鹫岭辟禅林，循行开觉路。诸天梵呗喧，群峰围不住。

——【清】王梦庚：觉林寺

　　"建筑意"是林徽因杜撰的一个词，从画意、诗意中延伸出来的一个词。林徽因没有给它一个清晰明确的解释，她只是说，历史的遗构和情景，在建筑审美者的眼里，往往会引起一种特别的感觉，在"画意"和"诗意"之外，还有一种莫名的"建筑意"的愉快情绪。她说"天然的材料经人的聪明建造，再受时间的洗礼，成美术与历史地理之和，使它不能不引起赏鉴者一种特殊的性灵的融会，神志的感触"。[6]

　　"建筑意"是不可言传、不求甚解的；它是一种物引起的观者情绪的难以自已的共鸣，更是一种积尘历史与曾经文化的感染和互动，一种蕴含在精湛匠作技艺中的时空沟通。它可以就在一小片斑驳的断崖石刻上（图8-1），在禅寺钟声和七级浮屠石塔中、在端坐大佛的拈花微笑里、在墓冢石碑的深浅线刻内，在乡间市间的功绩石牌坊和其上饱满的行楷文字间，在祠堂会馆斑斓又简约的屋墙和门头上。大概吧，一种远逝的文化深蕴在物中，一种曾经繁荣、辉煌、精致的历史依附、深藏在物中，一种日渐消失的建造技艺刻嵌在物中，这就是引起有意识、有思辨的观者"建筑意"的原因吧。

　　大河岸的大佛寺就是这样有"建筑意"的一处（图8-2）。清宋家蒸有诗写大佛寺："就石琢巍像，依崖构幽阁。龛寂一幢定，磬明四山答。"这是就山岩凿刻出来的大佛雕像。似如米开朗琪罗之言，只要把石头上多余的部分刨挖去掉，原来坐在山中的大佛，就盈盈地显露出来，来到人间，护佑往来的船工行客。觉林寺也是这样的一处（图8-3）。宋余玠写觉林寺："木鱼敲罢起钟声，透出丛林万户惊。一百八声方始尽，六街三市有人行。"王梦庚的"诸天梵呗喧"回应了余玠写的木鱼和钟声。这似乎是千年不变的情形。晚清觉林寺，大概是得到拍照最多的庙宇。觉林寺报恩塔高耸凌空，是行旅船只接近重庆城时清晰可见的标志和记号，吸引众多行客前来。

　　浮图关也是这样的一处。它因可俯看城池和两江环抱而留有大量诗句。清龙为霖写浮图关"羊肠一线路，片石耸云孤"，甚是形象。

图 8-1　摩崖石刻

图 8-2　大佛寺

　　(图片来源：左图：阿绮波德·立德，《亲密接触中国：我眼中的中国人》，南京：南京出版社，2008 年；右图：日本印行的明信片)

图 8-3 觉林寺

（图片来源：杜克大学甘博照片数据库）

9 像 礼教与官

一泓偃月池，伴水敷芹藻。环桥绝纤尘，涟漪静相抱。

——【清】王梦庚：文星石

清道光《重庆府志》有卷九。舆地卷有关治域、沿革、山川形势、社会风俗等。祠祀卷有关府、各厅州县的庙坛，如府文庙的设立、历次修葺记录就在此卷。食货卷记录田赋、户口、徭役、盐法、物产等，是地方日常经济生产各要事。职官卷包括统纪和题名，非重庆职守但对重庆有功的入统纪，如宋余玠，其中录播州冉氏兄弟献计筑守蜀口形胜地合州；题名为历史中各重庆官属，如李岩，"移屯江州，更筑大城，城周回十六里，欲穿城后山，自汶江通水入巴江"。但绝大多数人只录名字，或列一句如"刚严勤于政治"。学校卷有关学额、学基、学田、书院等，学额关于年取学生定额以及配给粮银；学基讲用地范围等；学田是办学田产及粮银等，如内载"府县（此处指巴县）两学租银除纳条粮外，余银存作修补墙垣及诸生考课茶食等费"；武备卷与营制兵额、驿传、塘铺、团练等有关，既是历史过程记载，也是当下状况说明。武备是相对独立的部分，也涉及武官题名等。驿传、塘铺的设置对理解彼时信息等传递有帮助，其中，比较有趣的是可以看到官俸差别，如总兵年俸银二千余两，千总近一百八十两，马兵三十五两余，守兵则是十四两多一点——进而可以想象他们之间生活状态的差别。选举卷是历史时期地方进士、举人等名录。人物卷是地方社会的乡贤、谪官、流寓等的概录。艺文卷包括著述目录及杂记。比较有趣的是其中附录"祥异"，可窥地方自然地理特别状况，如记有"常璩巴志，江州时有温风，遥县客吏多有疾病"等。以上这些大小巨细事务，都是重庆府、巴县官员（图9-1、图9-2）等要了解或应对的事情。从《巴县档案》上看，地方官吏处理的事要更加具体、复杂和繁琐，也常引起民怨。英国人立德却说，不管人们怎样从总体上骂官员，应该责备的是体制而不是这些人。

知府王梦庚诗"一泓偃月池"讲的是县文庙、府文庙前亦有泮池。府文庙是礼制重要建筑，宋以来各官员多有修葺。晚清礼制在地方转换为一些通俗易懂的语句以达一般民众，如"敦孝弟以重人伦""笃宗族以诏雍睦""讲法律以儆愚顽"等（图9-3，其英文翻译颇有趣）。

图 9-1　晚清重庆高级官员
　（图片来源：南加州大学数字图书馆）

图 9-2 晚清重庆下层官员与兵勇

（图片来源：上图：William Edgar Geil，*A Yankee on the Yargtze*；下图来源：Bella Lucy Bird，*The Yangtze Valley and Beyond*）

THE SACRED EDICT.

倫 人 重 以 弟 孝 敦

Pay due regard to filial and fraternal duties in order to emphasize social relations.

睦 雍 昭 以 族 宗 篤

Respect kindred in order to display the excellence of harmony.

訟 爭 息 以 黨 鄉 和

Pacify the local communities in order to put an end to litigation.

食 衣 足 以 桑 農 重

Magnify farming and mulberry culture that there may be sufficient food and clothing.

習 士 端 以 校 學 隆

Value economy in order to prevent the waste of wealth.

用 財 惜 以 儉 節 尚

Magnify academic learning in order to direct the scholar's habit.

學 正 崇 以 端 異 黜

Extirpate heresy and thus exalt orthodoxy.

頑 愚 儆 以 律 法 講

Explain the laws in order to warn the foolish and wayward.

俗 風 厚 以 讓 禮 明

Exhibit courtesy and complaisance in order to improve manners.

志 民 定 以 業 本 務

Let each man abide in his calling in order to settle the popular will.

爲 非 禁 以 弟 子 訓

Instruct the youth and thus prevent evil doing.

冥 善 全 以 告 誣 息

Suppress false accusations in order to shield the good.

連 株 免 以 逃 匿 誡

Prohibit giving shelter to deserters in order to prevent the implication of others.

科 催 省 以 糧 錢 完

Pay taxes in order to avoid persistent duns.

賊 盜 弭 以 甲 保 聯

Unite the tithings in order to suppress crime.

命 身 重 以 忿 讐 解

Make up quarrels in order to respect the person and life.

图 9-3 通俗易懂的礼教语句

（图片来源：William Edgar Geil. *A Yankee on the Yangtze*）

10 像　日常生活

郭中万户屯，郭外千舟舣。商贾集远方，货贿积都市。承平所休息，富庶诚可喜。衣食礼之端，勤劳生之理。民性失其防，风乃尚奇诡。

——【清】宋家蒸：舟次重庆

　　光绪二年(1876年)的一日，宋家蒸船抵重庆，他描写熙攘的城郭市井，与几年后立德所见，没有太大区别。1883年立德从宜昌溯江而上，记录沿途水文、景致、社会状况，经历21天抵达，第一眼看见重庆时，他说："我久久地站在河水切割成的一个岩石平台(这样的平台有许多)上观看忙碌的苦力队伍为庞大的帆船队装货卸货，帆船上满载着东部、北部和西部的各种物产，一队队搬运工人，辛苦地背着未压实的棉花的白色巨大捆包，登上长长的梯级，十分引人注目，远看就像一大群蚂蚁背着自己的蛋一样。我悠闲地凝视着这繁忙的景象，能够不受人群打扰地观看这一切，真是一种新奇的感受。同时，眼前的情景与自己这许多日子身历其境的宁静的人自然景色又形成强烈对照。"[7]
　　但这样的观看，是从外部的观看，是远处的观看。立德进城后，见到重庆人的日常生活，感知到这个城更加真实的状态。他看到孩子们在江岸兴高采烈地四处追逐被江水暴涨赶出洞的老鼠；看到江边破败竹棚的紧急拆卸；来到商贾云集的白象街，与地方上层商人进餐，了解到许多商务都是在晚上吸食鸦片时处理；碰见一场盛大的、精心安排的佛事活动，看队伍抬着四个服饰华丽的、装扮成白胡子圣贤的孩子在城里的街道里游行，立德说，一切都美丽而富于幻想；他坐着轿子去访问友人，一路不停地上台阶，他讲，街道宽阔、繁忙、肮脏，和他到过的众多中国城市类似；他也受邀访问地方绅士人家，大快朵颐中猜拳喝酒，但酒宴冗长乏味；回到商行中和年轻人下中国象棋，在油灯下，用筷子啄食凉豌豆等下酒菜，喝热米酒。
　　日常劳作是城的常态；城里贫富悬殊，充斥大量流民乞丐（图10-1）。城郊就是美丽的罂粟地，按照一些传教士的估计，城里超过一半的人吸食鸦片（图10-2）。死亡是人生重要之事，城里棺材铺生意兴隆，夸活人为死后准备的棺材结实精美是一种必要的礼节。

图 10-1　百姓的日常生活
（图片来源：南加州大学数字图书馆）

（图片来源：George Ernest Morrison, *An Australian in China: Being the Narrative of a Quiet Journey Across China to Burma*）

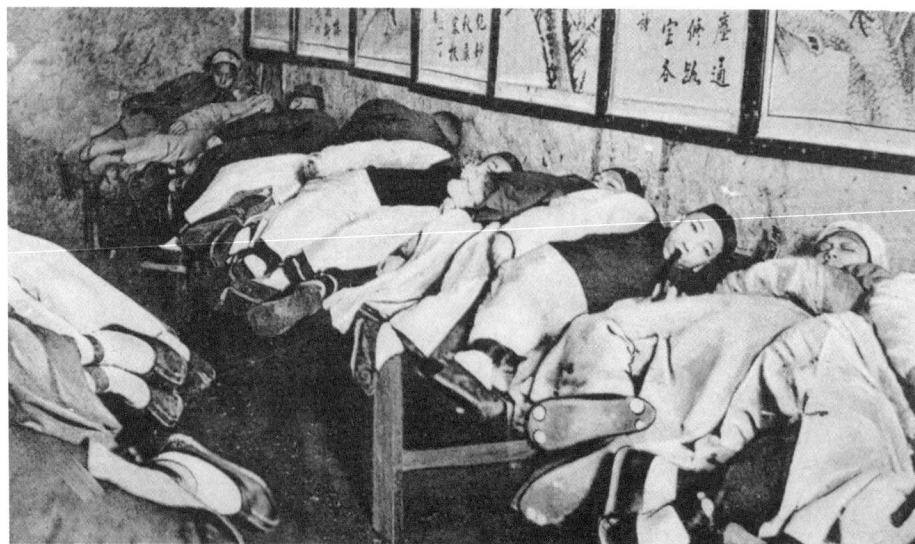

图 10-2　日常状况的一种

（图片来源：南加州大学数字图书馆）

11 像　从宜昌到重庆

> 沿扬子江上溯至重庆，可通航的里程为 1 400 海里，其中宜昌以下为 1 000 海里，乘汽船只需一周时间。其余 400 海里则需 5~6 周，比从伦敦至上海的时间还要长。
>
> ——立德：扁舟过三峡

从宜昌到重庆大概是晚清中国最难、最危险的一段路程。逆水行舟，要穿越大小险滩几十处。在险滩处，行船只能靠几十上百的纤夫拽拉却依然可能撞上江中岩石而粉身碎骨。打通这一条天堑是近代西人的梦想。1842 年签订《南京条约》后上海等地开埠，在随后的几十年间，"约开商埠"逐渐向内陆扩散，但在长江流域，因为川江激流、川江通航的困难，也因为地方社会的阻滞，在很长一段时间里，商埠不能延伸进来，轮船无法上行。探查和打通这条商贸黄金水路，是许多行旅者和冒险家一直以来的努力。

作为最早详细勘察这条水路的人之一，立德曾说，扬子江不仅是这个面积广袤的帝国东西部交通的主要道路，而且是唯一道路。中国并不存在确切意义上的道路，使城镇与城镇、乡村与乡村之间相互联结的只有人行小径；除了走水路外，货物运输只有靠人背肩挑。他还说，自蒙古人统一中国以来，中国一切进步的动力都来自外部。

1890 年 3 月 31 日中英签订《烟台条约续增专条》，规定"重庆即准作为通商口岸无异"。1892 年清帝国海关出版《宜昌到重庆：1890 年》报告，记录签订条约后不久的调查。1890 年 10 月 3 日，郝伯逊一行从宜昌启程，在 33 天后的 11 月 4 日雾气沉沉几不可见的早上，抵达重庆太平门一带。他们对航行条件、险滩、农作、社会状况等做出评估；并转引约 30 年前布莱基斯顿关于航行地点、用语等的中英对译表。郝伯逊在给海关总司赫德的信中说，"您知晓我们主要目的是尽可能不耽误开通重庆的路线"。他称赞助理罗斯特恩，在航行中克服个人身体不适，只要有机会，就细心收集各种有价值、有趣的信息。罗斯特恩撰写详尽报告，并绘制了一幅从宜昌到重庆的航程图（图 11-1）。1891 年 3 月 1 日，重庆海关租用"糖帮公所"为关址，正式成立。《海关舆图·重庆》绘于 1916 年，交代广阳坝到重庆城之间的地形、线路、村镇等，还标注有日本租界（图 11-2）。

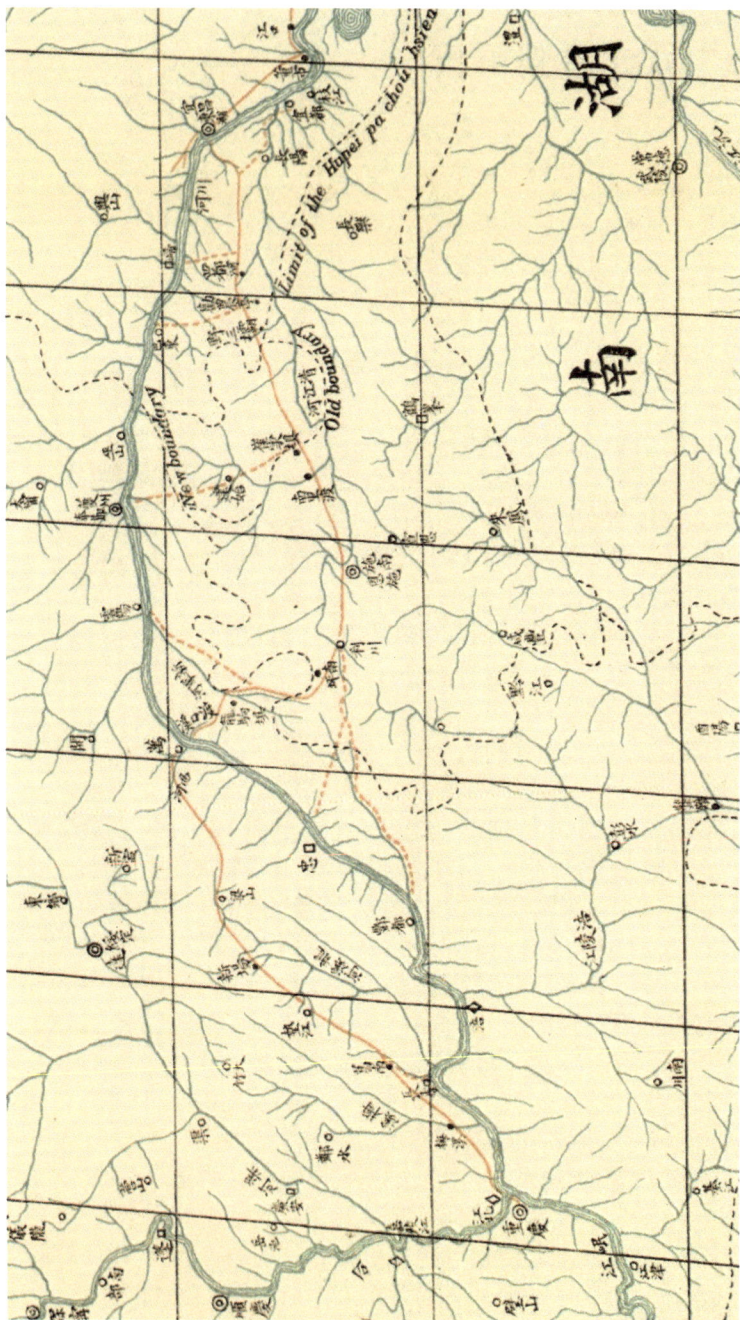

图 11-1 罗斯特恩报告中从宜昌到重庆的航程图
（图片来源：哈佛大学图书馆开放数据库）

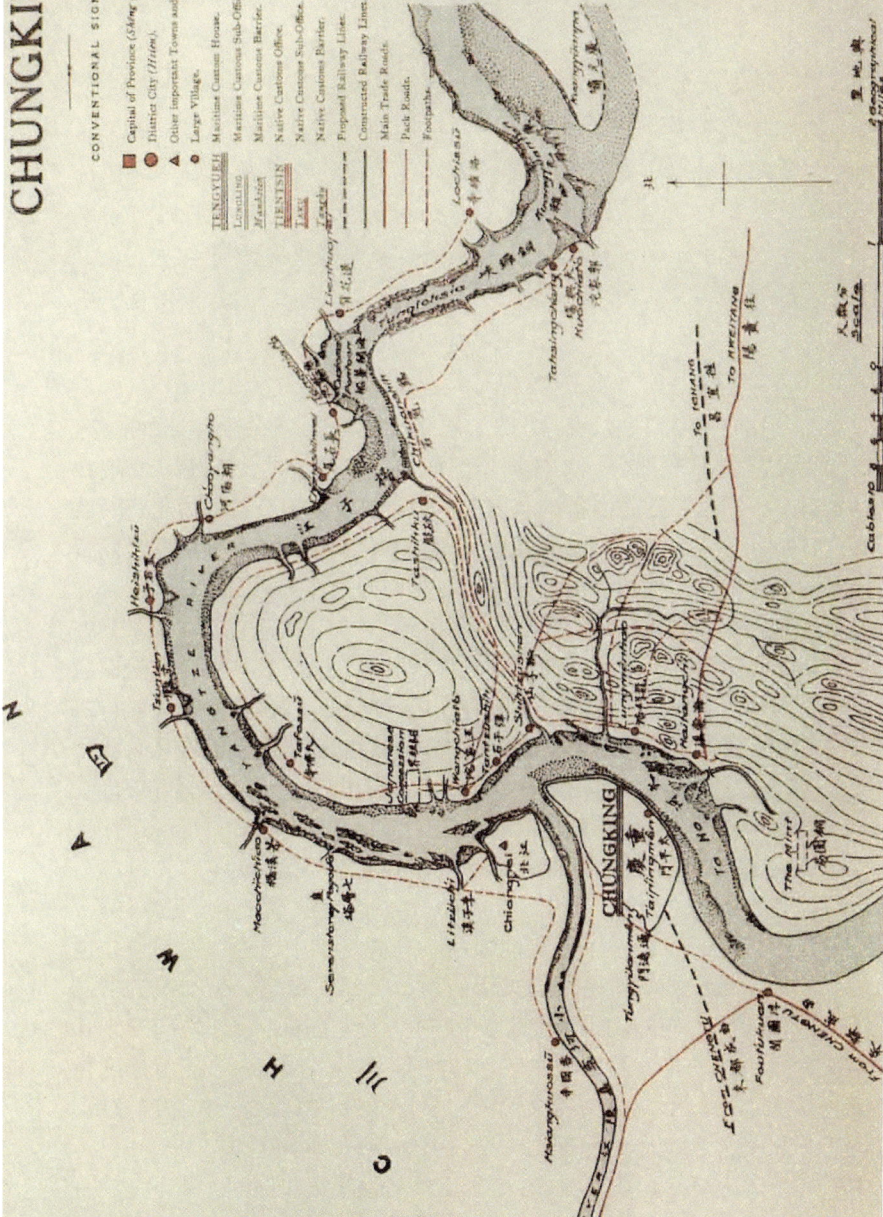

图 11-2 1916年重庆海关舆图

12 像 A.J. 立德

> 不论从那一个方向观看重庆市，其景致都令人陶醉：每一个侧面都是一幅新的岩石、河流、树木、寺庙、城墙上的雉堞，以及高起的屋顶所组成的不同画面，其丰富的细节只有照片才能再现其真象。我坐着，凝视着，足有半小时之久，努力将眼前景象印在脑海里……眼前的印象永远是最令人愉快的画面之一。
>
> ——立德：扁舟过三峡

立德 1883 年 2 月底从宜昌出发，雇佣一艘小船，探查到重庆的航路。1887 年组建川江轮船公司，根据川江航道特点建造的"固陵"号在 12 月 5 日下午下水，随后准备试航重庆，但最终受地方社会极力阻止而放弃。1890 年根据中英《烟台条约续增专条》，重庆对外开放通商，商贸流通为机动轮船开通川江航线提供市场和前提条件。根据海关统计，开埠第二年，宜昌到重庆的上行船只翻了 4 番，吨位数增加近 5 倍；1895 年中日《马关条约》规定轮船可驶入重庆载客装货。在"固陵"号试航受阻十年后，1898 年初立德自任"利川"号船长，经过 20 多天航行，在 3 月 9 日清晨抵达重庆。立德夫人说，"当时船上的欧洲人只有我和丈夫"。这是川江上机动轮的处女航，也宣告川江轮船航行时代的开启。

1899 年 3 月，英国军舰"山鸡""山莺"号闯入重庆。同年 6 月底，立德邀请蒲蓝田任船长，驾驶商船"先行者"号抵重庆（"先行者"号后改装为军舰"金沙"号）。自 1890 年始，立德就在重庆设立洋行，从事进出口贸易，在弹子石租地建房。立德是位中国通、西南通，也是川江通、重庆通。他撰写的关于西南、长江、重庆一带状况的书已经成为西人进入内陆的重要参考文献——在他的书中，他也向二十几年前探险川江的布莱基斯顿致敬。1894 年莫里循独自一人旅行来到重庆。出城向西路上，就是由立德伴行。莫里循说，立德是一位中国权威，他关于三峡的著作无人不晓。

立德及其夫人（图 12-1）在中国工作居住了很长时间，写下《扁舟过三峡》《远东》《穿越云南》《在中国五十年拾遗》《亲密接触中国》《穿蓝色长袍的国度》等著作，也拍摄了许多重庆照片，记录了那一段时间重庆的各种模样。他们是重庆现代化伊始的参与者（图 12-2）。

图 12-1　立德及其夫人

图 12-2　刘子如绘《重庆府治全图》中的立德船标识

（图片来源：哈佛大学图书馆）

13 像　法国水师

　　我看到通向军营的大阶梯。巨大的中国式门廊以石狮为界，为这座近乎新古典主义的建筑带来真正的本土色彩。

　　　　　　　　　　　　　　——首次抵达重庆的法国水兵，1906

　　这里曾经有一段难堪、屈辱的历史。英、法、美、日等国的舰艇恣意横行川江，停靠在城门口，威慑地方。

　　1900 年 8 月继"山鸡""山莺"号后，英舰"先行者"号（图 13-1，上）和"怒气"号驶入重庆，时正是八国联军攻入北京。11 月初，德国商船"瑞祥"号从宜昌首航重庆，在崆岭滩触礁沉没。1901 年日本在王家沱建立租界，租期 30 年，占地近 50 公顷。同年 10 月，法国军舰"奥利"号（图 13-1，下）抵达重庆，派驻巡航川江。

　　1906 年 5 月 11 日下午，"奥利"号由下游航抵王家沱。尽管是轮船，因为川江激流惊险，船员依然筋疲力尽。下船后的水兵远远望见一座拱廊建筑高耸于江岸边，大台阶引向一个中国式三层屋顶的大门（图 13-2），上有色彩斑斓的纹绘，横眉上写着 "Marine Françoise"，门前有两座石头狮子看守，屋脊高挑，有飞禽走兽像；二三层屋顶之间，从右至左用中文写着"大法国水师军"；一二层屋顶间，是蓝色的法国水军徽识。水兵说，这是新古典主义建筑与本土色彩的结合。

　　这一群水兵大概是第一次来到重庆，在重庆城上下拍摄了许多照片。他们诧奇于重庆人日常生活的差异和"古怪"，这也是一种"文化震惊"吧。他们记录了朝天门阶梯的巨大、江滩的熙熙攘攘，他们从船上跳下来，登上朝天门，看缠着白头布的民众，看光着脚的苦力坐在大阶梯上闲聊，等待着装卸货物；他们也在江滩闲逛，看平民卖小菜，卖橘柑，卖稀奇古怪的、整具的或者碎块的动物骨骸（他们大概不知这些骨头是用来"下药"），看苦力披着彩布在江滩剃头；看一大群人在城脚下、在江岸边围观耍杂技，也看到在集市上售卖包治百病的"戒烟丸"（图 13-3）。

　　1913 年 11 月，驻扎重庆的法国水军到城内的仁爱堂为在重庆死亡的法兵追思，随后出通远门至浮图关祭拜各军人之墓。

图 13-1　英舰"金沙"号、"山鸡"号、"山莺"号与法舰"奥利"号
（图片来源：英国布里斯托大学中国历史照片数据库）

图 13-2　法国水师兵营

（图片来源：Guillaume Hassler, *SUR LES RIVES DU YANG-TSE KIANG*）

图 13-3　法国水师拍摄的重庆街景

（图片来源：Guillaume Hassler, *SUR LES RIVES DU YANG-TSE KIANG*）

14 像 传教士

传教士在一生中常常忍饥挨饿，经受一年四季险恶天气的考验和对身体上的一切折磨，但比起这些道义上的痛苦、心灵上的被剥夺来却算不了什么。

——古伯察：中华帝国纪行

立德夫人在《穿蓝色长袍的国度》里前后有两章专门写传教士。后一章"传教士在做什么"，主要写教会学校与医院的一些工作，以及传教士在多个地方修建或者计划修建教堂。在前一章"报酬微薄的传教士"中，立德夫人仔细描写了收入很有限的传教士的状况。她说："如果这世上真有圣徒的话，那么我们在中国遇上的传教士中有一两个就是我们心目中的圣徒。如果说传教士的工作是用新的教义去唤醒中国人，那么也有些传教士好像并不胜任这项工作。"[8] 她还描写了一位从法国中部山来的年轻牧师，"这里只有他一个人，没有家，连朋友都没有。最近的欧洲人也离这儿有一天的山路要走，再找另外的欧洲人恐怕要走上好几十天。他拿出一本有插图的导游小册子给我们看他在法国山区的家，十年来他一直没有机会回家。我们注意到，与他在一起的时候，他不敢往那个小册子上的图画哪怕看上一眼"。[9]

法国传教士古伯察在《中华帝国纪行》中有一节详细回顾了基督教入华的过程。他谈道："我们发现了首批传教士早在五、六世纪的传道足迹，他们陆路旅行，从君士但丁堡到达所谓的神州王国。他们首先使用'Cathay'这个名词称中国，从此使中国闻名于西方。"[10] 在回顾传教历史的起落后他说，"令人沮丧的一点是，在这个民族的性格里，基督教真理只不过是从表面上滑过了。"[11] 他在重庆以古怪的方式和基督徒见面交谈。

1883年立德拜访天主教真元堂，说重庆有基督教徒约4 000人，不过大部分是17世纪耶稣会后裔。他说："数不清的欧洲的各色各样的新教教派都涌入这块土地，使本来就持怀疑态度的中国人的思想更加混乱不堪。"[12]（图14-1、图14-2是清末民初各种教派在重庆的活动。）1886年，英国公谊会教士陶维新到中国传教，他在中国近40年，著有《在西部中国的生活：两位住在四川省居民的解说》，书中绘制有四川省教区划分图以及公谊会的区域图（图14-3）。

图 14-1　三位穿中国服装的传教士

（图片来源：William Edgar Geil, *A Yankee on the Yangtze*）

图 14-2　重庆教会建筑、学生与教员的子女

　　（图片来源：Robert John Davidson and Isaac Mason, *Life in West China: Described by Two Residents in the Province of Sz-Chwan,1905*）

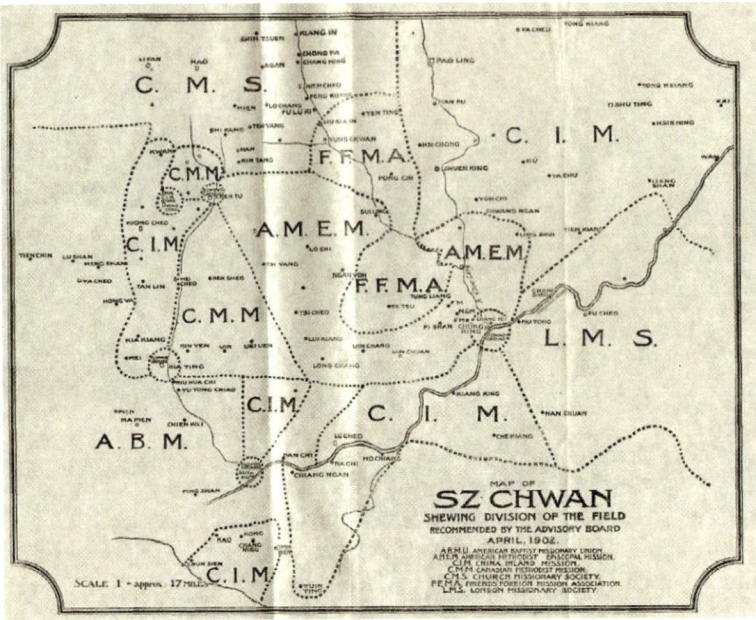

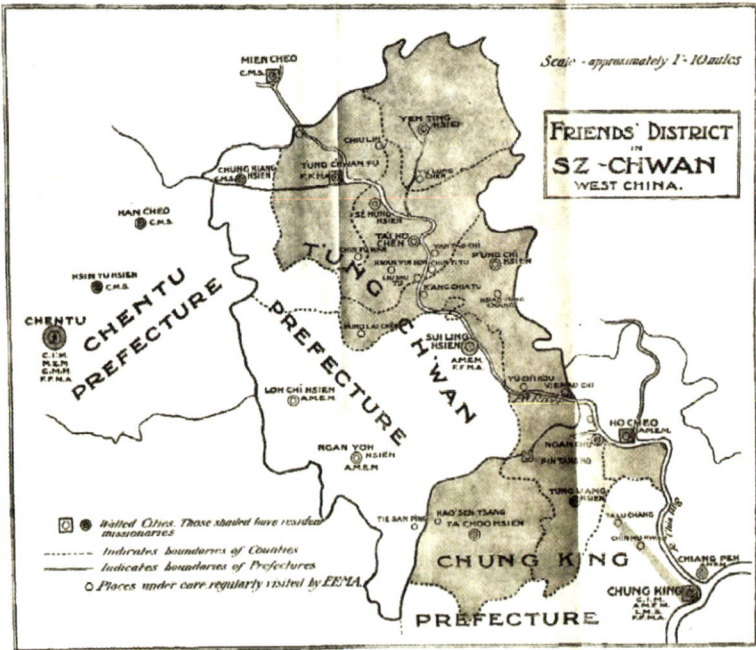

图 14-3 四川省教区划分图以及公谊会的区域图

（图片来源：Robert John Davidson and Isaac Mason. *Life in West China: Described by Two Residents in the Province of Sz-Chwan*）

15 像　莫理循与丁乐梅

> 这里只有贸易。城市的地面颇为不平，总是上上下下，坐轿子是一种折磨。没有街道是直的，都弯弯曲曲，曲曲折折。
>
> ——李希霍芬：中国旅行日记
>
> 重庆城修得很不规矩，有许多弯弯曲曲的街道，以至于人们不得不用"从左边"、"从右边"来表达去任何地方的方向。
>
> ——威廉·吉尔：金沙江

从 19 世纪中期以来，不断有域外之人进入四川，试图了解内陆中国的种种，其中既有传教士，也有学者和旅行者。法国传教士古伯察是其中较早的一位。他在 1846 年初进入西藏，但随即被驻藏大臣琦善驱逐，2 月底离开拉萨前往成都，接着沿江下行途经重庆。古伯察对当时的中国社会有精微观察和深刻思辨。古伯察说，伏尔泰描绘了一幅迷人的中国图画，描绘了它的等级制礼仪、父权制政府等；而孟德斯鸠却用最黑暗的颜色，把中国人写成在残酷的君主专制统治下弯腰屈膝的怯懦民族，但真相需要在两者间寻觅。1861 年布莱基斯顿的长江游历和探险，已经成为一种传奇，其游记是后来者必要的参考。1871 年德国的李希霍芬沿江而下来到重庆，写下他对这座城的经验感知。1876 年，日本人竹添进一郎经由陆路从成都到重庆，讲到四川省牌坊众多，"颂德政者多近世人"。1877 年美国人威廉·吉尔溯江而上，重庆迷宫般的道路给他留下了深刻印象。

众多行旅者中，莫理循和丁乐梅是比较特殊的两位。他们是孤独的旅者，都是独自一人步行穿越中国西部。1894 年 2 月，32 岁的莫理循（图 15-1）从上海出发，行船至重庆，接着步行约 1 500 英里，穿越中国西部的众多城镇村庄，最后南折抵达缅甸仰光；到达仰光时，他已经病得奄奄一息。旅行中他没有携带武器，也只懂得说如"好""不好"等少数中文；据说这一路 100 天的行程，他最终只花费了 40 英镑。1895 年他出版《一个澳大利亚人在中国》，记录中重庆是其旅行节点（图 15-2，不过很可能这些重庆照片是立德夫妇所提供）。1909 年，28 岁的丁乐梅走了一条和莫理循相近的路线；他的《徒步穿越中国》文字优美，更有着详细的观察和批判性思考。他预言的巨大社会革命不久后成为现实。

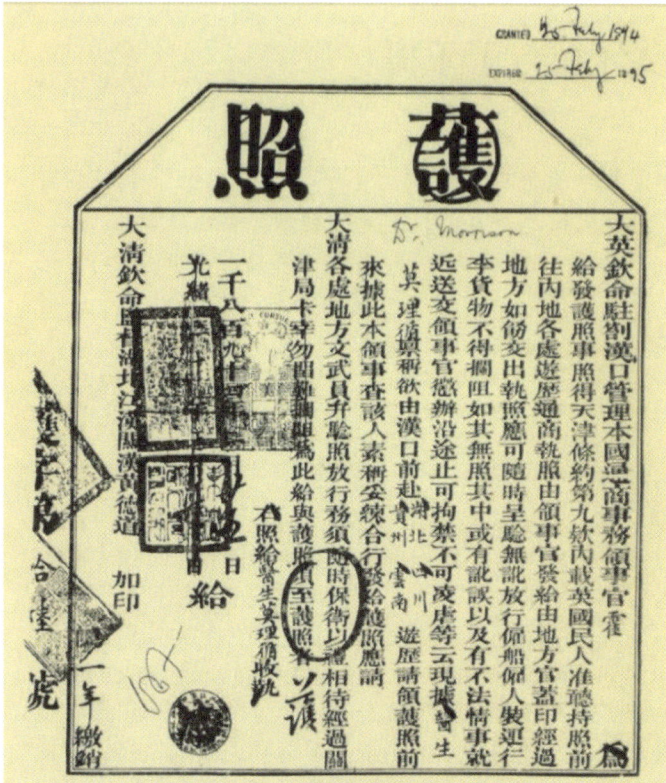

图 15-1　莫里循的护照及其在云南的照片

（图片来源：George Ernest Morrison. *An Australian in China: Being the Narrative of a Quiet Journey Across China to Burma*）

图 15-2 莫里循书中的重庆照片

（图片来源：George Ernest Morrison. *An Australian in China: Being the Narrative of a Quiet Journey Across China to Burma*）

16 像　伯德与张伯伦

> 在重庆，以及长江上游的许多城镇，人类工作与自然之间的和谐还没有被打破，充斥着外国那样不艺术的、与自然对抗的、不和谐的和丑陋的做法的邪恶一天在这里还没有来到。
>
> ——伊莎贝拉·伯德：*The Yangtze Valley and Beyond*

已经 67 岁的英国人伊莎贝拉·伯德在 1898 年乘坐五板船从成都沿江而下，在 6 月 1 日抵达重庆。这是年迈的伯德人生中最后一次的长旅行。1904 年 73 岁的伯德在去世前，还计划着到中国。在世界各地的旅行、拍照、记录和写作是伯德一生的基本写照。她在 1892 年成为第一位英国皇家地理学会女会员。伯德在 1899 年出版了 *The Yangtze Valley and Beyond*（《扬子江流域及其以远》），书中她描写的重庆和其他男性作者颇为不同，很是细腻。她看到一座沿江展开的城，船帆云集，密密麻麻的苦力在城和江之间背上爬下，让她想起魁北克和爱丁堡的密集状况。她说："比起其他任何地方，重庆使我更感受到商业组织的严密性……组织和制度要求的无比的商业荣耀和忠诚使得商人们很满意。在这个大贸易的城市中，有八个其他省份富丽堂皇的会馆及其严厉的商业规章制度和组织。"[13]

作为芝加哥大学"东方教育调查团"一员，美国地理学家托马斯·张伯伦在 1909 年至 1910 年间对东方、特别是中国进行调查。"东方教育调查团"由洛克菲勒基金会资助，目的在于了解东方教育的状况与需要，"增进东西方教育的互补"。张伯伦一行在 1909 年 4 月 23 日从上游顺流而下抵达重庆。张伯伦的儿子罗林从不同的角度拍摄了重庆城。他们可能停靠在弹子石一带，抬头就看到从朝天门到东水门间重重叠叠的城，看到不远处停靠的德国舰艇（图 16-1），看到更远处还依然亭亭玉立的青龙阁突出在低伏的城之上。他们来到对岸的江滩，终于可以细细地看这座记录在各种文字中的城了，果然是重屋累居，炊烟透过屋面袅袅上升（图 16-2）；他们也费力地登上一级级台阶，在城中游荡，在"教育机构"重庆文庙周围查看，他们最终可能向西走，受传教士或领事馆邀约来到五福宫、通远门一带，在聚餐闲谈间了解重庆教育状况。张伯伦在日记中写："站在西南端山上的城墙远观，很美的城和两江景色。"[14]

图 16-1　从南岸看重庆城

（图片来源：美国 Beloit 学院网站张伯伦数据库）

图 16-2　从长江滩看朝天门

（图片来源：美国 Beloit 学院网站张伯伦数据库）

17 像　伊东忠太与鲍希曼

> 帝国的万事万物都已陷入日益衰弱、苟延残喘的境地……你
> 在各省都能见到碑铭题刻，记载着那些需要付出惊人努力和毅力
> 才能建造的诸多河渠、高塔、精致桥梁以及山间大道和坚固河堤等。
> 而现在，此类工程不仅无一再建，即便是前朝所建，也已破败损毁。
>
> ——古伯察：中华帝国纪行

　　从 19 世纪中后期开始，对中华帝国美术、宗教、建筑的考察，是一些西欧和日本学者的兴趣与实践。它们是在如古伯察、布莱基斯顿、竹添进一郎等对于中华帝国各地经验性认知状况下专门领域的研究。日本人伊东忠太是其中最早和最突出的研究者。他在 1902 年 3 月底从天津出发，到北京、河北、山西（中途返北京）、河南、陕西，在 10 月下旬从广元入四川，经剑阁、绵阳、德阳等抵成都，考察峨眉山后，沿扬子江从叙州而泸州、江津，在 12 月初抵达重庆，宿日本领事馆，在重庆停留 9 天。前后调查禹王庙、罗汉庙、报恩寺、江南会馆、老君洞和重庆民宅（图 17-1），访谈建筑各部件名称，对比南北方差异。他概要说：重庆没有十分突出的古建筑；民宅靠庭院采光不足，只好加于亮瓦，民宅建筑偏于粗简和有欠成熟。他绘制的重庆民宅平面图，偏于规矩平齐，使人怀疑其未考虑重庆山地状况。很有意思的是，他在丰都一带穿日本服装上岸闲逛却未引起骚动，被认为是乡下财主的打扮。这是 1902 年。中国营造学社成立之后，伊东忠太前往拜访朱启钤，有相见恨晚之语。1930 年 6 月 18 日，伊东忠太应邀讲《中国建筑之研究》，最后谈到历史研究与新创造之间的关系。

　　德国人鲍希曼在 1906—1909 年间，以德国驻北京公使馆官方科学顾问的身份，对中国 14 个省进行广泛的建筑调查。他可能在 1908 年底或 1909 年初从上游下行抵达重庆。相对于其他地方，鲍希曼给重庆的镜头不多。他记录了重庆附近的塔；入城后，鲍希曼把镜头拉得很近，拍摄了治所的入口（图 17-2），他在照片中标识了具体建造方法"石材、陶、灰泥、镶嵌与瓷片"。在有限的空间里，在高大界墙表面上营造出富丽堂皇的大门，是长江上游一带会馆、宗祠等建筑的特点。鲍希曼还拍摄了深巷里不少富有人家大门。他在 1932 年成为中国营造学社通讯会员。

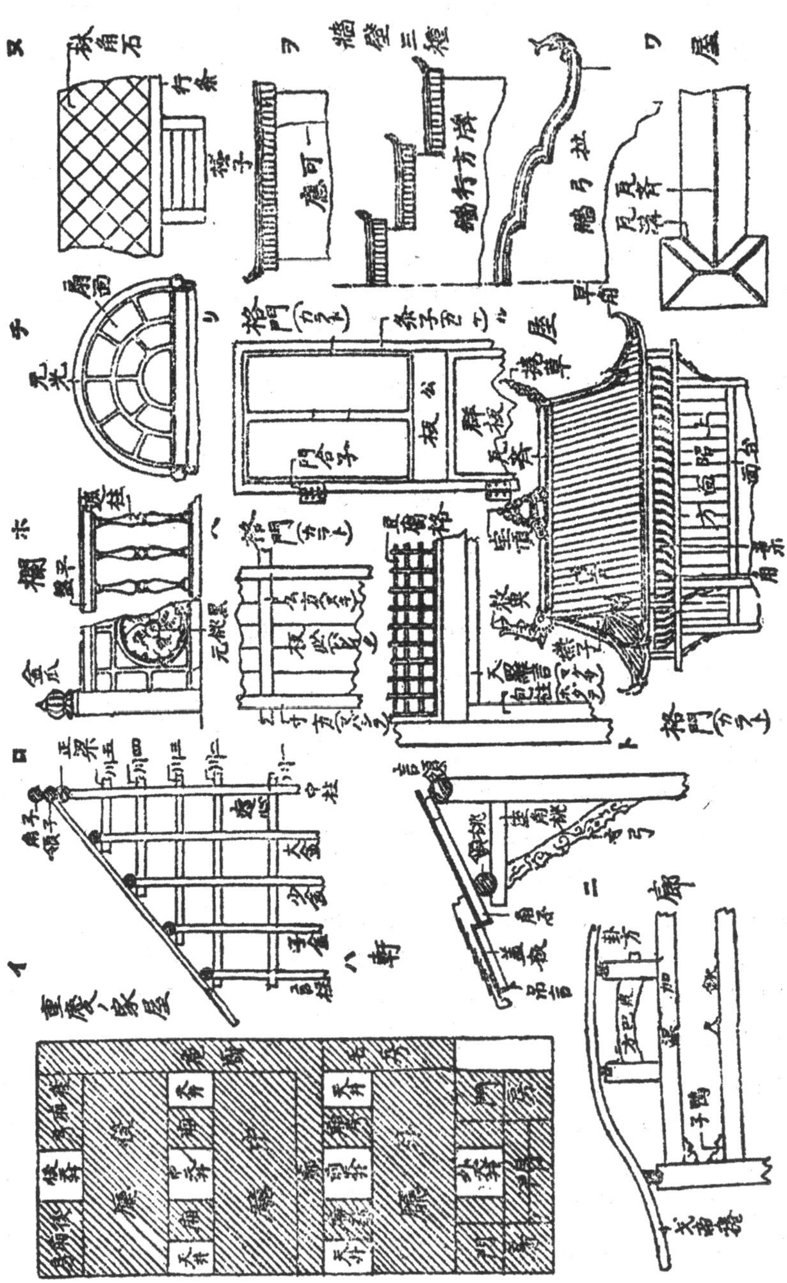

图 17-1 伊东忠太记录的重庆建筑绘图
（图片来源：伊东忠太，中国纪行）

图 17-2　鲍希曼拍摄的重庆某治所照片

（图片来源：Ernst Boerschmann, *Chinesische Baukeramik*）

18 像　上海、汉口、重庆

> 上海为文明地方耶，抑为化外地方耶，为内地之表率耶，
> 抑为害人之陷阱耶。以外面观之，道路之平砥也、灯火之光明也、
> 居处之清洁也、侦查之严密也，似中国各处无此善政也，虽然
> 上海风俗之坏，亦达于极点矣。
>
> ——论上海风俗，新闻报，1903

　　1843 年 11 月上海开埠。1861 年 3 月汉口开埠，30 年后的 1891 年 3 月重庆开埠。近半个世纪由沿海而内陆的开埠过程，是近代社会现代化路径的一种映像，表现出高度不均衡的发展状态。物质丰富和社会贫富悬殊形成的对比，体现在区域、城市和城乡之间，也体现在城市内部。1903 年，在上海开埠一个甲子之后，《新闻报》论上海风俗，谈上海既为内地表率，又是害人陷阱；既拥有内地所无之善政，又有坏到极点的社会风俗。茅盾的小说《子夜》中，1930 年代初，曾经是"维新党"的吴老太爷紧抱《太上感应篇》，为逃兵匪从农村进入上海都市。光怪陆离的霓虹灯、摩天大楼、汽车强光、"身穿高开叉旗袍、连肌肤都能看得分明的时髦少妇""一切颤动着的飞舞着的乳房"最后杀死了吴老太爷。

　　1907 年，日本人中野孤山从上海沿江而上，抵汉口、万县，走陆路到成都，最后经重庆返程（图 18 的 1911 年的重庆城图接近他感受重庆的时期）。他说，"沪城……城内商店鳞次栉比，朱色、黑色的招牌装饰得美观漂亮，绸缎店铺尤为醒目。但是，道路狭窄，路面疏于修缮，常有雨水积成水坑，粪便混在其中，臭气刺鼻……街上总是熙熙攘攘的，往来的人摩肩接踵，似无立锥之地"[15]，"市街不分昼夜拥挤杂乱。尤其是茶馆之热闹，简直无法形容。各家商铺装饰得很漂亮，……茶馆的楼上楼下常常挤满了茶客和妓女"[16]，"当地人很勤奋，重商业，善交际，谋大利而不安于蝇头小利，一门心思赚钱，然而，他们人情淡薄，毫厘必争，丝毫不顾情面。讲奢侈、慕虚荣是他们的风俗"[17]。中野孤山说，汉口"从风土人情来看，当地人人情淡薄，有追求奢华的风尚。一般说来，他们勤劳、重利，善于把握商机"[18]；最后谈重庆："重庆的居民似乎缺乏快活之气，但他们性情温和，不像湖南和湖北人那样彪悍。他们崇尚传统，不好纳新。此乃普遍之习俗。"[19]在中野孤山的叙说中，明显三地已经出现风土的差异。

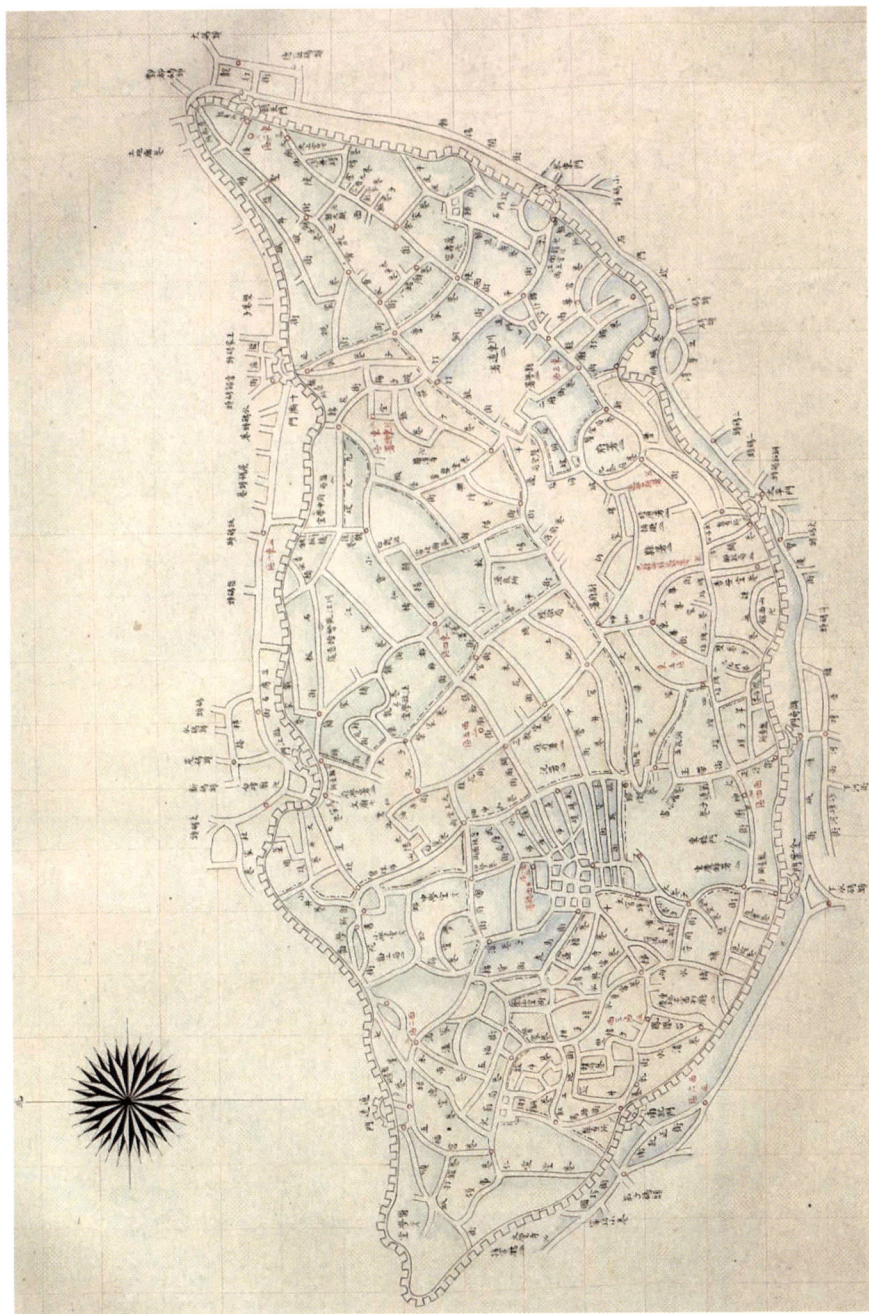

图 18　重庆府城厢巡警区域图（1911 年）
（图片来源：中国国家图书馆）

19 像 《四川省全图》

> 兴办铁路所需资本，不论多少，我蜀绅商民庶，宜设法认其股之过半，而以小半归官股。
>
> ——留学日本东京四川学生：为川汉铁路事敬告全蜀父老，1904

1903 年，25 岁的四川荣县人吴玉章到日本东京留学。1903 年初《广益丛报》报道"川汉铁路外人垂涎已久。从前屡有华商贵族出面，呈请与美国公司集股开办。迭经外务部批驳不准"。[20]1903 年 5 月 17 日，外务部批准四川总督锡良设立川汉铁路公司提案。时有《新民丛报》评论，谈四川绅商开设川汉铁路公司，拟定铁路路线自汉口、宜昌、巫山、云阳至万县，再到重庆，经内江、资阳、简州再抵达成都；谈到其章程中最重要的一条是不接受任何外国资本。评述人说："若诚能实践不假外资之言，履行五年竣工之约，则吾国将来实业进化史，其必托始于是矣。"[21] 很明显，评述人对川绅的做法很是有些怀疑。1904 年 12 月 3 日到 12 月 19 日，在《时报》上连日刊载了署名"留学日本东京四川学生"的文章《为川汉铁路事敬告全蜀父老》，鼓吹集四川众人之力建设川汉铁路。时吴玉章正是留学日本东京的四川学生。

1908 年吴玉章召集一批同志，在东京创办《四川》（图 19-1）。序言中说："四川僻初西垂，素与外省不通声息。故即详如津沪各报，然至观其所载蜀事，百无一二，寥若星辰。夫不知事实，何以立言？不有调查，奚能代论？"[22] 刊物中附有一张详细的《四川省全图》（图 19-2）。开篇论述即是"警告全蜀"。文章分五部分，包括列强大势、中国危局、四川危局、蜀人病根、辨别主义和救亡方针。文中借用日本人池田归纳的四个列强角逐中国的原因：1. 消费地；2. 未开地；3. 殖民地；4. 政治的劣等国。这一期处女刊中有一篇《川汉铁路宜由何地开工论》，谈到川汉铁路公司设立数年，铁路的建设却一直没有开办；文章讨论如何择线先期开工才能使推进川汉铁路成为可能。1911 年初，邮传部尚书盛宣怀试图将各地铁路"国有化"。川汉铁路案中，中央与地方的激烈博弈最终演化成为拉垮清帝国的导火索。1911 年 9 月 25 日，同盟会员吴玉章等宣布荣县独立。11 月底，重庆设立"蜀军政府"，通电全国，宣布独立。

四川

第一號

川

图 19-1　《四川》第一号封面

（图片来源：《四川》，1908 年第 1 期）

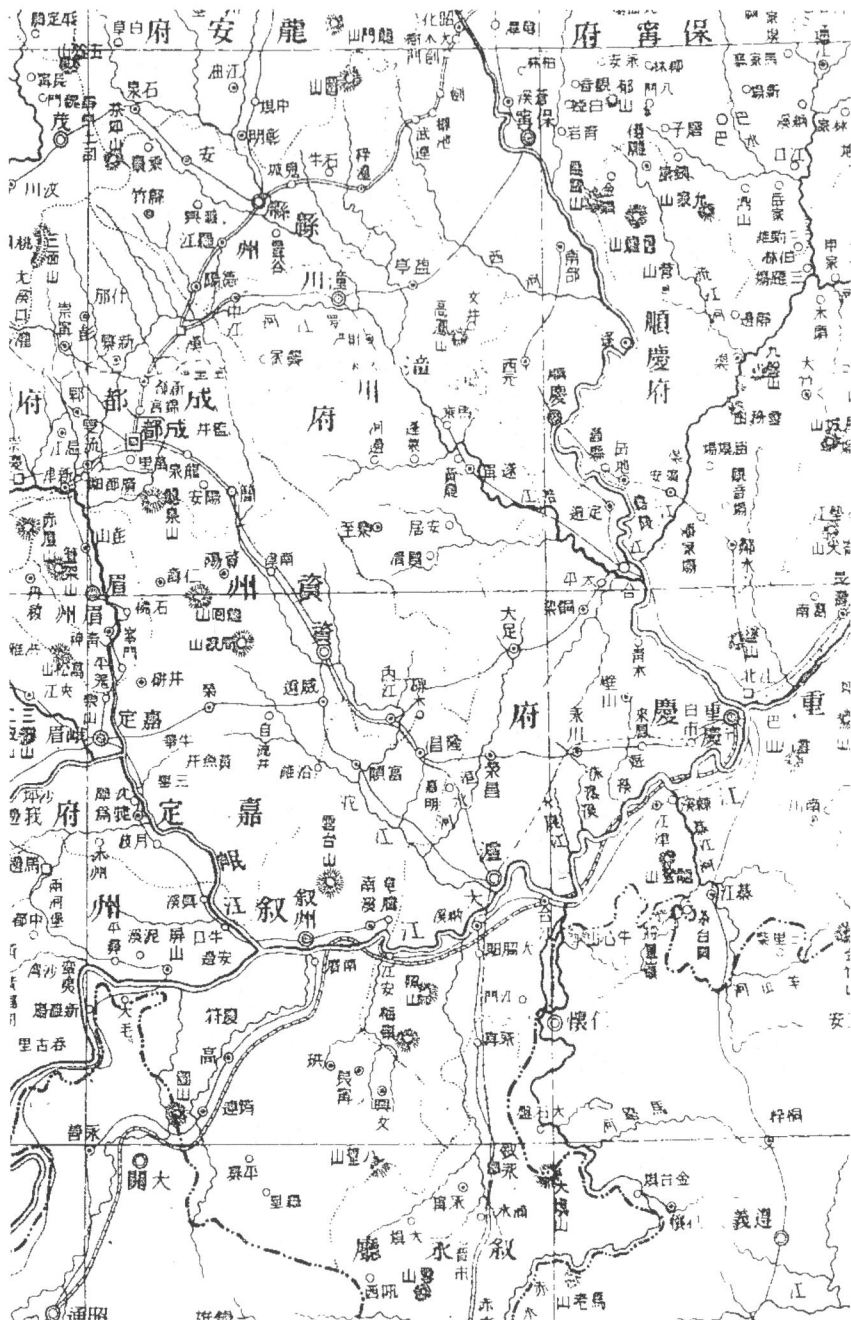

图 19-2　四川省全图（局部，1908 年）

（图片来源：《四川》，1908 年第 1 期）

20 像　1911 年

> 这座城市建造在凿出来的沙岩上，看上去既不美也不很有魅力。但是她完全融入了大地景观。高踞又有点阴郁，她鸟瞰着两条奔腾的江河流过。……城墙间有高突的城门楼和拱门，弯弯曲曲地环围着城，快装不下看上去过度拥挤的密密麻麻的房子了。
>
> ——海德维希·魏司·索伦伯格（魏司夫人）回忆录

> 奉新元为正朔，扬大汉之先声。
>
> ——蜀军政府春联

1911 年的晚秋是多事之秋。

川汉铁路公司从 1903 年成立以来，因为路线地质条件恶劣、四川与湖北间关系、公司经营差等，铁路建设没有太大起色。1911 年邮传部提出将各地铁路收归国有后，盛宣怀与四川总督王人文之间在如何处理集众民之股的东川汉铁路公司上意见不一，引发冲突；5 月 21 日由四川省咨议局发起一个"临时机构"保路同志会，到会的几千人群情悲壮。地方博弈不过中央，随后王人文被革职，川滇边务大臣赵尔丰调回四川。赵尔丰试图协调川省民众与邮传部之间的冲突，但最终还是举枪镇压保路运动，进一步激化了矛盾，使得局势趋于失控。9 月 10 日，清廷罢免赵尔丰，命端方署理。端方随后率约两千湖北新军入川，在 10 月 13 日抵达重庆滞留至 10 月底，并未前去成都。

魏司夫妇就是在这样的状况下入川，从下游溯江而上抵达重庆。他们可能从朝天门或太平门码头上岸，魏司夫人说："当被人用轿子抬进城时，我永远不会忘记它给我的第一印象……在街上简直难以形容的熙熙攘攘人群中要找到突破口不是简单的事。"[23] 他们随后抵达德国领事馆，魏司夫人写道："德国领事馆在我们的前方，一座简单的、半欧洲式的建筑。这里长期无人居住……房子离地面很高，你可以从这里望到西城墙外的群山。像宜昌一样，前面的绿色丘陵地段只有一个坟场。这座房子本身也同样宽敞冷清。"[24] 因为成都的动乱，他们被迫留滞在重庆。他们可能大多时间都在领事馆周边，特别是出通远门向西的一带活动。他们从领事馆远眺对岸，在路上看来往往来来的人群（图20-1）。他们见证了特别的历史时刻，重庆成立蜀军政府，在四处悬挂"汉"字旗（图 20-2）。

图 20-1　德国人魏司夫妇记录的 1911 年重庆 1
　　　　（图片来源："穿越亚洲"/Crossasia 网站中的魏司数据库）

图 20-2　德国人魏司夫妇记录的 1911 年重庆 2
　　　　（图片来源："穿越亚洲"/Crossasia 网站中的魏司数据库）

21 像 重庆名园

> 渝州城北陂陀起，多少岩峦临碧水，大书深刻标曲池，涵得天光云影里。
>
> ——王梦庚：莲花池（用刘慈涵园韵）

1914年4月《字林西报》报道《过度拥挤的重庆：房屋激增》。谈到重庆商会购买旧重庆府及周边土地，可能用于建造新街和公园。报道中说："The opening of parks should be encouraged in every possible way as it tends to add to the healthiness of a city, but when a city is as congested as Chungking is, energy might have been directed toward the removal of the city walls and the leveling of the graves, on which there would be abundant space for good wide modern streets and up-to-date parks"（应尽可能鼓励修建公园，它们有助于城市的健康。但如重庆这般拥挤的城，可能更倾向于拆除城墙和迁墓，因为那儿有大量土地适合建造现代化的街道和公园）。报道谈到，城里每一寸可以用的土地，都被贪婪的地主建上3~4层的房子，最终将成为火灾之源（张伯伦在1909年的日记中说，重庆的房子比其他的地方要高）；这座城四处疯狂地建造"洋房子"，以至于难以找到足够的建筑工人。报道中还讲，处决还是例行每周执行，两天前13个人在城门外被砍头。

晚清以来的各种文字记录中，重庆都是一座高度密集的城。但在王尔鉴编撰的《巴县志》中，有两处突出的园子。一处是西湖池，一处是莲花池，都和明太师蹇义有关。西湖池乾隆旧《志》载："古名淡泉，明太师蹇义贮御赐太湖石故园也。池中有台，四通小艇，有禅藻亭。自飞仙观左直达藏经阁俱生成石壁，多前人诗刻，为官民迎饯游咏之所。万历中，待郎倪斯蕙即其地开西湖大社，今藏经阁前石碣，镌有'西湖古迹'四大字，……旧基东至玄天宫岩坎，南至飞仙观，西至藏经阁石岩，北至治平寺。池中心周围五十一丈，长十五丈，宽十丈五尺有奇"。莲花池志载："在通远门内，巴蔓子墓在其侧，系县人王应熊涵园也。昔有亭榭台阁，上下二池皆种莲花，故号为莲花池。上池旧基，周围七十九丈，长十七丈，宽二十二丈五尺。下池旧基，周围九十一丈，长二十九丈，宽九丈五尺。"能在城中有园，是极难得之事。1912年刊物《进步》中登有两张重庆名园照片（图21），园中植物茂盛，天光倒映池面，池中虽有亭榭和莲花，但不知是何处。

图 21 重庆名园（1912）

（图片来源：《进步》，1912 年第 3 卷第 1 期）

22 像　西德尼·甘博

各师长重庆道尹商会各报馆各团体均鉴：报牍传闻，渝城复战，商等劫后之余，无可陈诉，惟恳诸公息事宁人，协力维持。不胜感泣之。

——四川旅沪同乡会会长王北枢朱伯为等叩，1917

1915 年 12 月 12 日袁世凯称帝，随后引发护国战争。北洋军曹锟设行营于重庆，随行有军用飞机。这是重庆上空第一次出现飞机。在随后的五年多时间里，重庆成为川、滇、黔军激烈争夺的据点，严重破坏地方经济与社会的发展。常常可以在各种刊物上看到悲情呼吁维护重庆安宁的文字。1918 年 7 月，熊克武发布《四川靖国各军卫成及清乡剿匪区域表》，四川的防区制开始形成。作为一种制度设计，防区制对之后漫长 17 年四川的军政格局有重大影响。刘航琛在回忆录中说："四川自此残破。"

1917 年，27 岁的西德尼·甘博就是在这样混乱的社会状况下入川的。甘博于普林斯顿大学毕业后在加州大学伯克利分校学习经济，1917 年受美国传教士步济时之邀，加入北京基督教青年会，对北京和中国的其他地方进行社会调查。甘博先后四次来中国，留下了五千多张各地的照片，记录了那一时期中国历史的一面（如 1919 年的五四运动）。甘博也是燕京大学社会学系的赞助人和创办人之一。

大概在 1917 年底，甘博和他的两个朋友抵达重庆。随后他们抬着重重的三角架，在江滩、在城里的街道、在城墙边上、在南山、在江中的船只上、在城的周边，用 Graflex 相机记录了重庆江边的挑水人、姜市、生产煤砖、晒煤砖、水果摊、摆渡人、各种类型的木船（包括鱼尾船）、船夫、船老大、众船夫在船老大的吆喝下合力划船（图 22-1）、造船的地方、轮船、在江滩剃头挑耳的人、女孩、小男孩、随行的士兵、厨子、城里的土地神、送子观音、洞里的佛像、晾干棉花、抬死尸出城门、坟墓、乞丐、神像、牌坊、觉林寺和报恩塔、府文庙的大成殿、仪门、文庙的各种装饰细节。甘博也和许多人一样，停留在东水门口，看江滩密集的船只和忙忙碌碌的人群，看陡峭的阶梯一直通向高处的城门，看城门后峻峭高耸的文星阁（图 22-2）。和其他拍摄者不同的是，甘博作为一个社会调查者，他还记录了这个城的日常百态（图 22-3）。

图 22-1　船夫

（图片来源：杜克大学甘博照片数据库）

图 22-2　东水门

（图片来源：杜克大学甘博照片数据库）

图 22-3　重庆街道（局部，1917）

（图片来源：杜克大学甘博照片数据库）

23 像　士兵与艄公

　　这十几年来，四川的乱，可算极了，遍地兵匪。连年战争……没有一个可以安全的方法，没有一刻能够安全的机会。

——戴季陶：回想录，1925

　　对一般旅行者来说，重庆已不再像从前几年只有依赖民船作为唯一的交通工具才能达到的遥远城市了。

——重庆关署理税务司古绿，1921

　　1925 年戴季陶在一篇《回想录》中谈到"兵匪横行的四川"，谈到在连年混战的状况下，为了保存自身的生存，人的基本道德几乎消失殆尽。他说到："一面大家讲朋友，换兰谱，吃血酒，一面就在准备打仗，这是很普通的事情。要说到信义两个字，是绝对没有的。且看今天川军各部的将领，他们没有一个不会互相打过几仗，也几乎全都是互相换过兰谱，结过弟兄，做过同志……大家到无路可走的时候，强者便靠自己的腕力，杀人放火，无所不为，弱者便只有靠神佛的力量，做无形的信障。迷保的发达，就是为此。"[25] 戴季陶的评述大概很能说明这一时期四川普遍的状况。但发达的不是兵丁，是兵头、军阀。一般农家的子弟或被强拉壮丁，或因走投无路投靠军阀，靠极低的兵饷过活。四川的农地上，耕作的大多只有老年劳动力；产出的粮产被迫供给战争的无底消耗。当兵是彼时四川年轻人的出路，是照片里常有的景观。

　　另外一种普遍的景观，是川江上的船夫。沟通川江上下靠吃水很浅的木船和船上众船夫。船只是他们生存的地方和生活处所。随木船在浪涛激流中起伏奔流，在危险里讨生活，是船夫们的日常状况。从运送官盐、官铜、猪鬃、桐油等到送达旅客，川江上千帆木船和无数船夫是重庆城成为地区枢纽的秘密。但新时代来临，他们遇到了严峻的挑战。不久之后，轮船渐渐取代木船，船长、船员取代了艄公和船夫。

　　在 1917 年甘博的照片中，拍摄有艄公和随行士兵。年长的兵，一双大脚穿着草鞋，小腿绑满绷带，裤子上有大块补丁，军服上的扣子大而显眼（图 23-1），他略皱眉的表情无法述说。另一张照片中的艄公，已经破烂得不成样子的布衣裹着饱经风霜的身体和一张愁苦的脸（图 23-2）。

图 23-1　士兵

（图片来源：杜克大学甘博照片数据库）

图 23-2 艄公

（图片来源：杜克大学甘博照片数据库）

24 像　两幅日常影像

> 他们认为我们是否能顺利前行还很难预料，并把身着欧洲服装在中国游历看作是件非常鲁莽的事情。
>
> ——布莱基斯顿，1861
>
> 我等一行并未换装，直接就身着日本服装上岸闲逛，没想到当地中国人毫无异样的感觉。后来听人解释，我等被误认是乡下财主。不结辫子，身着款式奇异的长衫马褂，乡下地主通常就是行装如此。
>
> ——伊东忠太，1902

　　日常着装变迁是社会史的一部分。选择什么样的服装，看起来是很个人的事情，却是社会风尚、物质状况、生产条件等共同的结果，是社会条件严格限定下个人有限的选择。早年传教士入华，往往改换长衫，留长辫穿布鞋，持圆扇或折叠扇，可能还留着西式胡子。穿西式服装在那时被认为是怪异之事。1861 年布莱基斯顿记录了这种被看成"异端"的情况。1898 年立德夫人在重庆，第一次试穿中国衣服，觉得凉快又舒适，还尝试用裹脚布裹脚。19 世纪中后期，随着清朝颓败、风尚逐渐改变。1902 年伊东忠太就惊讶于自己穿日本服装闲逛却没有引起当地人的注意，据说乡下地主已经开始追求这样的着装。1917 年甘博游历四川，上唇留着胡子，穿西服、打领结，背印有 S.D.G（他名字缩写的大写字母）的皮包，穿着皮鞋，戴着一顶圆帽。地方民众对西式服装已经司空见惯。一般百姓却还头缠白布，身着白色或者蓝色的长短袖布扣布衣，光脚或者穿草鞋。

　　1917 年《妇女杂志》刊登照片"重庆格致大药房罗子昌医生之家庭摄影"，这是记录日常生活的照片（图 24-1）。照片中的房子已然是一座类西式的房屋。屋前有宽大门廊，墙上一边挂着画有孔雀、松树的中式绘画，一边挂着应是西式的人像画。大一点的几个女孩穿着中式衣服在门廊里做针线。大一点的两个男孩穿着西装和父亲一起修剪花枝。最突出的当然是罗医生本人，着西式呢子大衣戴深色圆帽。这样的着装似乎成为当时社会求新人士的普遍穿法。但着长衫、留长胡子或者着长袍马褂仍然是多数中上层人士的主要形象。1919 年重庆佛学会香光社成立留念照，是一张讲究自然花草山石的中式背景与中式服装的留影（图 24-2）。

图 24-1　重庆格致大药房罗子昌医生之家庭摄影（1917）

图 24-2　重庆佛学会香光社成立摄影（1919）

（上图来源：《妇女杂志（上海）》，1917年，第3卷 第2期；下图来源：《觉社丛书》，1919年，第4期）

25 像 洋 行

The fine Lungmenhao frontage at Chungking owned by Messrs. Mackenzie & Co., together with the steamers Loongmow and Shutung, has, we learn, just been acquired by Messrs, Butterfield and Swire.

——The North-China Herald and Supreme Court & Consular Gazette,1923

1892 年，驻重庆英国领事禄福扎的报告总结中写道，"重庆的贸易条件整体上还没有受到开埠的影响。这就是说，分发贸易仍然完全掌握在本地商人手中……如果没有轮船、保险和外国银行，现有的秩序不会有太大的变动"[26]。接下来不长的时间内，川江可通轮船，各国进出口贸易、保险公司在重庆接连出现。《华北捷报》1923 年报道，隆茂洋行将在重庆龙门浩的码头和两艘轮船，转让给太古洋行。1930 年，储奇门、南纪门内外大火，"此次火灾区域，计太古洋行、保险约六十余万；白理洋行约四十余万；保嘉洋行约二十余万；安利英行约二十余万；三井洋行约六万余；美亚洋行约六、七万。"[27]《华北捷报》办有《行名录》，可查最早在重庆的洋行是立德 1892 年的"利川公司"（Chungking Transport Co. LD.，直译为重庆交通有限公司，这也是极少数外国人以"重庆"命名的公司）。重庆成为各大洋行，如 Butterfield & Swire（太古）、Jardine Matheson（怡和）、Standard Oil（美孚）、Mackenzie & Co.（隆茂）、Asiatic Petroleum（亚细亚火油）、Robert Dollar（大来）、and British-American Tobacco Co.（英美烟公司），以及 China Merchants S.N. Co.（招商渝局）等深入内陆腹地的重要城市。洋行在老城中有，但大多分布在弹子石到龙门浩一带。特别是龙门浩，有早期立德的利川公司，有隆茂、太古、美孚、亚细亚火油等大公司（图 25-1 标注亚细亚火油、白理等洋行建筑地点，标注有庙和塔、江边停靠的军舰和轮船，图右侧写有海棠溪，左侧标注的"重庆俱乐部"应是英海军俱乐部）。到了 1920 年代中期，龙门浩一带已是洋行密集，有办公建筑、堆栈、工厂，以及职员们的居住区和娱乐建筑（图 25-2）。烟囱作为工业生产的符号，替代白塔成为重庆城的一种突出景观。

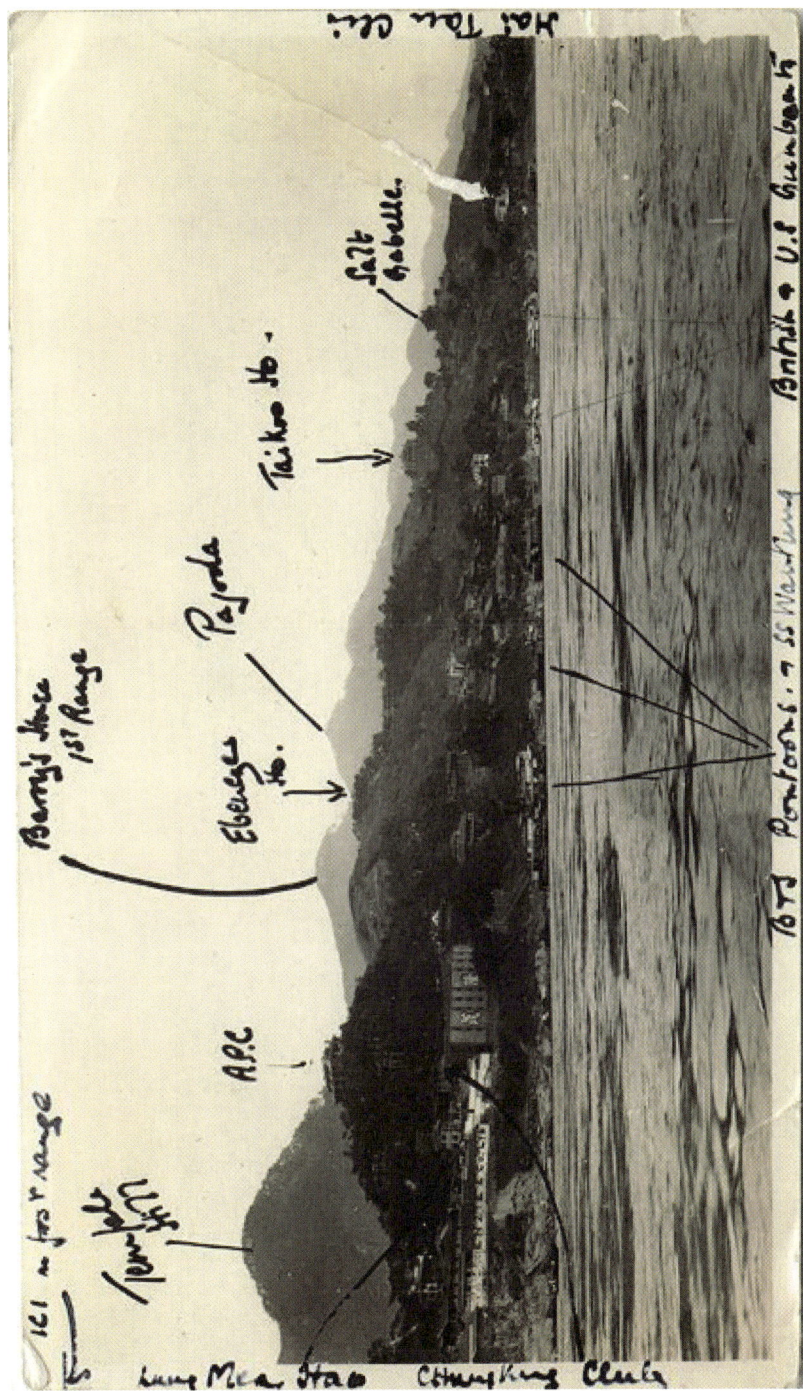

图 25-1 Edmund Leach 拍摄的龙门浩一带，1934—1935 年
（图片来源：剑桥大学国王学院网站）

图 25-2 龙门浩一带洋行林立
（图片来源：英国布里斯托大学中国历史照片数据库）

26 像　东亚同文书院

日本在上海虹口黑狮子路设立东亚同文书院。每年分遣学生旅行中国各地调查一切情形。本年旅行队已决定下月初出发。兹将日期及分班人数列表如下：天津北京市势调查班三人，以七十日为期……四川班七人，百三十一日。

——东亚同文书院学生之旅行，教育杂志，1914

东亚同文会成立于 1898 年（光绪二十四年，明治三十一年）底。当年的《清议报》上刊载《东亚同文会主意书》，谈道："清日两国之交久矣。文化相通、风教相同。以情则有兄弟之亲，以势则有唇齿之形。其玉帛来往，自古不渝者……而列国乘隙，时局日艰……两国士大夫，则为中流砥柱，须相交以诚，讲明大道，以助上律下，同底盛强也，是我东亚同文会之所以设也。"[28] 此年是光绪帝启动"戊戌变法"之年，也是慈禧太后发动"戊戌政变"之年，距今已有两个甲子。

1899 年 10 月底，东亚同文会会长近卫笃磨拜访两江总督刘坤一，随后计划创办南京同文书院。次年 5 月成立，但因受义和团影响，于 1901 年 3 月迁至上海，改名为东亚同文书院。根据东亚同文会编的《对华回忆录》，到 1934 年底书院共毕业学生两千五百名。前引 1914 年的报道，是东亚同文书院学生的旅行调查。东亚同文会在大正六年（1917 年）编纂发行《支那省别全志·第五卷·四川省》，汇集从明治四十一年（1908 年）到大正五年（1916 年）共 7 期学生的实地调查报告。全书共十编，包括四川省总说、开市场、四川省的贸易、都会、交通及运输机关、邮便及电话、主要物产及工业、商业机关及商惯习、货币及金融机关以及度量衡。书中附有 3 张地图，其中两张分别为《四川省全图》和《重庆市街图》（图 26）。四川省全图中，从重庆到成都的陆路有三条，分别为北路（经璧山、大足、安岳等）、中路（经来凤、永川、荣昌、隆昌、内江、资中、资阳、简阳）和南路（经泸州、宜宾）。在这张图的绘制中，北路和南路是重要线路，但在 1946 年的《新编支那省别全志》中，中路已经成为最重要的川中陆路。《重庆市街图》很可能是基于清末国璋等图的描绘，十分粗略，图中还有不少错误，如将"储奇门"写为"褚奇门"等。

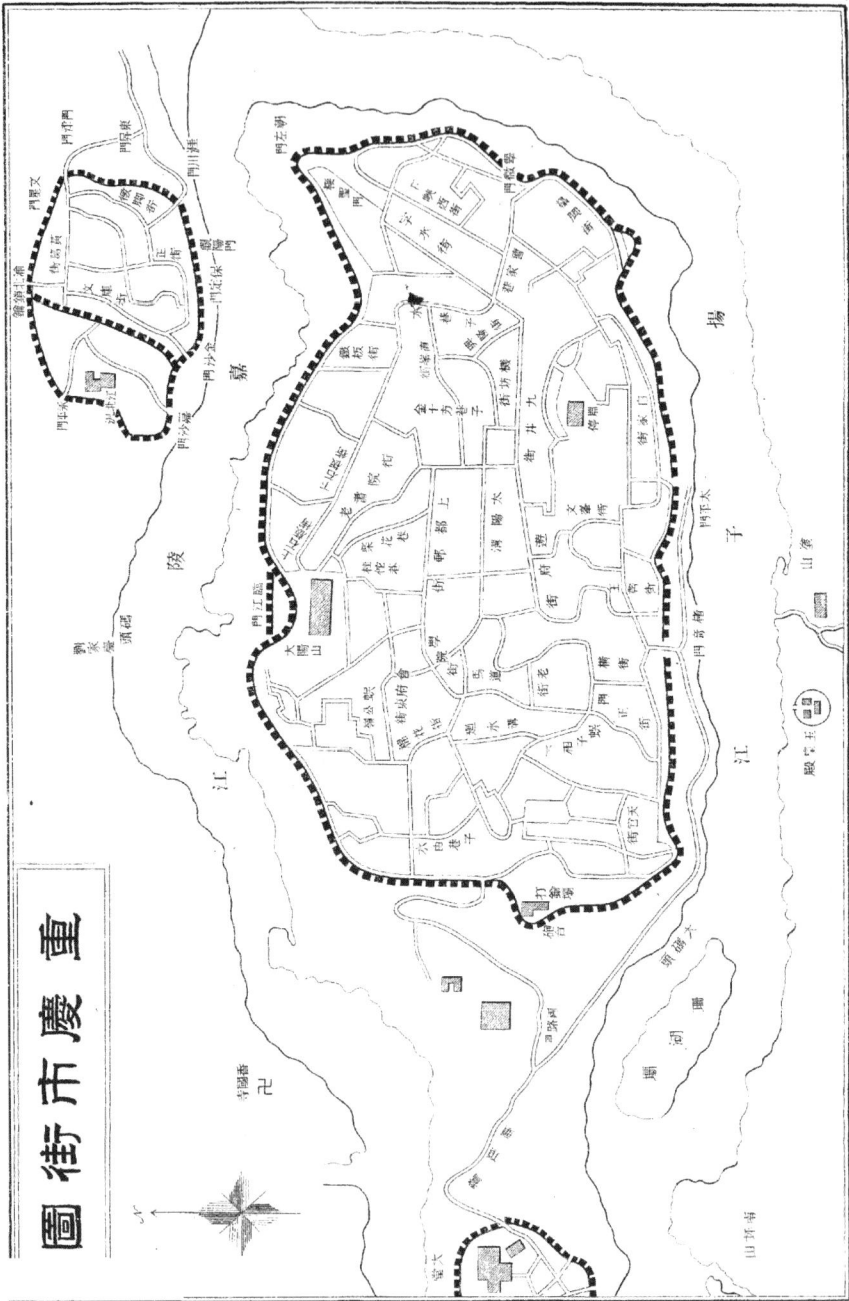

图 26　重庆市街图

（图片来源：《支那省别全志·第五卷·四川省》）

27 像 《亚细亚大观》

> 日人岛崎役治赴东三省一代地方游历……通令各该县仰即遵照，俟该游历人等到境验明护照，妥为保护，并将入出境如期报查。

——外交部奉天交涉署训令，1925

1895 年甲午战争之后，日本民间社会对清朝兴趣大增，有不少学生到中国留学。前述的东亚同文书院是其中的一个教育机构。另外有不少日本人游历考察中国各地，之前谈到的伊东忠太就是其一。山根倬三在 1916 年出版的《长江大观》，是在他十来年间拍摄的一千多张照片中挑选出一百五十几张汇编而成的。《长江大观》记录了长江沿线城镇、乡村、一些风景优美地方最后的景致，一种古典生产体制形成的景致。山根倬三对重庆的记录并不多，《长江大观》中只有"觉林寺"一处。

《亚细亚大观》是由亚细亚写真大观社编辑的照片集，其中大部分为中国的图像。大观社创办于 1924 年，负责人岛崎役治。《亚细亚大观》共有 16 辑，时间跨度从 1924 年到 1940 年。1925 年岛崎役治一行在东三省，1926 年在上海、江苏、浙江、四川等地游历。出发前要由各省交涉署向各地方县知事发放训令，要求"妥为保护"。其中关于重庆的部分刊发在 1926 年（大正十五年）12 月底的第三辑第 7 回中（照片拍摄于八月）。此辑中有文字《重庆概说》和岛崎役治撰写的《重庆纪行》。概说中谈及重庆的地理形势、《马关条约》后日本在重庆的租界、城内分区、主要街道和建筑、日本领事馆以及主要的输入输出商品等。

岛崎役治大概是首先从日本领事馆开始的拍摄，从领事馆看出去，可见秀丽的嘉陵江和对岸的江北，也可见临江门一带民房的高低错落（图 27-1，上）。他渡江到王家沱一带，看两江交汇，试图捕捉重庆全貌。从王家沱清楚可见朝天门矗直的大台阶，也可望千厮门码头（图 27-1，下）。城里，在照片左侧的高耸处，很可能是长安寺（崇因寺）。据说它所处位置是重庆城风水结脉处，法国传教士范若瑟当年要占用该地建造教堂，引发群情激愤和社会动乱，最终由八省会首筹资回购该地。照片中最右侧清晰可见若瑟堂高塔。岛崎役治也到南岸，看长江沿岸的重庆城、拍摄江边的船只、密集的吊脚楼和来来往往的抬水人（图 27-2）。

图 27-1　岛崎役治拍摄的重庆城
　　（图片来源：《亚细亚大观》1926 年第三辑）

图 27-2 岛崎役治拍摄的重庆城
（图片来源：《亚细亚大观》1926 年第三辑）

28 像 杨森在重庆

> 正因为我们的国家，受过了极深的痛苦，所以要特别热忱地爱护他……大家要努力去解脱前的痛苦，创造未来的幸福；或做建设的事业，以抗外来的侵凌；或担廓清的任务，期复内国的秩序。
>
> ——杨森，1924

　　1921年11月2日，重庆商埠督办处成立。刘湘委任杨森（图28，上）为督办。杨森在发言中说重庆"人口之众，已达极点。只因地势太狭，无由发展。各种事业，无人整顿。如街道之不整齐、交通之不便利、卫生之不讲究、消防之不得力、公共娱乐场之未设备、马路之未修筑、轮渡之未兴起、电灯电话之未扩张、自来水之未安置，皆为重庆最大缺点"[29]。《钱业月报》中刊载杨森的《重庆新商埠之大计划》，谈到新机构的组织架构，管辖的范围，电灯、轮渡、汽划、路政电话、机械所、电车的计划，以及财政的来源[30]。次年3月，划定的江北新商埠开工。《新闻报》报道"重庆新商埠工程参观记"，讲杨森在江北修筑堤岸，工程浩大；计划在江北嘴与朝天门之间架一座铁桥；工地上有士兵和囚犯做工；以及工料的运输和工程师的踊跃等。文章最后对建设耗资巨大、又需历时多年颇有忧虑[31]。担忧之想不久成为现实。川内军阀间频繁的战争很快赶走杨森。没有稳定的政权，就没有长期的建设。夏季来临，江水上涨，冲垮已筑堤岸。

　　杨森做事向来轰轰烈烈，大刀阔斧。之前在泸州，后在南充、成都、万县、贵阳都提倡新市政、新风尚，在各地修筑马路、兴办学校、建设公园、禁止打麻将（修筑江北堤岸的部分经费就是来自对城内富商打麻将的巨额罚款）等；又如为振作精神，要求不穿长袍，并让警察持利剪巡街，遇着长袍者即剪其下段。杨森自己多身着军装或西服，1930年在和刘文辉、邓锡侯的合影中他穿西装，而其他两人则是长袍马褂（图28，下）。杨森因为这些看起来有些过激的行为，常被诟病和讥讽。杨森一生传奇，被暗杀未遂、误传去世、与英舰交涉、抗战英勇、爱好体育、被各报乐道的军事化管理妻妾等都是他的故事。1948年杨森被派任重庆市市长，但如同27年前任商埠督办一样，他很快又与这个城市无缘。杨森在1921年提出沟通江北与老城的铁桥构想到1966年才实现。嘉陵江大桥是重庆第一座大桥。

图 28　杨森

（图片来源：上图：《体育季刊》，1935 年第 1 卷第 1 期；下图：《良友》，1930 年第 45 期）

29 像   重庆城图

Until about 1925 almost no real changes occurred either in the main city or in the suburbs, though the South Shore was slowly increasing in population.

——J. E. Spencer：*Changing Chungking*，1939

在重庆杨柳街和大梁子的交汇处，在镇守使署背后，有一处"合记肇明石印公司"。这家公司不知成立于哪一年，但它在民国元年（1912年）印行了一份准确而精致的《新测重庆城全图》。民国元年的这份地图似乎是一种象征，它使用西式的测绘方法，完全和之前的国璋、张云轩、刘自如等图不同。它不再是意向性的表达，而是有许多地方性的特征，特别是表达内容的复杂性和多样性。1920年的版本中图例高达60种，从官方建筑、领事处到各种民间机构，从邮政设施到工厂、庙宇、教堂，从监狱、戏园到停船处，从井的位置到桑园、水田、坟墓，从各种类型道路到多样材料类型的界墙，从地面的土坑、水池到花园、石阶等，极为详尽。1937年刊印的《重庆指南》中，在大梁子有肇明橡皮铅石印社，应是同一家公司。

1939年斯班塞（J. E. Spencer）在美国《地理评论》（*Geographical Review*）发表文章《改变重庆：一个中国旧城的再造》（*Changing Chungking: The Rebuilding of an Old Chinese City*）[32]，内有一张1920年的重庆地图（图29）。图上标注"改绘自一家私人印刷公司的地图"——很显然是来自《新测重庆城全图》。任何一种改绘都具有一种主体意识在其中。斯班塞的这张地图中，只剩下9种图例（1.城墙、2.没有围墙的公共街道、3.两边有砖或石砌墙段的公共街道、4.公共水井、5.寺庙的花园、6.田地、7.坟墓、8.本地的小路、9.主路，即之前的"帝国大道"），大大简化了《新测重庆城全图》。图中可见重庆城内有16处公共水井，公共花园分布在夫子池、五福宫一带。作者补充了他的地理观察，用深色点区分了重庆上、下半城，这对于理解重庆城很有帮助。图中有两处错误，南边的望龙门和北边的蔡家湾一带城墙作者想当然地认为有开口。此时重庆城墙仍然很完整，城墙断口要到1927年商埠督办公署启动新建设才出现，并且不在望龙门处。

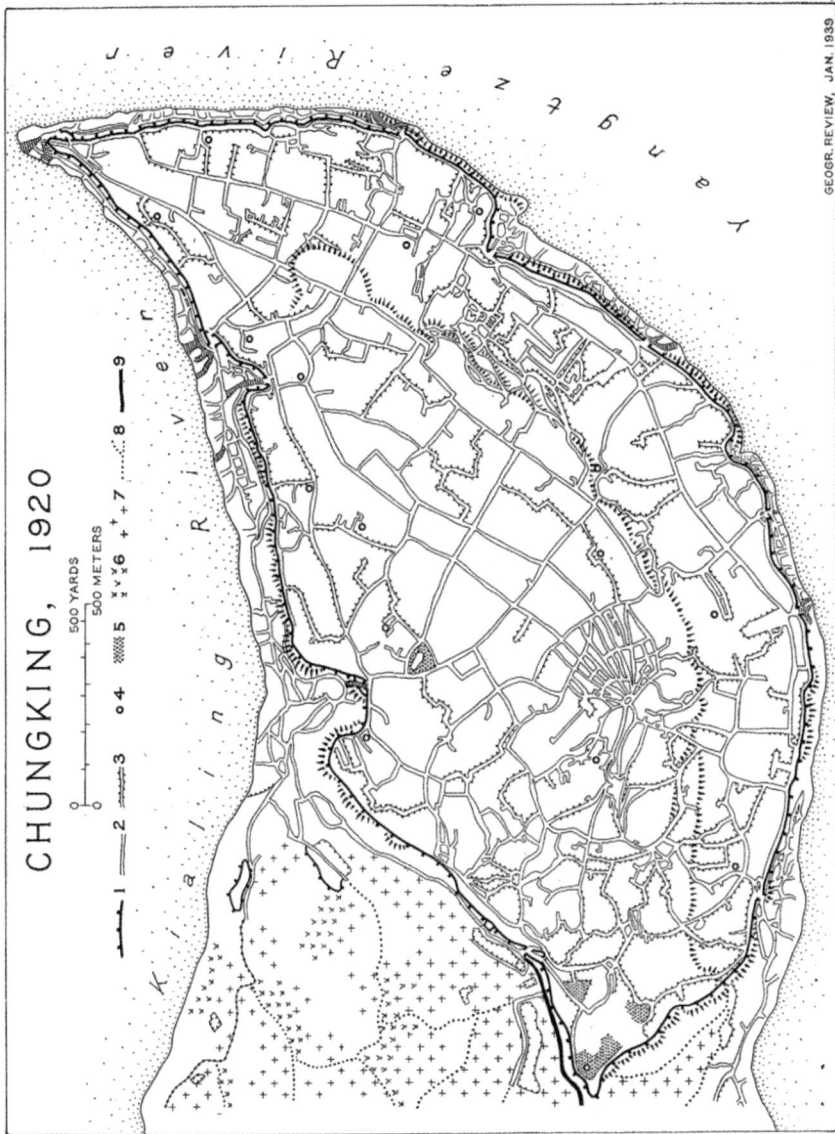

图 29　重庆城图（1920）

（图片来源：J. E. Spencer, *Changing Chungking: The Rebuilding of an Old Chinese City*）

30 像 拆卸朝天门

　　本署朝天门麻柳湾，建筑轮船码头，业经完竣。拟自码头修建巷道，直达接圣街，以利交通。

——重庆商埠月刊，1927

　　1927 年 3 月的《重庆商埠月刊》第二期刊登了两份重要的计划书。一份是《重庆自来水工程计划书》，另一份是《整理朝天门城门交通工程办法大纲》。重庆应办理自来水工程，从清末以来一直有各种呼吁，但困于时局和办理的困难。该期月刊中附有一份自来水计划的解释说明，谈到因事大费巨，只能先做全盘考虑再分期推广；也谈到建设费用、取水之法和建设预算。比较有趣的是，里面提到"洋工程师者，亦未必皆有知识经验；即或有专门人才，而来川不久，于本地用水情形，建筑材料，人工方法，皆未深知"[33]；也谈到洋工程师的技术团队要价太高。

　　重庆商埠督办公署同时给重庆统捐局公函，希望将朝天门处的验卡迁移他处，谈到"本埠为通商巨镇，华洋杂处，来往人繁，而各城门类皆狭窄，以致行人进出，时形拥挤，对于交通，身为不便，敝署为便利交通起见，拟将各道城门，逐一拆卸整理，以利通行，特先从朝天门着手，定于三月六日动工开拆"[34]。"办法大纲"中提出拆卸内外城门、城楼上的所有旧建筑物以及两侧一定长度城墙；修理城基下水道、修补旧石阶梯；根据高差建造两月台，月台上做围栏，以防止市民"远眺河山风景"时坠落；种植大树，"以增风景美观"。其中第十四条是"拆卸城墙及城楼等旧石料，斟酌用作建筑码头月台堡坎，及交通路道之用"；第十五条是"城门附近地方，除公有地皮外，关于收用民地房屋，及接洽地方交涉事宜，应派专员先期办理，以利工程进行"。十四、十五条的内容涉及民初现代化建设过程中两个重要方面状况：一是在财政捉襟见肘、"拆旧"为彼时进步观念情况下，拆旧城墙用于建新码头、道路；二是建设新空间涉及旧有土地产权（社会关系的一种表征）的调整问题。这类产权冲突问题是《重庆商埠月刊》中频繁出现的状况。它当然不只是重庆现代化过程中的问题，而是各地各商埠、新市的普遍问题。

　　这是旧时朝天门最后的影像（图 30），巍峨壮观又多情。

图 30 1920 年代的朝天门

（图片来源：英国布里斯托大学中国历史照片数据库）

31 像 太平门

　　一行人陪同我们步行至太平门。从城门至河边，共有 220 级台阶，长长的梯级足有 20 英尺宽，相当气派。一条装载着我们行李的小货船，正等候着将我们送往去大江的帆船。

——立德，1883

　　乾隆《巴县志》中载重庆有城门十七，九开八闭象九宫八卦。但如何之"象"，九个开门方位与九宫、八卦间是怎样的关系，历来各志书中没有解释。根据国璋等图中七星岗处所绘卦象，结合各种历史文献中的蛛丝马迹，推测千厮门为北门，坤宫；金紫门为南门，乾宫；东水门为东门，离宫；通远门为西门，坎宫；储奇门为中宫，而太平门为兑宫。

　　立德在 1883 年来重庆游历，无意中对东、西、北门都有描写。他在《扁舟过三峡》中记，刚抵达时"停在城市东门脚下，船头对着陡直的岩石斜坡。城市东门在我们上方约 200 英尺……进了城门，穿过狭窄、拥挤的街道，来到白象街"[35]。——这里的东门，根据描述应是东水门。他应约出行去一十绅处住，"靠近一个隘口，通往省会成都的大道即从隘口穿过……从西门出城，向下走大约 100 级台阶……山上有一大片坟墓"[36]。他后来又提到出西门，有丧葬处和惜字塔——这里的西门，应是通远门。他出去远游，顺嘉陵江回来，"在北门高悬的城垛下方靠岸，爬上近 300 级陡直而肮脏的台阶"[37]。重庆城沿嘉陵江有三个城门，分别为临江门、千厮门和朝天门。在这次立德的旅行日志中，他能给出名字的城门只有朝天门和太平门，而千厮门在临江门之北，立德谈到的北门应就是千厮门。立德最后从太平门离开重庆城。太平门码头历来是除朝天门码头外最重要的地点，入太平门就是重庆府衙等重要机构。立德讲梯级有 20 英尺宽，很是气派。到了 1920 年代，仍然可见其气势（图 31-1、图 31-2）。

　　太平门码头大概是旅客来往最多的一处，是令人伤感的离别处。美国医生贝西尔离开时，"当他的轿子最后一次从太平门走下山岗……重庆看上去还是和一千年以前的样子无异"[38]。1942 年《沙磁文化月刊》上记，作者雨夜送客到太平门渡，写下："夜雨湿寒江，南浦行人静，又是长亭送别还，寂寞怜孤影。怅望恨无穷，应共离人省，独绕西园忆往昔，泪落春衫冷。"[39]

图 31-1　通向太平门的大台阶

（图片来源：英国布里斯托大学中国历史照片数据库）

图 31-2　太平门城门楼

（图片来源：英国布里斯托大学中国历史照片数据库）

32 像　旅外学生 1

拟专选渝城内外官商绅庶十六岁以下聪颖入堂学习外国语言文字及天文地理算法等事。欲通西学者，应以此为门径。

——洋务启蒙学堂试办章程，1892

1892 年川东兵备道在重庆设立洋务学堂，为近代四川新式教育的开始。1904 年清颁布《奏定学堂章程》，规定实行新式学制，这是中国现代教育体制的里程碑标志。社会渐开，旅外学习成为国家和地方现代化的必要。1906 年《四川官报》录《北洋官报》刊载的"遣学建筑"："两江督宪以近来推行新政，形式与精神二者不可缺一。故于营缮工程之事，颇为注重。惟中国建筑之学问，向不讲求，遇有重大工程不能不聘用洋员洋匠，甚非持久之计。现特饬令学务处遴选素优东文、算法之学生十名，资遣出洋，前往日本专习工科内建筑学一门，以备将来应用"[40]。1903 年吴玉章到日本东京留学；该年邹容从日返沪，发表《革命军》。1917 年在留法俭学会讲演大会上，吴玉章最后和学生说："前清时代留学外国者，多发扬蹈厉之气，坚苦卓绝之操，故能演出种种可歌可泣之事业，而革命遂以成功。民国成立以来，学风稍靡，似以为目的已达，更无须奋勉者。而不知环观世界，吾民国之幼稚，无异婴儿之在襁褓，而风云飘摇。又有大厦将倾之象，诚不可不痛，自刻发奋为雄，以争生存于世界者也。"[41] 这批留法预备学生中，有四川广安人邓小平、江津人聂荣臻、乐至人陈毅、酉阳人赵世炎。

1927 年任重庆商埠督办公署的工务处长傅骍，1886 年出生于重庆府城内，曾就学上海复旦公学，1910 年考取第二批庚子赔款留学生资格，赴美国科罗拉多矿业大学学习。同期的 70 名学生中大部分为江浙一带学生，其中有胡适、竺可桢、庄俊、赵元任等。1926 年傅骍回渝任职，是重庆早期现代化的重要人物。1927 年和傅骍一起工作的技正税西恒毕业于柏林工业大学，后曾任重庆大学工学院院长。

重庆历史的一像，是新知识、新技术、新制度的增量与实践改变了城市；它们是抽象的，却依托在生动鲜活的个体身上。民初以来，大量重庆学生到北京（图 32-1）、天津、江苏，到日本、美国和欧洲各国学习（图 32-2）。他们承载着国家现代化、重庆城现代化的一种希望，一种力量。

图 32-1 巴县留京政学联欢会摄影纪念（1923）

（图片来源：《巴县留京学生会会报》，1923 年第 1 期）

图 32-2 重庆联中旅外同学欧洲分会成立纪念（1923）

（图片来源：《重庆中校旅外同学总会会报》，1923 年第 5 期）

33 像　旅外学生 2

　　重庆城市的街道，污秽浑浊，肮脏满目，有整理街市责任的人，应该作如何感想！本县乡间的匪徒，时出时匿，终难绝迹，有肃清地方责任的人，怎么竟没有法子？

——巴县留京学生，1923

　　胡子昂是1923年巴县留京学生中的一位。胡子昂毕业于北平农专，后在重庆创办华西公司，又任重庆自来水公司总经理，创建华联炼钢厂（后改组为官商合办的中兴实业公司，业务包括航运、交通、机械、特产等）、华康银行、华裕农场等。他也曾经任重庆督办署教育局局长、刘文辉的边政署长、张群主政四川时的建设厅长、四川省参议员、国民政府参议员以及重庆市参议会议长（图33，上）。[42]

　　1923年创办的《巴县留京学生会会报》，讨论四川、重庆、巴县的自治、产业、教育、团练、市政等。其中，晏横秋说，兵匪间大战把好端端的重庆弄得人民流离失所；他又说，真正问题却不在兵匪，而在于地方社会普遍迷信，应整顿团防、注意教育、监督巴县各机关的财务公开。[43]对故乡有着爱之深和痛之切，宁达蕴说："始意以为川民年来经过各种思潮，进步多矣，乃萎靡状况，不殊往昔！……一般人士，多惟物欲是求，鲜有识人生为谁何者。"他谈军人政治，"纯以大强盗式的军阀为转移……且彼等之所谓政治，完全共同分赃，大刮民膏之政策"。他谈教育与学生，"川省学生界之智识，素称幼稚，判决力既不甚强，冲动性又复易起，近数年来因感受外面之新思潮，于是乎而讲究各种主义者，一时风起水涌，不可遏止"[44]他也谈到学生对报纸上如"安那其"等知其名而不知其实，也无建设之思考。1934年范崇实（图33，下）在给卢作孚的函件中谈道："中国的问题，不是临时国家的存亡问题，而是根本上新的社会建设问题。如果新的社会建设不起，那么无论去学德模克拉西，法西士蒂，以及布尔雪维克，都不会成功的。欧美的一切良法美意，典章制度，一搬到中国来，就失其效力，而反为弊数，是因为没有预先改良社会的缘故。"[45]范崇实与刘航琛、何北衡同为北大1923年毕业的川籍学生。刘航琛说他们相约："以后在社会上做事，应凭能力，不凭文凭，故皆以字行，而不用在校名字"。

图 33　胡子昂与范崇实

（图片来源：上图：《银行通讯》，
1947 年第 18 期；下图：《四川省各界
禁烟促成会月刊》，1937 年第 1 期）

34 像 刘 湘

我虽不能终始其事，而基础不能不由我而立。

——刘湘，1921

1921年1月8日，刘湘、但懋辛等通电各处，各军将领在重庆决议"川省人民公意，制定省自治根本大法，行使一切政权，并对于南北任何方面，不为左右袒"[46]。7月2日，刘湘通电，经各军将领推举，在重庆就任四川总司令兼省长职（图34，左上）。8月1日，《新闻报》刊"刘湘就职后之计划"，谈到他的五项主张："1. 树地方分权主义，期成良好宪法、2. 依据枪支确数公平编制军队、3. 实行清乡、整顿团防、4. 禁提款项、统一财政、5. 严重考察、澄清吏治。"[47]但实际刘湘发言更加具体。他谈到教育与实业均为立国之本。[48]他也谈到四川各种资源开发，实业经营，以及经年铁路计划无成，急需启动川中公路的建设。他随后任命杨森为重庆商埠督办，主持市政建设。刘湘也计划建筑成渝马路，先委托聚兴诚银行办理，后收回川省政府自办。1922年，重庆商埠督办工程局长王建模在《道路月刊》上刊有一份详尽的《成渝马路计划书》[49]。

1921年英文报纸《字林西报》报道刘湘任四川省省长，议论熊克武与刘湘之争，问道："会有和平相处之时吗？"[50]1918年，熊克武制定的"防区制"使得川内各军阀为扩大防区、获取财政收入而战争不断。川中还有滇、黔军阀搅局，使得格局更加复杂。此时的刘湘，还没能强大到控制、制约川中的各军阀。1926年中，刘湘与杨森等联合将黔军袁祖铭赶出重庆，刘湘开始坐镇重庆，再一次启动重庆商埠与成渝马路的建设。他委任潘文华为商埠督办，令唐式遵修筑简渝马路，重启1921年的计划。刘湘控制重庆、万县等地，扼住了入川的喉咙。他重整军队，购买新式武器；整理县政、整顿财政，在1933年夏大败刘文辉，标志着四川军阀混战的终结。1934年11月下旬刘湘（图34，左下，右）出川到南京进见蒋介石，意味着一个新时期的开始。1938年刘湘去世，后有报道："刘氏私生活甚俭约，与夫人周书女士，相敬如宾，不置簉室，小筑于嘉陵江畔之李子坝，然远不若师长公馆之美奂美轮。……刘氏在川，历史悠久，最大功德事，为将屠宰税指定为教育经费，不得移用，教育命脉，得延一线。"[51]

四川时局中之重心人物——刘湘

图34　1920年代（上）与1930年代的刘湘（下、右）

（图片来源：左上图：《时报图画周刊》，1921年第73期；左下图：《军事杂志（南京）》，1933年第59期；右图：《新中华》，1937年第5卷第11期。）

35 像 刘航琛

今天以前的重庆，上游不能超出江津，下游不能超出长寿。上下都被切断了，组织和活动的范围，也就只限于此二三县地方以内，当然说不上发展。

——刘航琛，1934

刘航琛，四川泸州人，出身于天主教家庭，1923 年北京大学经济系毕业，1926 年移驻重庆。时刘湘初步控制川东地区，在重庆成立"军事政治研究所"，对团长以下连长以上的军官进行政治教育。刘航琛与卢作孚是研究班中的教官。研究班结束后，刘湘请教官吃饭，这是刘航琛与刘湘的第一次见面。1926 年底起，刘航琛为王陵基整理财政，甚有起色。1929 年中，刘湘力邀刘航琛，他说："自熊克武民国六年下令各军就地筹饷，四川残破不堪。加上年年打仗，百姓未尝得有一天安宁，我希望能有人出来把它统一，革除弊政，建设民生，然而我等了十二年，到今天不见其人。无法，只有由我来尝试了。统一四川，就是我们的事业的第一步……如果你也认为是个事业，便是我们所要共的。"[52] 从此刘航琛入幕刘湘。1939 年刘航琛曾说："国民政府之能平定中原，是因为他利用了上海这个大商埠的财力。我们的商埠较小，如果创造不出财团，就养不起兵。经过几年的努力，社会已经相当蓬勃。"[53] 刘航琛在回忆录中有专章谈到 1929 年至 1934 年的四川财政，事实上是在他经营下的重庆财政。刘航琛通过建立信用，调动民间资本，借取公债、设立银行、办电厂、整理盐务及丝业，促进了重庆的现代化，"到了民国二十二年初，重庆可说具备了应变的能力。当时重庆有银行九家，钱庄二十余家，盐帮生龙活虎，其他各业亦相当繁荣，堪谓达到了巅峰时期。"[54] 但刘航琛 1934 年在民生公司的演讲中也谈到，重庆核心的经济腹地其实仍然相当狭小。他后来说："四川人才不敷，百姓资金未能大量转移为工业资本，亦为要因。但平心而论，四川虽无大成，究属小康局面，故后日能于抗战中成为国民政府之政治中心，支撑大局于不坠。"[55]

1935 年四川省政府成立后，刘航琛任财政厅厅长（图 35），后任国民政府粮食部次长、立法委员、经济部部长等职。1948 年有报道说他其貌不扬，却很有主意和观点，敢于承担，"能文善谈，工纵横，善权谋"[56]。

图 35　刘航琛

（图片来源：上图：《新政月刊》，1937
年第 1 卷第 4 期；下图：《四川经济月刊》，
1936 年第 5 卷第 1 期）

36 像　卢作孚

> 建设现代集团生活，更是建设一切事业，以至于整个国家的根本。

> ——卢作孚，1934

刘航琛谈到杨森在泸州时，"手下多蓄各式人物，日后代理四川省主席之王缵绪及王兆奎二人，当时是他第九师的旅长；后来的四川建设厅长卢作孚，在当时是他道尹公署的教育科科长"[57]。彼时国内各大军阀，都需要能人贤士来辅助其治理军政与民政。刘湘也是如此，如 1929 年任命刘航琛为财务处长，1927 年任命卢作孚为江巴壁合峡防团练局局长、1930 年为川江航务管理处处长。

卢作孚与一帮朋友在 1924 年成立民生公司，从最早走合川—重庆间的航线，通过购买新轮船、收购其他小轮船公司、发展相关产业，逐渐拓展，向两江的上下游增设航线。经由精心管理、提高航运服务质量，民生公司逐渐在川江、长江上游的激烈竞争中存续下来，并成为当时最主要的航运公司。这是卢作孚的视野、观念、管理与实践的结果，也是当时刘湘建设川东的必要。卢作孚在嘉陵江边的小镇北碚进行建设实验，通过培育产业，改善交通，化匪为兵为工，发展教育，提倡科学，抵制迷信，整顿乡镇环境，整理游览区，将发展经济与改变传统社会关系、建设现代集团生活方式相结合。卢作孚认为建设现代集团生活的方式，才是建设现代国家的根本。

1935 年四川省政府成立后，卢作孚任建设厅厅长（图 36）；后任国民政府交通部次长、粮管局局长等。他和刘航琛一样，都是由重庆一地的工作到国民政府的工作。1937 年有报道称卢作孚"口齿流利，蕴藏着生命的热力，发挥于事业上。平时生活简洁诚朴，不摆架子，一身三峡布中山装"[58]。十年后的 1947 年，在"杨森卢作孚结亲家"报道中，一样谈到"卢作孚虽然在国内大大有名，但为人一向朴素、在穿着方面是一身三峡布中山装，民生公司大大小小的职员，一律如此制服"[59]。其中说，因为他的朴素和"毫无台型"，以至于到杨森官邸，守门人不许这位省主席（时杨森任贵州省主席）的亲翁大人入内；"卢之简朴是颇令人称道的"。而早在 1932 年，就有将卢作孚称为"四川省的甘地"之说[60]。

四川實業人物彙誌

省政府建設廳長盧作孚作略歷

图 36　卢作孚

（图片来源：上图：《新政月刊》，1937
年第 1 卷第 4 期；下图：《工读试刊》，
1935 年第 6 期）

37 像 潘文华

一日，甫公召，语曰：子昔有革新重庆之议，心韪之而格于环境。今时机至矣。曷试之，以尝所志。

——潘文华，1936

以上这段话，是潘文华去职重庆市市长后，在其秘书处编辑的《九年来之重庆市政》序中所说。潘文华是刘湘的第三十三师师长，1926年7月任重庆商埠督办，后改重庆市政厅市长，1929年再改重庆市市长，一直任职到1935年6月。这九年是川人治渝时期，也是重庆城现代化的初发和加速发展时期。潘文华在组织架构、物质实践等方面向汉口、上海等学习，却面临本身复杂而特殊的问题。重庆城是传统商业的枢纽地，两江环抱、人口密集，沿江码头人群鱼龙混杂、舟楫密布、用地有限却难以扩展；山地高低起伏、街道曲折；内城中仅有少量现代产业和少量的电灯电话，却仍然没有自来水、机动车道路，也没有现代意义的公共游览区。1926年开始，潘文华面临的基本是一个典型的旧式城市。他的挑战在于如何在频繁的川内战争之中发展新市政；如何在刘航琛提出的，在彼时所有一切努力都是为了打赢战争、统一四川的基本架构下，获得和维持一定的市财政；在捉襟见肘的情况下，建设新市政。亦即他需要从密密细细的、旧的城市社会与空间肌理中，生产出新的空间、新的产业、新的社会关系。

潘文华(图37)将督办署分设总务、财政、工务和公安四处。《巴县志》中说："于财务处外，特设市政经费收支所，其所长由地方法团遴选商民任之，复由地方法团各选一人组市参事会"[61]。潘文华从整理街道开始，修筑嘉陵江一侧的嘉陵码头、朝天门新码头(后陆续建造了千厮、太平、金紫、储奇码头和飞机码头、江北码头)，在城内建设模范市场，将后伺坡一带及巴县县衙隙地改建为公园，以及拆除部分通远门城墙、迁移坟墓、修筑马路，开拓新区，并筹备和建设自来水公司和电力厂等。实际的建设远不止这些内容。《九年来之重庆市政》在简述市政机构的设置和过程后，将市政内容划分为工程、公用、社会、教育、土地、公安、卫生以及团练八个方面。潘文华说，在群策群力过程中，"思想渐演为事实，计日策功，新机怒苗，于是市容丕变，顿改旧观"[62]。

图 37　潘文华

（图片来源：上图：《九年来之重庆市政》；下图：《抗
战建国大画史》，1948 年）

38 像　斑驳之城

It is satisfactory to note that the hospital enjoys an excellent location; that although the officials were not inclined in the beginning to give their support, since then they have accorded their patronage ... and that by the success which has attended the skill of the doctors, the institution is rapidly overcoming prejudice and finding a large sphere for work.

—— The North China Daily News, 1893

　　这是《字林西报》1893 年关于重庆宽仁医院的一则报道。上面讲，宽仁医院坐落在一个很好的位置，尽管本地官员一开始不太支持，但随后就给予了支援。因医生们的技术很好，对医院的偏见很快被破除。宽仁医院由基督教卫理公会出资建造，1892 年落成，是重庆第一家西医院；位置较高，在临江门的戴家巷，靠城墙而建，可一览嘉陵江。建筑主楼青砖四层两坡顶，几根烟囱突出了屋面，很是引人注目。重庆于 1891年据中英《烟台条约续增专条》开埠，该年英国的太古、怡和洋行在重庆设置分行；立德在重庆筹办猪鬃加工厂；美以美教会在曾家岩开办求精中学。1892 年川东道在重庆开办四川第一所新式学堂川东洋务学堂。
　　宽仁医院往东南不远处，就是法国天主教教堂若瑟堂，1893 年落成。1917 年建造了高约 36 米的钟塔。因为若瑟堂和宽仁医院本身所处位置较高，加上它们的建筑高度，它们的高耸是开埠后重庆十分突出的景观（图 38-1）。这种"突出"一定程度上意味着某种观念和实践的转变。到了 1920 年代末，传统的建筑还支配着城市的景观，但如《字林西报》1914 年的报道，西式建筑已经开始成为上流社会追求的一种风尚，西式建筑已经在这座城里四处出现。它们不再如之前十分顾及房屋相互间的关系，而是在用地范围里用西式的建造法尽可能修高，这也就刺破了传统重庆城的肌理，如一颗颗深色的马赛克嵌在这座城的各处。1920年代末的重庆城充满了中西混杂的景观。各个封闭的会馆、寺庙、民居等中式的建筑仍然占据着大多数（图 38-2），可是社会上层观念上的变化，他们的追求，对于现代化和西化的追求正在一点一点地改变着这座古老的城。
　　记录这个城斑驳景观的照片是从南岸慈云寺一带拍摄的。

图 38-1 突出的若瑟堂和宽仁医院

图 38-2　封闭的会馆、寺庙等建筑仍然占据大多数

39 像 通远门

　　马路者，欧俗名之，所以通车马而利往来者也。路当丛葬处，奋筑既施，往往肤剥露白骨，断骼残骶零落草野间。公恻然，乃与其弟献谋聚而掩之。

——张心若：菩提金刚塔碑文，1930

　　通远门是重庆城的西门。清末民初许多西人游历重庆，可能因英、德等领馆在城西的原因，他们大多在西城活动，从通远门出城在周围散步；如果走陆路到成都，大多要从通远门出城，因此留下较多通远门的记载和照片（图 39-1）。通远门的城楼与瓮城均朝北略偏东，出通远门后要向南折回走成都的大道，一些英文文献中称之为"帝国的快速路"。通远门是重庆城九门中接陆地的城门（另一个是南纪门），城门外到浮图关间连绵多里的土地，是巴县人主要的墓葬区。死人从通远门抬出（图 39-2），大大小小，或精美的坟墓或简单的坟包连绵密布在高低起伏的山坡，构成了令人难忘的特异景观（图 39-3、图 39-4、图 39-5）。1927 年重庆商埠督办计划向西拓展新市区，修筑中区干路，将原墓葬区划分为三区，从 8 月起开始启动迁坟工作。《九年来之重庆市政》中谈到中区干路的路线，由通远门七星岗为起点，以曾家岩为终点，经由"七星岗沿城垣经三园室折而西向达观音岩，复折而南向沿上下罗家湾绕堰塘湾山梁复西南向以达两路口，转而北向经成都馆湾插入北区范围直穿火烧坡以达上清寺而至曾家岩"[63]。其后讲到，筑路迁坟，捡拾的白骨，在下游三十里的黑石子建造白骨塔以掩埋。

　　向楚主编的《巴县志》中对于该次迁坟筑路有记载："城外坟地，自明末未经毁灭，清三百余年以来，县人丛葬于斯者，跨丘越陵，万冢千族，出城十里，累累相望，四围阒无居人……共迁土石各坟四十三万五千八百九十四所，占土地面积八万数千方丈，捡获殉葬品不可胜数"[64]。这是近代以来重庆城的一次大规模的建设——可以相类比的，大概只有杨森 1921 年在江北城轰轰烈烈的建设。向楚说："先举全城而糜碎之，创痕历历，惨然在目。旋变湫隘为宏敞，海西楼房，壮丽一新，严城十里，夜光如昼，人民怨喜固相半也。然自是诸工程人员，渐益发舒，应接益繁，沐浴欧化，比素封矣。"[65]自此，重庆城进入了一个加速现代化的阶段。

图 39-1　通远门

（图片来源：南加州大学数字图书馆）

图 39-2　抬尸体出城门
（图片来源：杜克大学甘博照片数据库）

图 39-3　1923 年的通远门外，通往成都的大路 1
（图片来源：藏于法国巴黎 Guimet 博物馆）

图 39-4　1923 年的通远门外，通往成都的大路 2
（图片来源：藏于法国巴黎 Guimet 博物馆）

图 39-5　1923 年的通远门外，通往成都的大路 3
（图片来源：藏于法国巴黎 Guimet 博物馆）

40 像　菩提金刚塔

是以募造七级浮图，普度三界众生，奉安尊像于塔中，敬
藏法宝于坛内。佛身舍利，颗颗皆圆；心地法门，重重无碍。
今者宝塔庄严，功德成就。

——潘仲三市长新造菩提金刚塔落成开光疏，1931

为祈和平，祈亡灵安息的菩提金刚塔是一个形态很特别的塔（图
40）。却住多杰（张心若）在《纪菩提金刚塔》中详细记录了整个建
造过程。他提出三个问题：1.什么样的塔的形相、尺度才能合佛典；2.应
怎样装置塔中应藏的舍利经像；3.建塔的地点和经费。第一个问题的
解决有点出乎意料。时任公安局长的乔毅夫已经皈依多杰觉拔尊者，
获西藏铜造的佛塔一座，"与中国常所见之塔，形相迥异。据尊者云，
此塔乃全依佛说经教所制，极为合法。乃用科学法照原塔放大"[66]。第
二个问题，乔毅夫受潘文华所托到时在北平的多杰尊者处定印装塔的
藏文经典和造白度母铜像一尊，并迎尊者来重庆装塔开光。第三个问题，
由潘文华划定在纯阳洞一带修建佛塔，经费则募捐。接着却住多杰用
详细文字介绍建造过程和细节，其中一处较有趣。塔之下层四隅有四
石柱，有典型的爱奥尼柱头，其解释"柱之上端，做云雷文"。上层
的球状处，供白度母，"全石为之，饰以彩色璎珞，正面有弧形之穹门，
嵌以玻璃……更上则层级十有三……以石为骨，和洋灰及塞门得土为
之"。"塞门得土"即 cement 之音译。整个工程历时近两年，共花费
四万余元。募捐所得只有六千余元，其他不足由潘文华之弟潘昌猷捐助。

多杰尊者在北平造的铜质白度母像和定印的经书，辗转运至重庆，
先陈列在长安寺，引无数人膜拜。尊者"乃用密法加持宝瓶一十三具，
瓶中有佛像、舍利、金宝珠玉、五谷药物，以及天龙八部财神等坛场"。
腊月八日为装塔之日，尊者将各宝瓶装入塔中藏经处，接着由数十人
将经书一一置放入塔中。一番仪式后，"旋以石碑一方封塔，碑上刻
菩提金刚塔碑文，而以石积累塞之。外书菩提金刚塔五大字，径三尺余。
而白度母之腹，及藏经处中心，均以文木为柱，四方形，糅以砟，而
书藏文与上。度母之身，复衣以朱红色湘绣之金刚天衣，及金刚裙"等。

菩提金刚塔之形相来自藏造佛塔模型，其原型来源还值得进一步探究。

图 40　菩提金刚塔

（图片来源：《西南和平法会特刊》，1931 年，特刊）

41 像　进步之城

> 独吾川风气锢蔽，一般无识者流，大都惑于风水之说，谈及迁坟辟地，鲜不惊骇色变，目为怪事者，此皆文化上智识之不进步也。
>
> ——谢璋：重庆新旧市场之改建，1927

追求"进步"是民初中国社会的总体趋势。尽管在各种思潮风起云涌的情况下，何为"进步"并不完全清楚。直观的办法，是在比较中获得"进步"的观念与经验，如中国比较欧西各国、比较土耳其；上海老城厢比较城北的英法租界、武昌比较汉口等。在学习、模仿西方现代化的过程中，破除传统的重重捆束，建设一个新世界。1927 年以后，这样的物质实践过程往往是由地方政府强力推进。重庆城的"进步"、重庆城的现代化脱不开这样的情形。早在晚清，西人租地建教堂建厂房，本地绅商开矿等受到的最大阻力，往往来自那些担心风水被破坏的信奉者，对"龙脉"的破坏，屡遭投诉和反对。1927 年重庆商埠督办署计划迁坟辟地，当然就引起了"惊骇色变"，群情激愤；谢璋说这是"文化上智识之不进步"。

彼时重庆城的现代化建设，至少是陆路沟通成渝两地、川江上机动轮船运输日趋兴盛以及城本身实践的综合结果。从 1930 年开始到 1937 年底，国民政府迁都重庆，下江地区开始各种报道，介绍重庆状况，逐渐将之前陌生的重庆纳入全国视野。这一过程，与国际形势、国家格局变化，与刘湘基本控制四川，与下游地区的汉口、上海商业、金融扩张等都紧密相关。由于重庆仍然不太为其他地区所知，报道中往往从历史、交通、人口、财政、商业、工业、物产、教育、政治、军事以及市政等做扼要的通盘介绍。

1930 年上海银行汉口分行的朱汝谦对重庆市政有简要的描述："年来重庆市政，亦于全国建设声中，渐有进步。沿江码头之新式建筑已有数处，城内外马路亦已建筑不少，二三年内全城干线可望成功，从此车辆往来，追踪沪汉，吾人将不辨其为坡坎不平之重庆城矣。重庆自来水之筹备，已历数年，现在修筑水厂，安置水管，成功之期，亦当不远；至于电灯电话两项，早有设备，惜均腐败不堪"[67] 等。1935 年出版的《九年来之重庆市政》刊载了部分市政的过程与成果，包括水厂（图 41-1，上）、学校（图 41-1，下）、中央公园（图 41-2，上、中）、筑路（图 41-2，下）等。

图 41-1 水厂与学校

（图片来源：《九年来之重庆市政》，1935）

图 41-2　中央公园与筑路
　　（图片来源：《九年来之重庆市政》，1935）

42 像　1929 年

刘航琛曾说，"袁世凯死后，双方和谈了。将军（袁方）、都督（护国军），各取一字，成为日后地方军事首长的名称，是为督军"。二十世纪初，各地均处于南北政府斗争之中，都在考虑选择哪方政府才具有合法性。初期北洋政府为国际承认的中国政府，但随着 1916 年袁世凯去世，北洋政府分裂和南方国民政府兴起，政治与军事格局发生了转变。在混战之中，"联省自治"呼声此起彼伏。刘湘在 1921 年接受川内各军领袖推举，任四川总司令兼省长职；1925 年又被推举为"四川善后督办"。这是川内的推举，刘湘很乐意，也在较长一段时间内使用这一头衔。吴佩孚曾委任刘湘为"川滇边务督办""川康边务督办"，刘湘均不就。1926 年 6 月，北京政府发表刘湘为参谋总长，刘湘未就任。11 月 27 日，广州国民政府任命刘湘为国民革命军二十一军军长，川康绥抚委员；12 月 8 日，刘湘宣布就任。"商埠"之名，并不来自北洋政府，而是清朝与各国签订开埠条约中的"COMMERCIAL PORT"。重庆商埠督办公署之名，一直延续到 1927 年 11 月，后改为重庆市政厅。这是刘湘任国民政府二十一军军长后调整的设置。1928 年 7 月 8 日，国民政府公布《市组织法》，使各地有设市的法律依据，有更广泛的合法性基础。重庆市政厅在 1929 年 2 月 15 日改为重庆市政府，重庆设市。《市组织法》中第一条规定，"市直隶于省政府，不入县行政范围"（延续了孙科 1921 年拟定的《广州市暂行条例》中的规定）。这是市、县分治的开始，具有重要的历史意义。1927 年 5 月 18 日，国民政府任命黄郛为上海特别市市长。也就是说，上海设市早于国民政府颁布《特别市组织法》《市组织法》。

1928 年底潘文华等积极筹划设市，展开详细调查和勘察工作。1929 年 2 月完成的《重庆市区地形图》（图 42）带有详细等高线信息，也可见通远门外新筑的中区马路。这是重庆加速进入现代化前最重要的一张地图。

图 42　重庆市区地形图（局部，1929）

（图片来源：原图藏于重庆市勘测院）

43 像 议办与开办重庆大学

Chungking University: Arrangements are now being made by General Liu Shiang, a high military leader in Szechuen, for the inauguration of a new university in Chungking within this year.

——The China Press, 1929 年 8 月 12 日

1925 年巴县参议会副议长李奎安发表《创兴重庆大学意见书》，刊在《渝声季刊》（一份由巴县留京学生创办的刊物，目的在于对家乡重庆的建设提供意见、建议等）。李奎安提出办学的四条理由：一是因闭塞，民众思想进步慢，以至于与交通便利的其他省交往中往往发生歧异和纠纷，要经由大学提高学术，以化除对于事情理解上的严重差异；二是重庆为商业巨埠，需要人才；三是"吾川因交通关系，风气闭塞。自昔常有蜀不易治之叹。盖由于人民思想褊狭，目光短浅，遂致内讧不休，几难自解"，通过大学可启发思想；四是只有家中富裕者才能到省外求学，设立大学是地方青年和社会的需要。[68] 他也提出创办经费来源、常年经费来源（税款下斟酌附加，如关税附加）、校址（提出在浮图关营房）以及大学的组织。

1936 年《四川月报》介绍重庆大学概况："十八年夏，刘氏驻节重庆，旧事重提，召开筹备会，推定筹备员五十五人，刘自兼主席，又推定常委十三人，分总务、财务、设计、教务四组，分头进行，由自兼校长。拨公款为开办费，其常年经费，则由肉税附加项下开支，暂于重庆南区菜园坝房屋数十件为临时校舍，招收文理预科省各一班。二十一年夏，开办本科，并与距市区二是余里之沙坪坝，另建新屋，分期完成，理文农各院"[69]（图43）。1935 年经国民政府教育部同意，私立重庆大学改为四川省省立大学，将文、农两院的学生并入国立四川大学，川大的工学院并入重大。刘湘去职校长、聘请湖南大学校长胡庶华续任校长。这样的安排，与 1935 年刘湘统一川省，成立四川省政府紧密相关。

1935 年有对重庆大学观感的报道：学生简朴、有生气；学术空气不浓厚，虽然生气勃勃，却是孩子气的；学校设备不完备，不过"将来西南文化的重要就在这里……一天天的滋长，而且这情形可以鼓励你"[70]。

圖　學　大　慶　重

一　之　室　覽　閱　園　學　大　慶　重

图 43　重庆大学（1934）

　　（图片来源：《图书馆学季刊》，1934 年第 8 卷第 4 期）

44 像　四川乡村建设学院

> 乡村等于妇人，民族的长育在他的维护中。因乡村比较城市接近自然，所以，比较更接近于生命的渊源。
>
> ——泰戈尔

以上引用泰戈尔的这段话，出自《四川乡村建设学院之过去现在与未来》。文中还引用斯宾格勒的"现代的都市，将变为现代文化的坟墓"、克鲁泡特金的"将来的社会，在调和农业和工业，使劳心者与劳力者，兼并于一身"、马克思言"将来的社会，在连结农业与工业的经营，逐渐除去都市和农村的区别"。文章目的在于解释建设乡村的重要性，文中谈道，"建设都市不足以救济乡村解决问题，惟有建设乡村始足以救济都市解决问题。我国自鸦片战争以还，西洋工商社会的都市文化战胜了我国农业本位的乡村文化，社会机构根本破坏，民族意识十分消沉"。文中谈到历次民族复兴运动的失败，"考其原因实由于仅有上层份子之主持，而无下层民众之力量。今后谋民族之复兴，必须从根本做起，唤醒民众，组织民众，上下一致，全体动员……舍乡村建设外无他途"。文中谈到四川"内战频乃，乡村经济，崩溃无余；乡村民众，散漫无己……四川干乡村建设工作，实是复兴四川乡村，以为复兴中华民族之基础的运动"[71]。

1932年，在刘湘支持下，甘绩镛（图44，上）与梁漱溟、陶行知、汤茂如、晏阳初等商洽，请教乡建事宜，在川东师范学校创设中心农事试验场及乡村师范专修科。1933年选定磁器口为新校址，同年七月创立四川乡村建设学院，招收本科学生；学院旨在"研究乡村建设学术；培养乡村建设人才，实验乡村建设工作，推进乡村建设事业"。1935年四川省政府成立后，本拟改乡村建设学院为省立乡村建设研究所，但经过时任院长高显鉴（图44，下）等据理力争，后改为四川省立教育学院。

高显鉴，广西桂林人，曾为江津县县长、四川省保安处副处长。1932年组织发起"四川平民促进会"，提出乡村建设和平民教育。1935年甘绩镛去职四川乡村建设学院后，高显鉴续任院长，办有《现代读物》《四川农业》。四川省立教育学院与重庆大学是当时重庆仅有的两所省立大学，是川省培养人才的重要机构。

图 44　甘绩镛与高显鉴

（图片来源：甘绩镛（上）：《政务月刊》，
1934 年第 2 卷第 9 期；高显鉴（下）：
《四川农业》，1937 年第 3 卷第 1 期）

45 像 安特生相册

　　政府聘用瑞典矿物督办安特生博士为中国矿物顾问，由瑞典公使华伦仅君为介绍人。该使今得中政府之保证，谓中国政府诚愿借助外才外资振兴矿务，以辟利源。

——时报，1914

　　1960 年 10 月 29 日，约翰·古纳·安特生与世长辞。高本汉在纪念他的文章中说："世界失去了一位在地质学和地理学领域表现杰出的学者，一位划时代的中国考古的拓荒者。"[72] 1914 年《时报》报道，政府聘用安特生为中国矿物顾问，从此安特生与中国的地理学、地质学、考古学紧密联系在一起。安特生与丁文江、翁文灏、胡适等多有来往，后因主持挖掘周口店北京人遗址，被称为"仰韶文化之父"。《安特生的远东相册》内容丰富而驳杂，有 1937 年日本侵华战争照片，更多是各地场景，包括北京、上海、南京、青岛、杭州、无锡、苏州、广州、香港、西北及藏区，以及新加坡、柬埔寨、老挝、越南等；也有各色人物像（如孙中山、蒋介石、李宗仁、白崇禧等）。四川省内有长江、嘉陵江沿线城镇照片。这批照片很可能不是（或者相当部分不是）安特生本人拍摄（因其内容混杂和编排混乱，其中有注 1938 年，安特生 1937 年后应未返过中国）。

　　相册中重庆的照片很珍贵。从南岸玄坛庙一带（图 45-1）、王家沱（图 45-2）、浮图关（图 45-3）、朝天门（图 45-4）等不同方位记录重庆彼时状况。从南岸可清晰望见宽仁医院和高耸的若瑟堂钟塔；从王家沱可见两江交汇；从浮图关可见新筑中区马路和城外苞谷地；从朝天门码头北望，可见江北塔子山文峰塔矗立。这批未标注日期、序号连续的照片如果是相近时间的记录，那么应该拍摄于 1933 年——其中有将被拆除的老鼓楼（丰瑞楼）照片（图 45-5）。1939 年斯班塞（J. E. Spencer）的文章引用了这张照片（标注为"被拆除前的老鼓楼"，提供人为 Teh Yuan）。我在多伦多大学维多利亚学院和英国布里斯托大学网站分别找到两张照片（图 45-6、图 45-7），应也是重庆老鼓楼照片。图 45-6 拍摄在 1920 年代，此时的老鼓楼还保持完好，屋脊起翘仍然完整。图 45-7 拍摄在 1930 年代，已可见其萧条破败。其中"经济饭店"字与图 45-5 相同，两张照片拍摄时间应相距不远。

图 45-1 从玄坛庙一带看重庆老城

（图片来源：安特生相册）

图 45-2 从王家沱一带看重庆老城
（图片来源：安特生相册）

图 45-3 从浮图关一带看重庆老城

（图片来源：安特生相册）

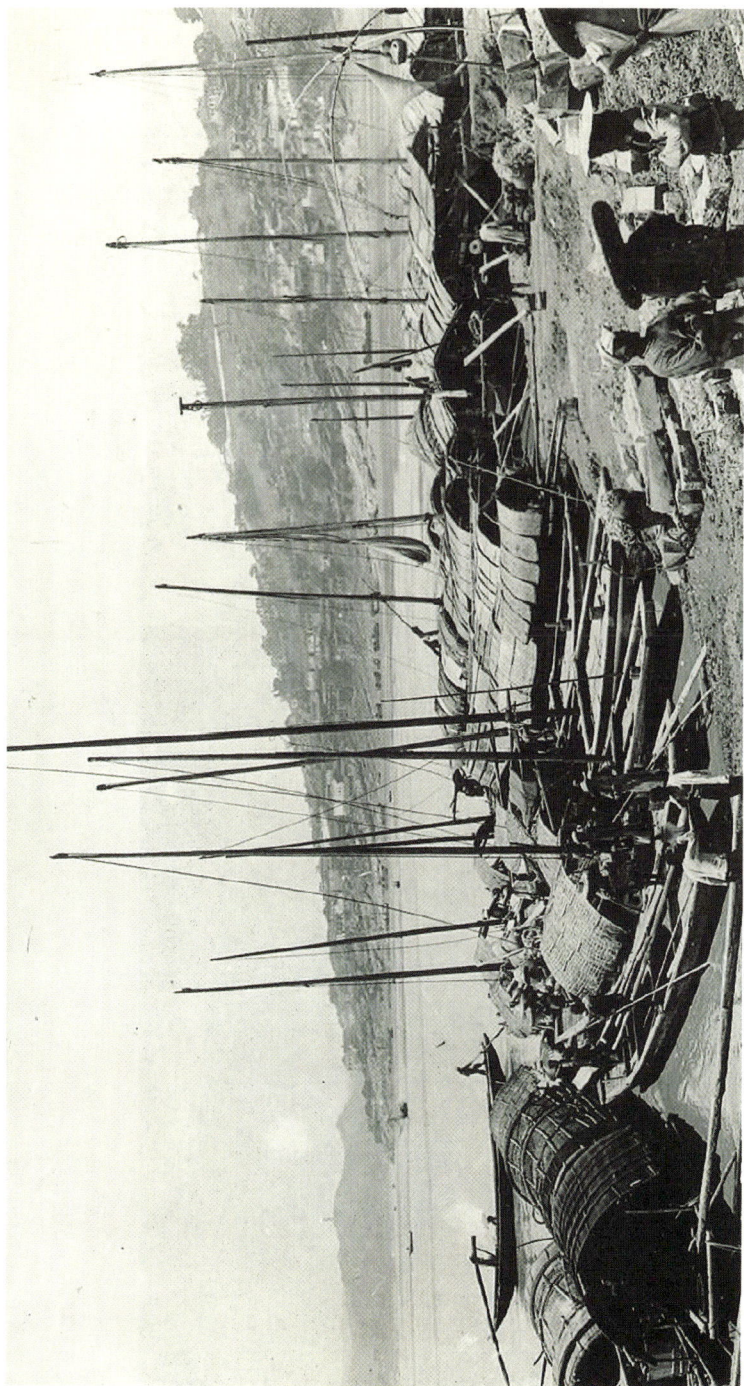

图 45-4 从朝天门一带看两江交汇
（图片来源：安特生相册）

图 45—5　即将被拆除的老鼓楼（1933）
（图片来源：安特生相册）

图 45-6　1920 年代的老鼓楼
　　（图片来源：英国布里斯托大学中国历史照片数据库）

图 45-7　1930 年代的老鼓楼
　　（图片来源：加拿大多伦多大学维多利亚学院图书馆）

46 像 1933 年

（重庆）今虽马路日辟，楼房高耸，猝视之颇见繁华气象，
然究之实际，则各业凋敝日甚一日，大有朝不保夕之虞！
——古铎：重庆市两大经济问题，1933

1933 年的重庆初露现代化模样。刘航琛说，那时的重庆具备了一定的应变能力，各业发达。1933 年李鸿球受所在银行委托，从上海溯江而上，调查川江一代经济状况。他从朝天门入城，住在大梁子一带的"世界旅馆"；重庆的新建设与景观，给他留下"俨同上海""入夜、笙歌达旦，繁华之象；比与沪、汉"等感受。他最后的结论是"军政紊乱，人民痛苦，农村破产，都市进步"。1933 年古铎说"顾年来农村破产，工商萧条，见之公牍，腾载报章，人心皇皇莫知所措。当局绌于费用，惟急于财赋之增，商民从事兴蹉，莫能自救"。[73] 他谈到彼时重庆市面有二十一军部总金库、重庆中国银行、四川美丰银行、川康殖业银行以及重庆市民银行发行的种类繁杂的纸币。纸币的多样与过度发行导致通货膨胀、物价高涨，也十分可能一遇波动就形成社会的金融恐慌。古铎谈到的另一个问题是重庆市面"申汇"行情的高涨，使得商货成本大增，促使物价上涨，销路萎缩，各业萧条，政府税收随之下降等一系列问题。

也是在 1933 年，松山谈"重庆印象"，讲重庆改建马路已具雏形，有各种西式建筑与招牌；通远门外不再是累累坟包，到处是商店和别墅，汽车往来，行人如织，人声嘈杂。他说："都市愈进化，生活愈增高。在重庆生活比乡镇间要昂数倍，城中失业不下数万人。不要说肩舆夫车夫力夫只能获得一线生机，就是智识份子落魄的亦不少。"[74] 他接着讲重庆的烟馆、老鼠、娼妓三多，"城中之金沙岗、东水门为过去藏秽积垢之所，有'成都新化街，重庆东水门'"之说；学校经过二十一军整顿后有所起色；游逛新建中央公园成为军官太太们的时髦之举；电报电话电灯自来水虽有，却常常出各种毛病，难以正常；佛学在社会上下层广泛流行。

英国电影学院（BFI）藏有一段 1930 年拍摄的重庆城影像（截图，图 46）。从江面上可见城的巍峨和城外的吊脚楼、上上下下的抬水人（也反映新设备的自来水供给不能满足日常需要），城内肩舆众多，交通混乱。

图 46　1930 年的重庆城景观
　　（图片来源：影片藏于英国电影学院）

47 像　别发洋行

别发（Bih-fah）, The Bund, next door to Hongkong & Shang-hai Bank. KELLY & WALSH.*Printers, Publishers, Wholesale & Retail Booksellers, Stationers, News Agents & Tobacconists.*

——字林西报行名录，1877

1877年，《字林西报行名录》记载了别发洋行（也叫别发书局，KELLY & WALSH）的地址和从事的行业信息（包括印刷、出版、书的批发和零售、文具、新闻代理以及烟草销售等）。几十年来《字林西报》上有众多关于别发洋行送书的报道，对出版书的简要评述等。别发洋行一直活跃到1930年代（日本入侵中国后移驻香港），对高质量书籍出版和传播起到重要作用。洋行曾经引进如达尔文、赫胥黎、斯宾塞、狄更斯、马克·吐温等的著述，也出版过当时海关税务司夏德研究中国的论著，又如辜鸿铭的《斯文在兹》、林语堂的《京华烟云》等。别发书局是当时租界内、中、外知识分子读书、购书，以及获取信息的重要地点，在鲁迅、郁达夫、林语堂、叶灵凤、施蛰存等的文字中都有所记载。

立德当年在重庆设立信局，邮票即由别发书局印制。书局在1926年出版唐纳德·曼尼（Donald Mennie）的《扬子风景》（*The Grandeur of the Gorges*），内有照片50张，采用右文左图的布局方式；其中12张是手工上色的彩色照片。《扬子风景》记录了那个时期川江段的惊险和壮观，彩色照片中有一种淡淡的日暮忧伤。美籍苏格兰裔的曼尼任屈臣氏董事和总经理，他爱好摄影，记录各地景观。1927年有报道，他被选举为皇家地理学会会员[75]，1943年死于日本在上海的集中营。书局在1924年出版了邓耐利（Ivon A.Donnelly）的《中国的帆船及其他本土工艺》（*Chinese Junks And Other Native Craft*）。邓耐利在20世纪初就来到中国，1920到1930年代间是长江上的航运代理商，大部分时间居住在重庆，在上海和天津也有住所。邓耐利整理了中国各地各种不同形式的帆船，包括如川江上吃水浅的"五板船"、嘉陵江上的帆船等。1930年再版书中有邓耐利的水彩画船。书再版时，别发书局出版邓耐利绘制的水彩画明信片6张，其中有三张分别为巫峡、风箱峡和夔州，另外三张是重庆城、江北和大佛寺（图47）。

Ta Foo Szu Great Buddha

Kweifu City Gate

Feng-hsiang-hsia or "Wind box Gorge"

Chungking

Wushan Gorge

Kiangpei, sister city to Chungking

ONE SET OF SIX

POST CARDS
OF THE
YANGTSZE
FROM WATER COLOUR
SKETCHES BY
IVON A. DONNELLY

Great Buddha (ChungKing)
Wushan Gorge
Wind Box Gorge
Kweifu City Gate
Chungking
Kiangpei

PRICE: 75 CENTS THE SET.

Printed and Published by
KELLY AND WALSH, LTD.
(Incorporated in Hongkong)
12 Nanking Road, Shanghai.

图 47　别发书局发行邓耐利绘制的水彩画明信片

48 像　史医生与贝医生

傲骨与引诱搏斗的时候，傲骨胜利了，可是需要代价的。代价便是终身的流浪、凄凉与寂寞。

——贝西尔，1941

一个个个体生命历程的交织、关联，共构了城市的一种历史。

德国人史笃培，是美国医生贝西尔在重庆行医时的一位挚友。史笃培毕业于德国大学医科专业，曾在普鲁士陆军医药队当医官，却因军中党派之争被降级。当时年轻气盛的他一赌气抛弃家庭、朋友与国家，有如高更。他漂流到世界东方，到过蒙古、华北，一直到1900年义和拳运动把他赶到了上海。他最终还是没有回国，而是深入到内陆、穿越三峡激流之险，到达少有外国人在的重庆。他开始行医，却不断地遭受诋毁和迫害，甚至有生命之虞。他以惊人的韧性和创造力重建事业，开设了私人诊所。来重庆的外国人日渐增加，虽嫌他"古怪"，但对他的才能和品格却很是敬仰。他因和中国女仆结婚遭到了中西各方的谴责，以至于之前的朋友都和他断绝了关系。贝西尔说："从别人报告及自己观察上，知道世上没有比他生活得更寂寞的人了"[76]。他医术高超，"最受人敬佩的地方，是数十年来在没有专业上的批评与研讨的环境之下，而能把优良医学的基本原则坚持不坠。这一个特点实实在在帮助他建立了信誉。"[77]对医学的追求使贝西尔与"怪人"史笃培建立了深厚的私人关系。

他们聊天说重庆。史笃培说："真是一个奇怪的城，像一个金矿似的把人吸引过来。实在此地的财富，不是从本城而是从大西方提炼出来的。重庆靠着租赋与关税，只是从在大门经过的每一个包裹里抽出最好的一些精华而已。"[78]他们谈论重庆奇怪特质，却说不清为什么会迷上这个显得颓败、混乱、酷热、不干净整洁，却又有着一种特别魅力的城。几年后，史笃培安排好家中的一切后事，给自己调配一服致命药。在重庆生活近四十年后，他安定地死去。贝西尔在美国遥忆史笃培，回忆重庆城说："现在，我已经努力过了，已经在那仰望的城里完成了一些公共卫生的成绩了……我的生命，已经被新奇的友情与对另一民族的'心的洞见'所充实。"[79]

史医生和贝医生的重庆是这个城市历史的一部分。

图 48-1　贝西尔工作的医院在临江门一带（书中未给详细医院名称）

（图片来源：哈里森·福尔曼拍摄，1941年，藏于威斯康星大学密尔沃基图书馆）

图 48-2　贝西尔可能走过的重庆城内街道

（图片来源：安特生相册，可能拍摄在1933年）

图 48-3 贝西尔与史笃培共同经历的 1934 年的重庆城

（图片来源：南加州大学数字图书馆）

49 像 千厮门·行街口

某洋行擅在千厮门码头停轮，虎尾堂已呈请官厅向之严重交涉。

——新闻报，1922 年 4 月 3 日

《元史·列传》中有契丹人石抹按只传，谈至元十三年（1276 年），按只之子不老"乘夜袭宋军，直抵重庆城下，攻千斯门。宋军惊溃，溺死者众……十五年，复攻重庆太平门……宋都统赵安以城降。"另外一处城门是洪崖门。《列传》还有汪惟正传，"未几，两川枢密院合兵围重庆，命益兵助之，惟正夺其洪崖门，获宋将何统制。"《宋史·列传》张珏传中，"大兵会重庆，驻佛图关，以一军驻南城，一军驻朱村坪，一军驻江上。……珏率兵出薰风门，与大将也速觯儿战扶桑壩，诸将从其后合击之，珏兵大溃。城中粮尽，赵安以书说珏降，不听。安乃与帐下韩忠显夜开镇西门降。"也就是说，在宋、元文献中，重庆至少有千厮门、太平门、洪崖门、薰风门、镇西门诸门。只是宋、元各与明清同名之门是否在相同位置，有待考证。明洪武初，戴鼎因旧址砌石城，有九个开门。顾诚在《南明史》中记，1658 年"十二月初二日，谭文和镇北将军牟胜所部七千人乘船一百五十八艘先行到达重庆城下，分三股进攻该城：一路攻朝天门，一路攻临江门、千厮门，一路攻南纪门、储奇门、金子门。"

千厮门命名应取义自《诗经·小雅》中"乃求千斯仓，乃求万斯箱。"《全宋诗》（卷 470）里有袁甫诗句，"读诵经史声琅琅，首节间美非笙簧。有如农夫勤理秧，秋来乃有千斯仓"。晚清有《重庆府城千厮门内外城门楼图》（图 49-1），城门楼绘制有爱奥尼柱头，图纸比例为 1：100。1930 年重庆商埠改造千厮门码头，"共长二百八十余尺，高五十尺，平台三，石梯二。左方至二郎庙街，梯级加宽为十六尺，计平台三，石梯三，右方特开为挑水道。"[80] 千厮门外一带密集居住贫困人家，常引起火灾。1932 年《四川月报》报道，"千厮门外之千厮红岩两段，因地势凹曲，形如箕状，贫家筑建小屋，密如鱼鳞。近三年来，皆迭遭大火，尤以去年为巨，焚死人数几近百余。本月二十一日复延烧四百余户。当地灾民维持会等鉴于该地段房屋建筑过密，至屡酿大患，已拟具条陈请当局注意改良"[81]。入千厮门为行街（图 49-2），接字水街、新街口和小什字，已是城中心。

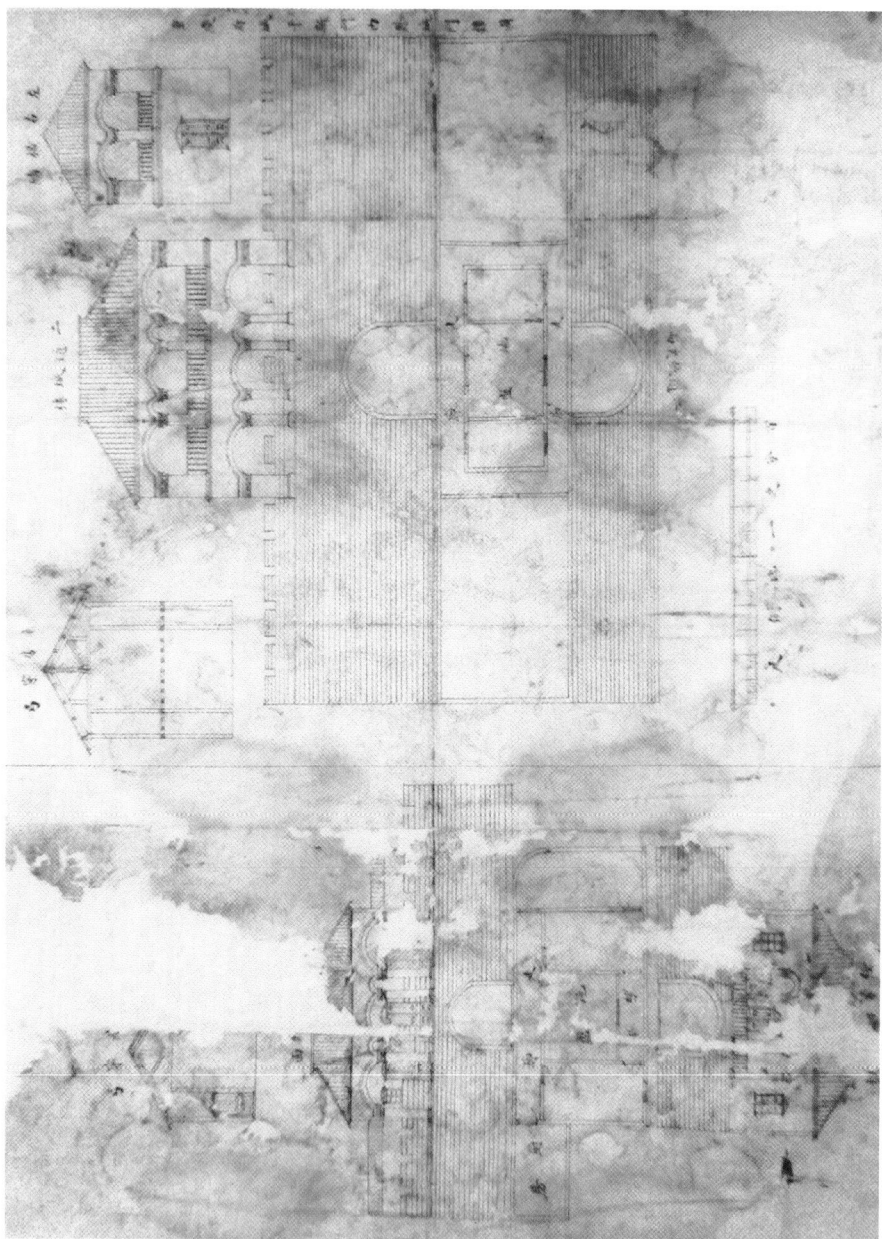

图 49-1 重庆府城千厮门内外城门楼图

（图片来源：《巴蜀撷影：四川省档案馆藏清史图片集》）

图 49-2　千厮门行街

50 像 四川区域交通

四川省道局局长孙荣在省道局召集贝克尔、萧飞两工程师及本局工程科职员，开工程会议，商议著手测勘路线、办法。

——交通公报，1922

　　川省很早就意识到道路的重要性，川汉铁路是其中案例之一。但因政局不稳、管理不善、腐败贪污、管理分割以及山地地理等因，川汉铁路迟迟未见起色，最终因盛宣怀欲将铁路国有化而引发"保路运动"，成为拉垮清朝的导火索之一。1921年刘湘被推为省长后，在彼时修筑道路成为建设新国家举措的普遍意识下，他成立省道局，计划修筑省内6条马路，并聘请国外工程师协助勘测省内马路路线。但因战事纷纷，刘湘不久后下台，川内整体的道路计划又成空影。只在各防区内有小规模的筑路建设（1926年成灌马路通车，成康马路成都到新津段完工等）。没有相对稳定的政权，也就没有相对长期的建设，也不会有通盘计划。1927年刘湘初步统一川东后，又重启川中最重要的成渝马路计划，在重庆设简渝马路总局，任命唐式遵为总办，时李仪祉任工程师。1930年，巴县段老鹰岩盘山路线跨线桥建成，是川中第一座跨线桥。"此间总局监督兼局长唐式遵，近以巴县段马路工程，业已完毕开车，特定于九月十二，宴请党政军机关法团学校，前往参观，风雨无阻"[82]；1931年简渝马路巴县山洞凿通，是川省第一座公路隧道（图50-1）。蒋介石在1935年3月7日的日记中写道，"下午往老鹰岩视察公路工程，亦一伴观也"。老鹰岩一带也成为战时首都时期重庆的一处风景。到了1933年春，简渝马路377公里全线贯通。1933年《四川月报》刊登有"四川汽车公路图"（图50-2），可见重庆至璧山、永川、荣昌、隆昌、内江、资中、资阳、简阳，再达石桥、成都的道路是川中最重要的道路。也可明显看到，以成都为中心的西部路线相对密集，而重庆却只有简渝马路一条；万县到重庆的马路只在计划中。但重庆水路发达，1934年《四川经济月刊》刊发有"四川水道公路地图"（图50-3），清楚地展示了国民政府西迁前川内的交通状况。1933年四川公路总局成立，唐式遵为局长，甘绩镛为会办，将全川"马路"改称"公路"。1934年5月，蒋介石"分电川黔湘鄂陕五省当局，限半年内完成五省公路"[83]的联络路线。重庆即将更深接入地区与全国的道路网络。

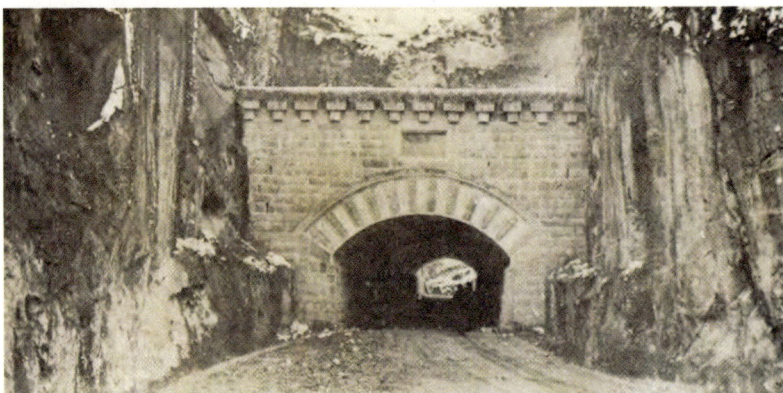

图 50-1　川省第一座公路隧道

　　（图片来源：《交通杂志》，1934 年第 2 卷第 20 期）

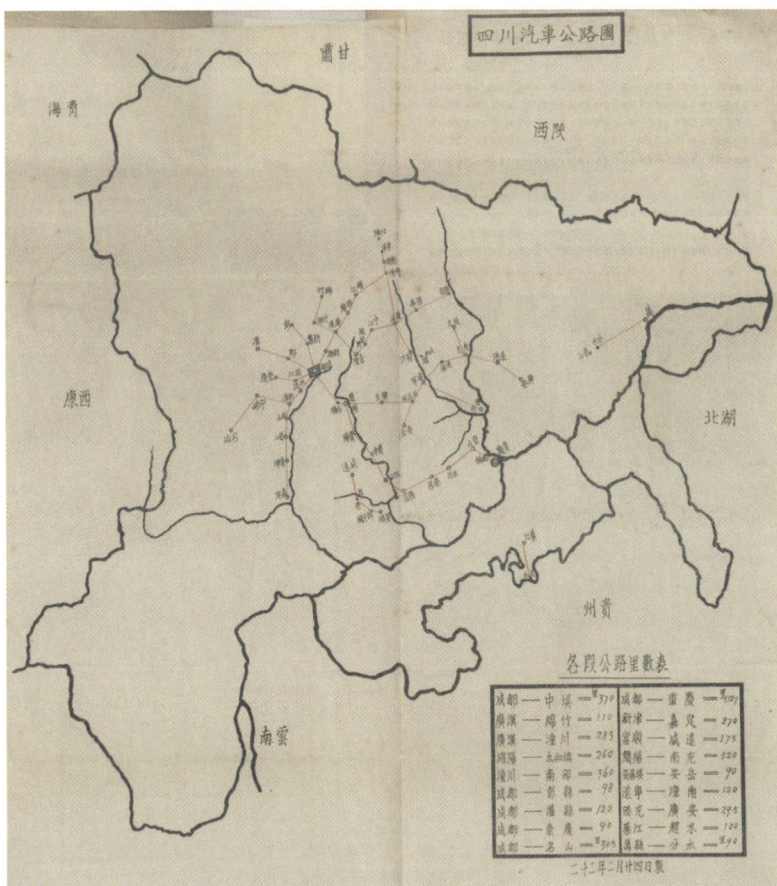

图 50-2　四川汽车公路图（1933）

　　（图片来源：《四川月报》，1933 年第 2 卷第 2 期）

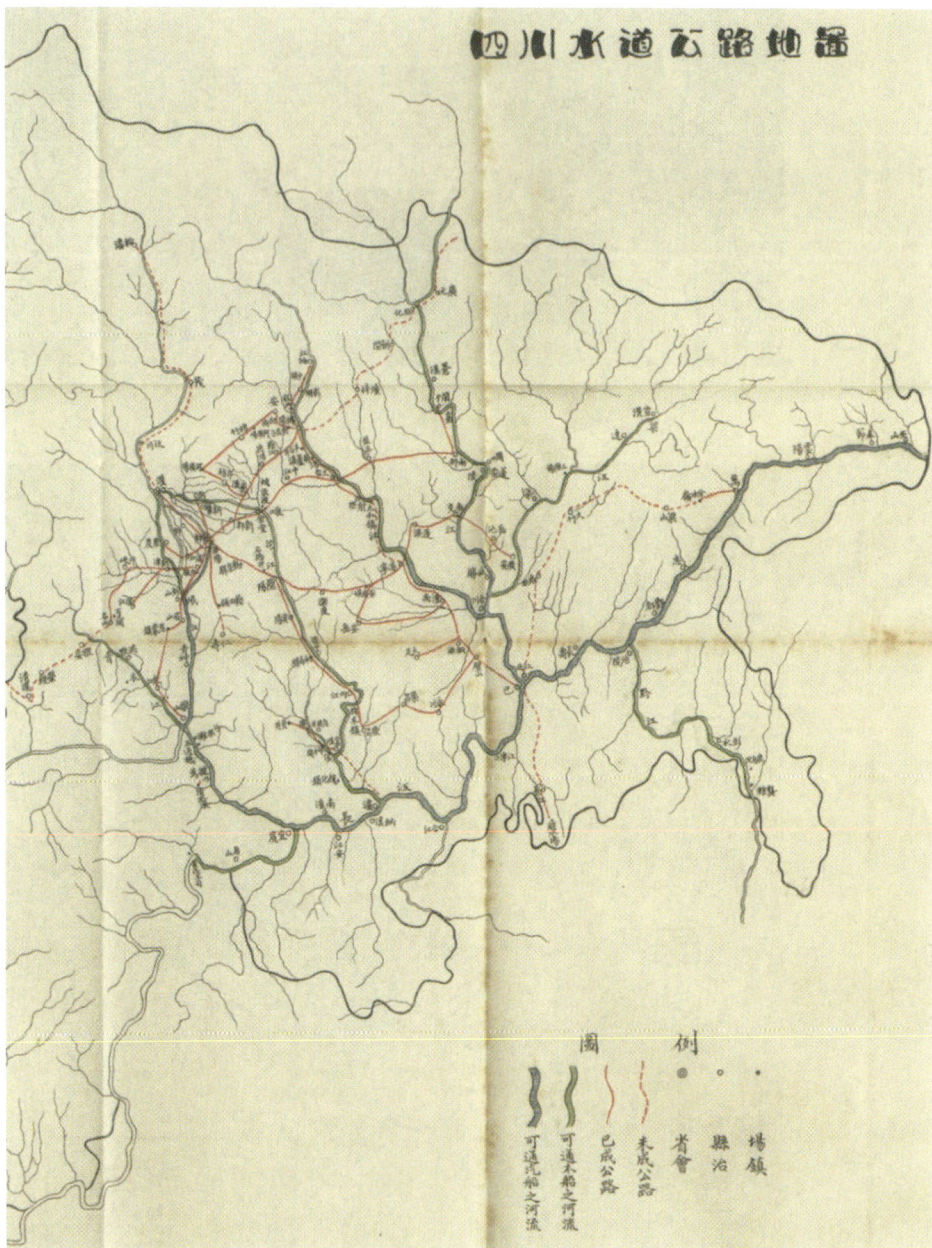

图 50-3　四川水道公路地图（1934）

（图片来源：《四川经济月刊》，1934 年第 2 卷第 4 期）

51 像　四川产业调查

四川地大物博，足供研究之社会情事甚多。然各种刊物，能示其概括之鸟瞰者，尚不多见。致外省欲知川中情形者，更苦无从探索。

——四川月报，1932

川省的产业调查在 1930 年代以后日渐增多，且是全省范围的调查，不限于某一防区或商埠内（重庆商埠在 1927 到 1930 年间进行了详细的人口、产业等调查，目的既在于了解本埠情况，也在于试图扩大税基）。这与全国现代化进程相关，也与川内格局变化有关。早在 1920 年代，旅外学生、人士从川省的角度（而不是川内某一地方）呼吁现代化建设。但彼时只有少量粗略调查，如 1913 年的四川产盐地图（图 51-1）。1930 年代以后，全省的产业调查大多由银行完成。大量川内产业调查报告、各地产业信息发表在如重庆中国银行主办的《四川月报》（1932 年创刊，之前《中行月刊》有部分相关调查信息）、四川地方银行经济调查部主办的《四川经济月刊》（1934 年创刊）。1933 年《四川月报》发表"四川重要商品图"（图 51-2）。图中可见商品比较密集分布在荣昌、隆昌、内江、资州、简阳到成都一线。主要的商品有生丝、羊毛、猪鬃、牛羊皮、夏布、桐油、生漆等。重庆最重要的商品是猪鬃。这大概是立德当年在重庆设立猪鬃加工厂的原因。1935 年《四川经济月刊》发表"四川重要物产分布区域图"（图 51-3），物产类型包括药材、麻布、糖、盐、丝、桐油、石油、铁、牛羊皮、猪鬃、纸、棉、铜、银、金和煤。重庆一带主要的物产是桐油、丝和猪鬃。川省内的这些物产大多需要经过重庆输出到长江下游地区。

1933 年有人说："重庆市不仅是四川的第一个商埠，也是川滇黔三省中的第一个大都市。近年来已有了几条马路……耸立着三四层用洋灰筑成的门面的商店……也有了小规模的百货商店和销售高价的舶来的奢侈品的铺子；也有了新式的金融机关和新式的企业——交易所，信托公司，面粉公司——然而我们不能说它已走进了现代资本主义的阶段，连资本主义的雏形都还没有完全具备，所具备了的只是一点气氛"[84]。他还说，重庆经济在走商业资本主义和官僚资本主义混合成长的路——很是切中要害。这是早期重庆城市现代化的基本特征。

图 51-1 四川产盐地图

（图片来源：《盐政杂志》，1913 年第 4 期）

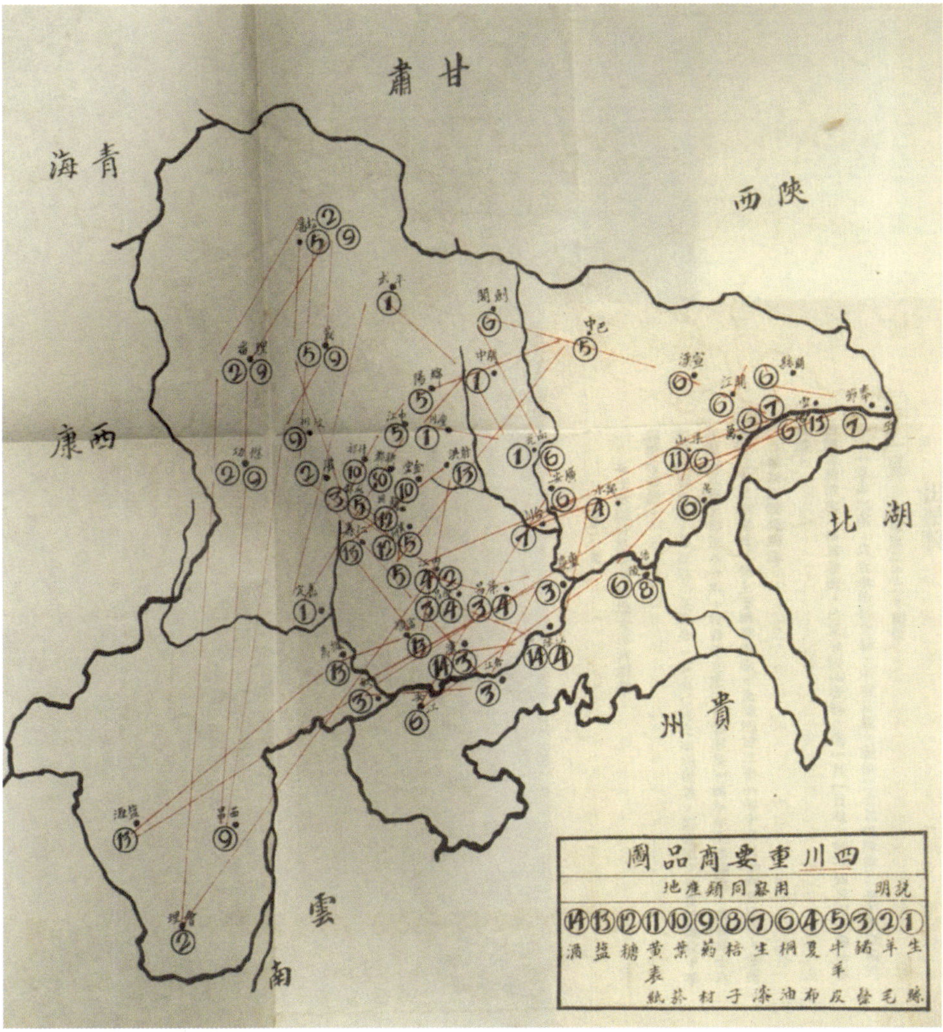

图 51-2　四川重要商品图

（图片来源：《四川月报》，1933 年第 2 卷 第 1 期）

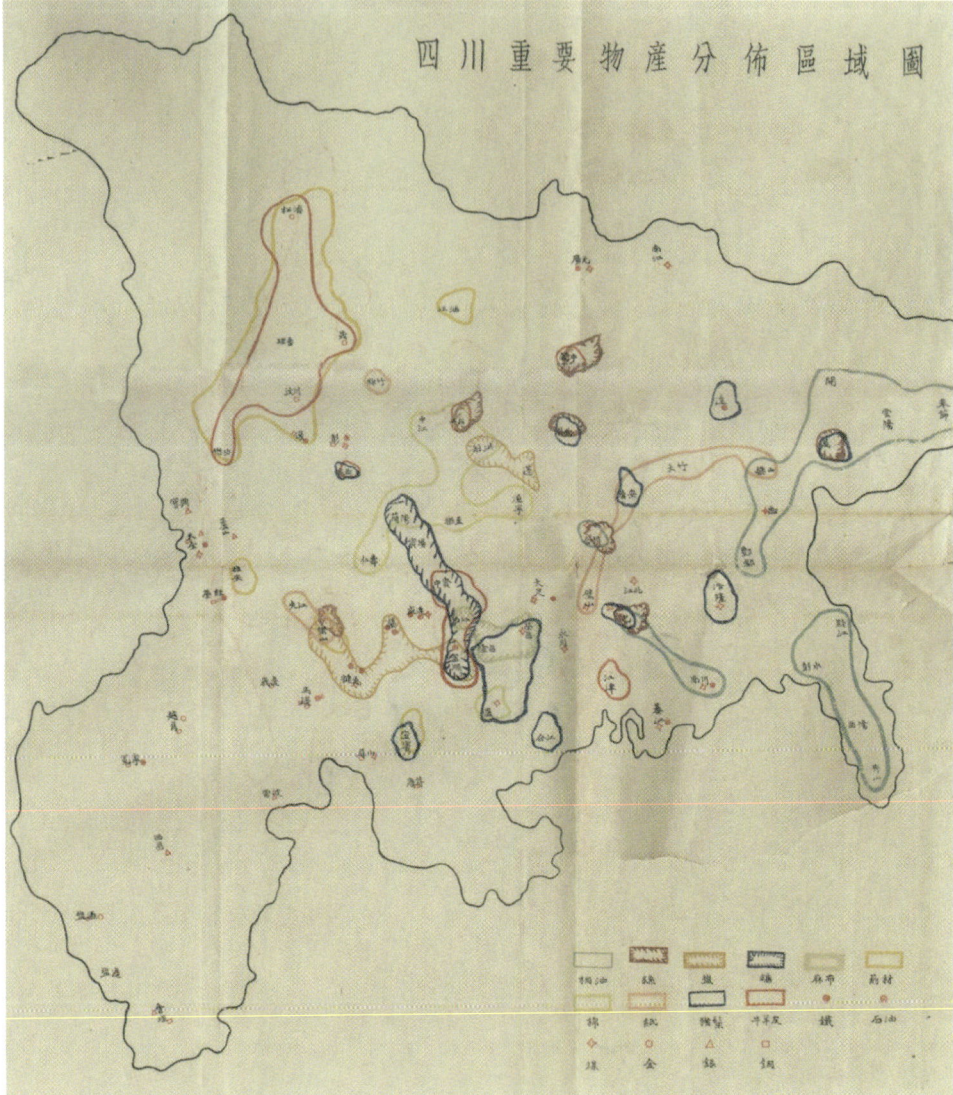

图 51-3　四川重要物产分布区域图

　　（图片来源:《四川经济月刊》, 1935 年第 3 卷 第 1 期）

52 像 《四川西康地质志》

据地质调查所呈称职所前派技师谭锡畴、调查员李春昱二
员调查四川成都及西昌一带地质矿产，旋又折至康定一带调查。

——交通部训令第一九一八号，1930

《时报》1913 年 9 月 13 日报道"地质调查研究所之成立"，内谈到：
"工商部筹设地质调查地质研究二所。现将开办，特委任矿物司地质科
科长金事丁文江兼任研究所所长，以专其成。"[85] 1920 年有"地质调查
所修正章程"，设有总务股、地质股、产业股和陈列馆。[86] 1916 年初成
立农商部地质调查局，丁文江、安特生充任会办；中间又有各种归属变化，
1930 年 12 月改名为"实业部地质调查所"。在丁文江、翁文灏等的不
懈努力和领导下，调查所成为彼时中国地理、地质、考古等科学研究的
一处重镇。

1929 年地质调查所派谭锡畴、李春昱前往四川；原只限在成都及
西昌一带调查，"十九年春，行抵康定，本拟小作勾留，略事考察，
即返回成都，筹备松潘理番之行"。但恰逢当时西康军政稳定，加之
主管官员盛情邀请，最后"计费时四个月，历经约七千里，调查……
幅员约为十万方里也"[87]。谭锡畴、李春昱在 1931 年共同发表《西康
测量纪录》《西康东部矿产志略》、1933 年发表《四川峨眉山地质》《四
川石油概论》《四川盐产概论》；1935 年在《地质专报·甲种第十五号》
发表《四川西康地质志·附图》，内有图 37 幅。这可能是四川、西康
历近代以来最完整和详细的一次地质调查。其中附图 18 是重庆一带的
状况（图 52）。图中值得注意的是，作者将千厮门与东水门之间连成
直线，简化了现实状况，图中清楚标识从重庆城到浮图关、上桥、白市驿、
走马再到来凤的路线。图上标注有重庆高程 243 米；图纸绘制清晰优美，
侧面体现出地质调查所的学术水准。李春昱在 1939 至 1941 年间兼任
重庆大学地质系教授。

1935 年《地质专报·甲种第十四号》刊发英国人巴尔博
（G.B.BARBOUR）的《扬子江流域地文发育史》，文中他提出海关就吃
水深浅对扬子江的划分不适合地文分区；认为上游与中游的划分在四川
屏山附近，而不是在宜昌处。文中的《屏山以下扬子江流域示意图》易
读且精致。

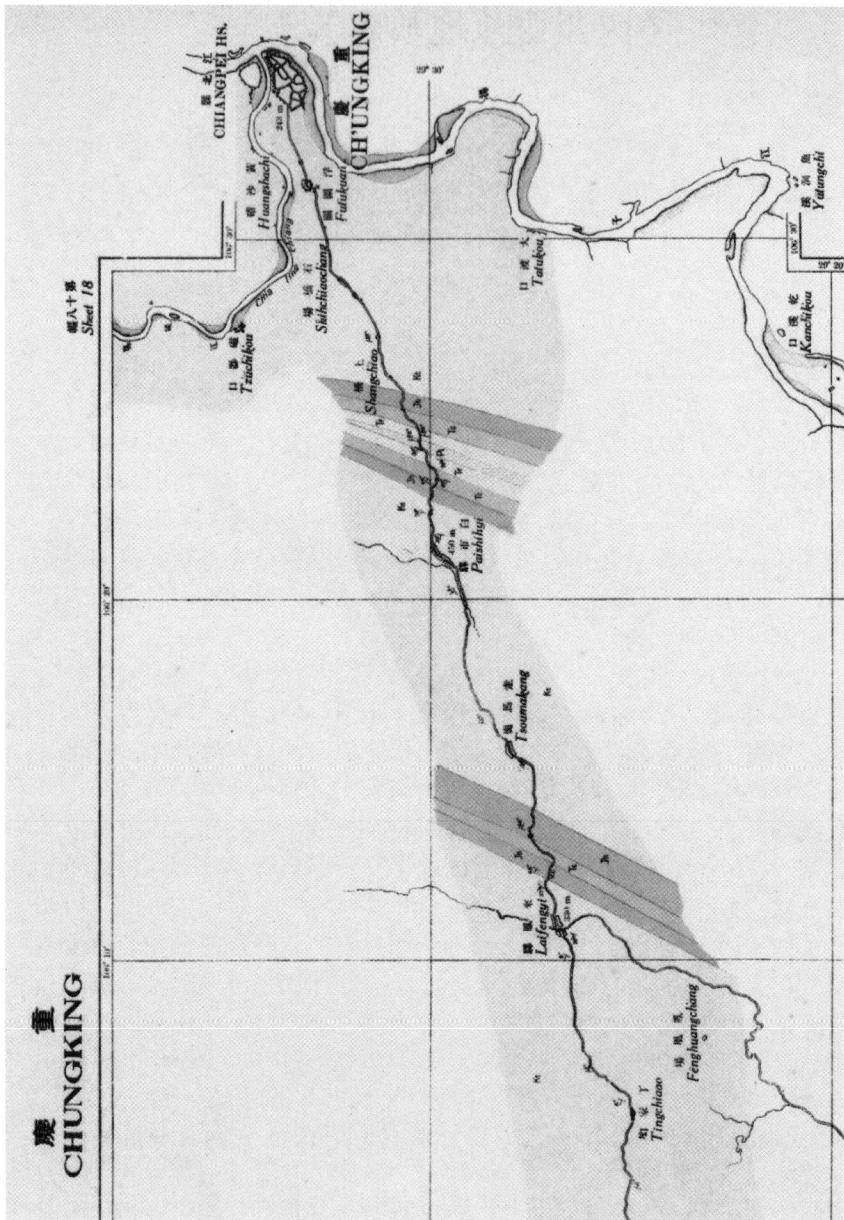

图 52 四川西康地质志·附图 18
（图片来源：《地质专报·甲种第十五号》，1935）

53 像 巴 县

> 巴县附郭。古巴子国都也。秦置江州县，巴郡治焉。汉以
> 后因之。齐梁间改日巴县。隋唐以后因之。皆为州郡治。
>
> ——读史方舆纪要，卷六十九

巴县是历史久远的县。相对"巴县"而言，"重庆市"是十分晚近之事。历史时期巴县治域有变化[88]，但县（郡）治所在没有大变化，坐落在长江、嘉陵江交汇的这块舌状长条山坡地[89]。《清史稿》中讲："巴冲，繁，难，倚。城内巴山，县以此名。"也就是说，巴县得名来自城内的"巴山"。但据《巴县志选注》："巴之得名，以阆、白二水曲折如巴字"。一个以"山"名，一个以"水"名，无论哪个为实，巴县都与山水紧密联系在一起。

1933年《四川月刊》刊载有巴县户口调查，全县共分十区，"全县总计户数165040户，共男丁480425人，共女丁369910。全县总计男女人口850335人。现住男女783300人，他住男女1620人……惟民十九调查时，全县户数共161302户，全县人口共为836214人。"[90] 1936年有报道提供巴县第三区人口数据："全区二十三镇，二百九十九保，编为二十联保，计男92691人，女76901人，现住男87726人，女76223人，他住男4965人，女678人，壮丁27346人，识字者男24905人，女3680人，不识字者男67786人，女73221人。"[91] 1936年有《巴县一瞥》："全县面积约40000方里……田地两项，于为1750000亩……全县每年约产大米1034100石，小麦约351000石，大麦约2100石，高粱约352000石，大豆约12500石，杂粮约103300石。全县产煤数约10326万斤，橘约20000，石灰约2000余担，茶约5000余斤，茴香约35000余斤。"[92] 在这一组令人眼花缭乱的数据中，30年代巴县人口约有16万~17万户，人数在85万人左右（《巴县志选注》中，根据1936年的统计数据，巴县人口有近20万户，人丁105万左右）；以第三区为例，男女比例约为1.2，流出人口约占总人口的3.3%，其中绝大部分为男性；识字率约为16.8%，其中男性占绝大多数；户均有田地约为10亩。

1929年重庆建市后，由二十一军军部召集审定市县权限委员会办理划界。最初重庆市划入巴县272.5方里，划入江北县252.5方里。可能遭遇巴县和江北县的激烈反对，1932年复行勘察，重庆市划入巴县172方里，江北县15方里。

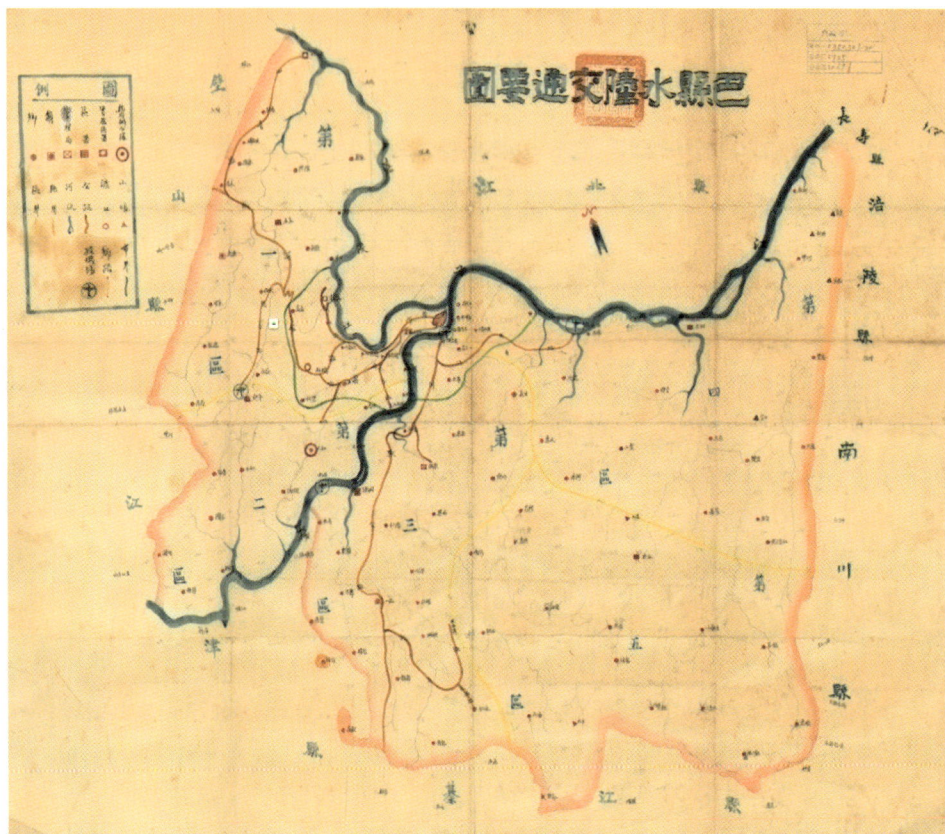

图 53 巴县水陆交通要图
　　（图中两江交汇处红色填充处为重庆城池，绿色圈划范围是重庆市划入的原巴县范围）

54 像　江北县

（乾隆）二十九年（1764 年），以巴县江北镇置江北厅。

——清史稿，地理志十六

　　江北县的设置，与巴县的设置，是同质裂生，管理机制相近，生产方式相同，只是管理等级、范围有差别。重庆市从巴县和江北县裂生出来，却是不同质裂生。"城市"的产生始于"商埠"（Commercial Port），随 1909 年初颁布《城镇乡地方自治章程》，重庆开始获得一定的自治权力。从清末到 1920 年代中期，一种新兴的空间在旧有的地域与空间中萌芽、浮现、生长和日渐勃兴。除了容纳商业和产业的流通，它还需要身份认同，需要权力进一步赋予合法性，更需要它自身新的、不同于以往的新空间。1932 年在二十一军军部的主持下，从巴县和江北县共划入了 187 方里至重庆市。

　　通过 1925 年江北县县立女校学生旅行照片、1929 年该女校小提琴队演奏照片，可想见其时教育的一种状态。1934 年在江北县建设局局长唐建章主持下，《江北建设特刊》刊发。唐建章美国康奈尔大学电机科本科毕业，哈佛大学机械专修科硕士毕业；曾任川东工业学校校长、北川铁路公司董事长、江北公园筹备主任兼工程建设委员、江北县实业局局长。根据《特刊》中"江北县民食问题"，县区 53 乡镇共有 117433 户，626250 人（其中男 337391 人，女 288859 人）；市区八厢 11269 户，49624 人（其中男 28450 人，女 21174 人）。市区的男女比例为 1.34，乡镇为 1.16，可见城乡间差别。《特刊》中刊载有《江北县图》（图 54-1）、《江北县县城市街图》（图 54-2）。《江北县县城市街图》由江北县建设科绘制，信息详尽，表达清晰，上有标注县城面积"554867 平方公尺"（约 832.3 亩，或 0.555 平方公里）。此图因其信息丰富而颇有价值，在《重庆古旧地图研究》《重庆历史地图集·第一卷·古地图》中均未见。《特刊》中还有《江北县县政府平面图》（图 54-3）；此图上标注有"面积 4262 平方公尺"，用西式方法绘制，是研究清代（江北）县衙署功能与平面构成的重要资料。另外的一张图是《江北县建设局平面图》（图 54-4）。建设局占用"萧曹庙"（供奉汉代贤相萧何、曹参的庙宇）旧址作为办公地点，面积 2200 平方公尺。这张图可用于研究本地一般庙宇的格局。两图中可见"合院"是组合建筑的基本方式。

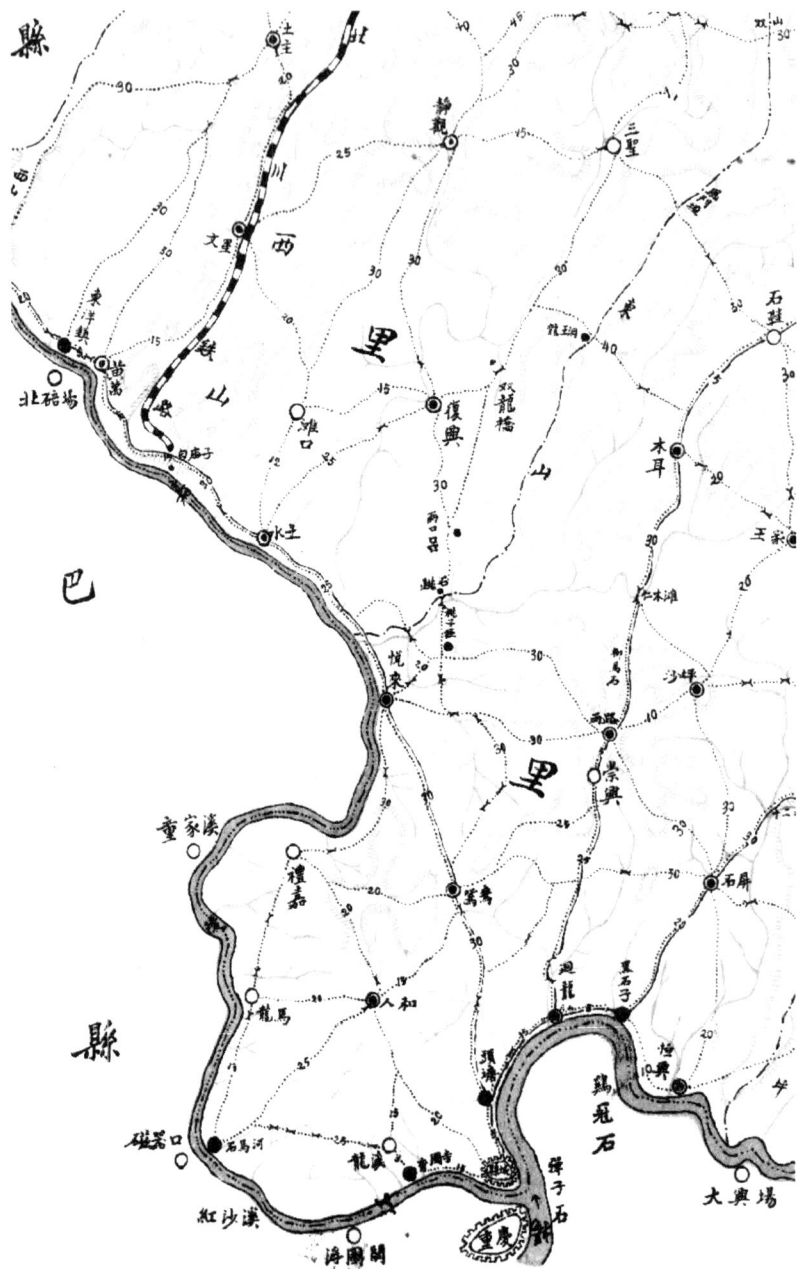

图 54-1　江北县图（局部）

（图片来源：《江北建设特刊》，1934）

江北縣縣城市街圖

縮尺　四十分之一
面積　554867平方公尺

江北縣縣政府建設科製
中華民國二十二年七月付印

图 54-2　江北县县城市街图

（图片来源：《江北建设特刊》，1934）

江北縣縣政府平面圖

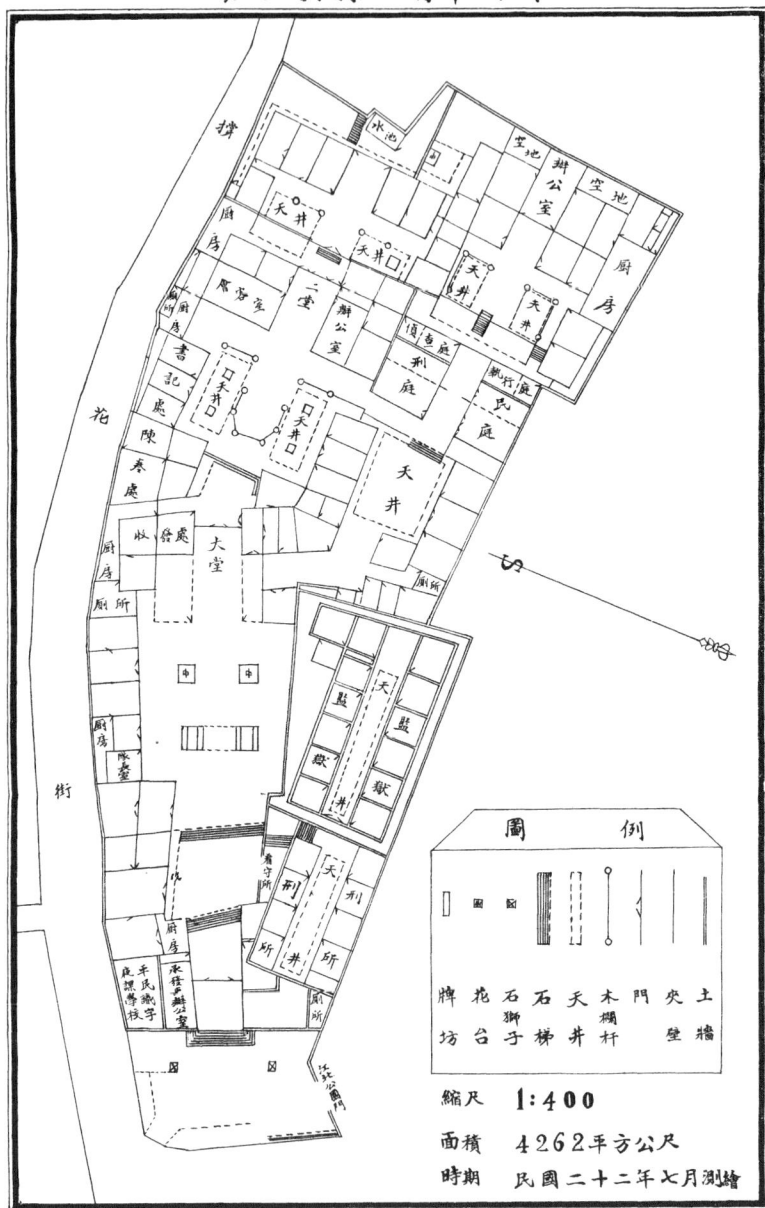

圖 例

牌坊　花台　石獅　石梯　天井　木欄　門杆　夾壁　土牆

縮尺　1:400
面積　4262平方公尺
時期　民國二十二年七月測繪

图 54-3　江北县县政府平面图
（图片来源：《江北建设特刊》，1934）

江北縣建設局平面圖

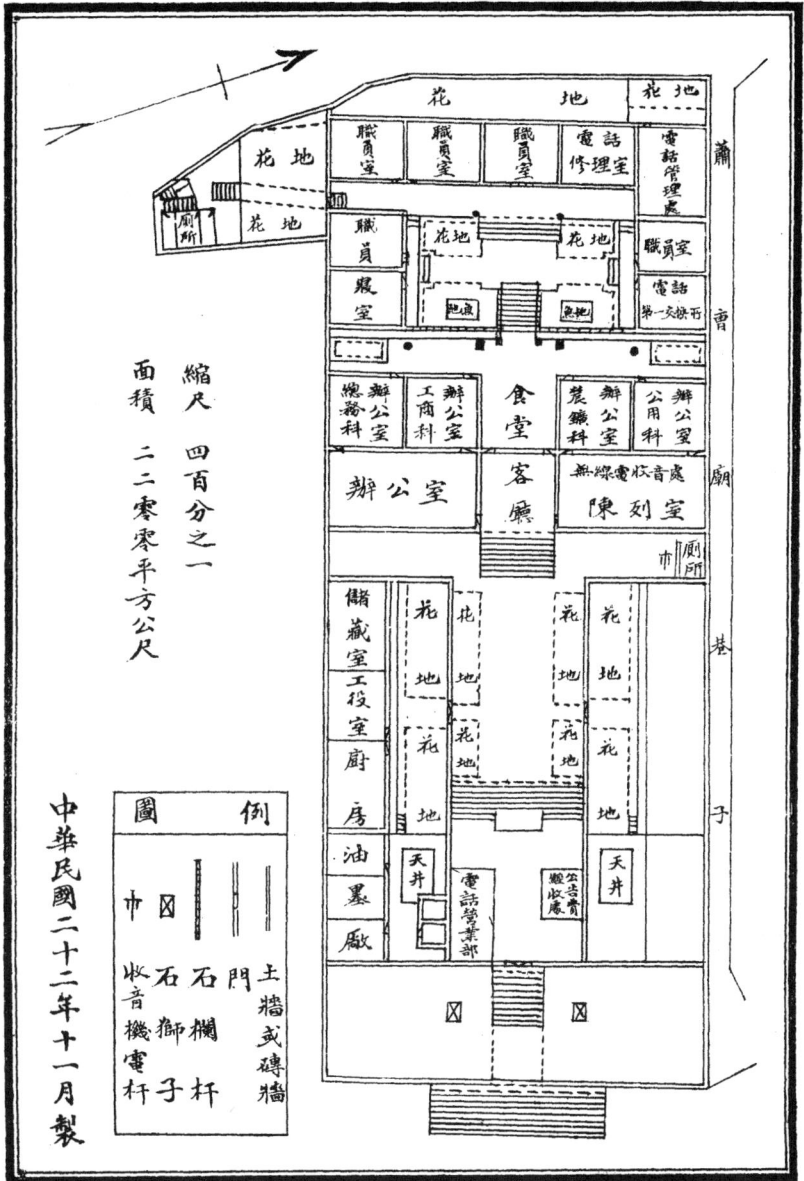

图 54-4 江北县建设局平面图
（图片来源：《江北建设特刊》，1934）

55 像　浮图关

羊肠一线路，片石耸云孤。莫倚雄关险，丸泥夜月涂。

——【清】龙为霖：佛图关

　　佛图关即浮图关，历来是重庆城最重要关隘。宋元以来，常有"破佛图关，遂陷重庆"之说。《明史》中谈重庆府城地理，"东有大红江巡检司。西有佛图关。西南有二郎关。东有铜锣关。又南有南坪关"。《明季南略》中谈张献忠攻打重庆，"二十二日戊寅，献忠冲佛图关，遂围重庆四日。城中力不支，乃破"。《续明纪事本末》记有顺治九年，"三桂入佛图关，遂陷重庆。其城依山，即巅岫累石为堞，尤缩川江水陆。"明《蜀中广记》载，"治西十里佛图关，左右顾巴岷二江，是李正平欲凿处斧迹犹存"。《读史方舆纪要》中有记，"重庆三面临江，春水泛涨，一望弥漫，不可卒渡，其出入必经之要道，惟佛图关至二郎关一路耳。……夺其佛图关，而重庆遂下。盖佛图关者，又重庆之噤要也。"浮图关至通远门之间十里地"羊肠一线路"，两边多为墓冢。清浮图关内城有门二，为南屏关门和仁靖门；仁靖门上书"江天一览"，很有些气势。外城有瑞丰门、泰安门和浮图关门；走东大路需要从瑞丰门出。城内有浮图汛、夜雨寺等。1926 年，有记"浮图关为渝城要口。城内有居民，多至百余家。又有驻防之军。于关左立望楼一，登之可望重庆全城。盖用以防城内之不测也。关有前后两门，后门通重庆。门前有石坡坎百余级，极险极高。旁有石崖，上刻碑甚多，尽为历任渝宰之德政碑也。上即驻军之望楼，前门通东大路，可达成都、璧山、自井诸邑。门之两旁，多古碑及石坊，亦系前人之贞节忠孝纪念品也。"[93]

　　浮图关、江北、南岸形成三角格局，拱卫重庆城。要攻打重庆城，往往需要从三个方面来。《宋史》中有记，元"大兵会重庆，驻佛图关，以一军驻南城，一军驻朱村坪，一军驻江上。"其中的"朱村坪"很可能在江北一带。时过境迁，浮图关、江北、南岸成为重庆子城，共同构成一个大城市。1934 年有人游历南岸，"愈上，则空气愈澄净，较之城内，真个霄壤矣。路间野草没膝，暗香扑鼻，蛙声阁阁，萤火如星，夏夜景气，毕呈耳目。回顾重庆城内，万家灯火，已闪闪夺目矣。益以江北及王家沱之灯光，隔江映射，更蔚成大都市之夜之壮观。"[94]

图 55-1 清末浮图关

（图片来源：George Ernest Morrison. *An Australian in China: Being the Narrative of a Quiet Journey Across China to Burma*）

兵家必争之四川浮圖關 （夏天雷）
The Fu-tu Pass, a strategic point in Szechwan.

图 55-2 1930 年的浮图关

（图片来源：《图画时报》，1930 年第 710 期）

56 像　临江门

临江门，粪码头，肥田有本。

——重庆歌

　　重庆城墙外的滩地有大量吊脚楼。城墙蜿蜒曲折，顺着山岩形态修建。在长江一面的储奇门、南纪门外、望龙门一带，因城墙内凹而有较宽滩地，于是修建了许多房子；在嘉陵江一面，从千厮门一直到临江门外一带也有许多房子，特别是临江门外，用地广，人口密集。临江门瓮城在重庆城所有瓮城里面积最大，其中密密麻麻塞满了房子。临江门是重庆城的"基础设施门"，沿江一带有水、炭、柴、米、石灰、砖码头；靠西一点有粪塘湾，《重庆歌》中讲临江门是粪码头。但不仅仅是这些内容，临江门外还有厉坛、吉祥寺、给孤寺、飞仙宫、古佛寺、观音寺等。临江门外一带是社会底层密集所在的小社会。临江门内不远处就是规模巨大的重庆府文庙。文庙的大成门前有夫子池和魁星楼，大成殿后有尊经阁，再背后就是太阳山和风水林。清末文庙是重庆少有的绿化较多的一处（另外一处是巴县县衙后的金碧山一带）。在莫里循的《一个澳大利亚人在中国》中文版中，书中附有英文版未有的一张照片。这张照片很是珍贵，可见从宽仁医院一带看临江门城门楼、府文庙等的状况（图56-1）。19世纪末，临江门内东有美国传教士开办的宽仁医院，西有日本领事馆。美国医生贝西尔1930年代初在宽仁医院工作。有一天他从医院的窗口看出去："屹立在住着重庆贫民的颓垣败屋之中的，是那个兵工厂，它的摇曳的闪光与单调的声音，在整个的水面上加了一种怪异而不详的情调。离此不远，便是屠宰场，牲口的临死的哀鸣，在这军火工厂的地狱似的特质上，给予了最后的点缀。水面上浮着从内地城镇来的无数的船只。船夫们有的在卷帆，有的在撑篙，有的在高唱，有的在骂人。船上的家人，则顾自在料理日常的事务：喂鸭、晾衣、煽炉、烧饭"。[95]临江门外向西不远处是杨家花园，当时被刘湘占用，作为武器修理所和铁总机房，其实就是兵工厂。

　　1940年代初美国记者福尔曼拍摄了大量重庆的照片，其中有从临江门大码头入城（图56-2），也有从日本领事馆一带拍摄宽仁医院及其下方寺庙和贫民住宅的照片（图56-3）。宽仁医院是临江门一带最突出的景观。

图 56-1　临江门城门与城墙

（图片来源 莫里循，《一个澳大利亚人在中国》，福建教育出版社，2007）

图 56-2　临江门一带 1

（图片来源：哈里森·福尔曼（Harrison Forman）拍摄，1941 年，藏于威斯康星大学
密尔沃基图书馆）

图 56-3　临江门一带 2

（图片来源：哈里森·福尔曼（Harrison Forman）拍摄，1941 年，藏于威斯康星大学
密尔沃基图书馆）

57 像　南纪门

南纪风涛壮，阴晴屡不分。野流行地日，江入度山云。

——【唐】杜甫：江阁对雨有怀行营裴二端公

南纪门和临江门分别是重庆城沿长江和嘉陵江最西侧的城门。两城门外有较广面积，也聚集了大量社会底层民众。《重庆歌》中讲，"南纪门，菜篮子，涌进涌出"。和临江门不同的是，南纪门一带是蔬菜、肉类等生鲜的主要运输区。歌谣中还有一句"凤凰门，川道拐，牛羊成群"，这句很可能是误传。闭门凤凰门在南纪门东，川道拐在南纪门西，两者拉不到一起。且歌谣中的句式，是一个地址接一个功能，不会两个地名接连在一起。[96]凤凰门内为军事区，有右营都府、中营守备署等，不可能"牛羊成群"。川道拐在城外，在南纪门西，有条件"牛羊成群"，此处还有"宰房巷"地名。南纪门内有土主庙、体心堂、书帮公所等，门外既可接水码头，也可以走陆路。南纪门外陆路的不远处有"接官厅"和一大石碑。这条从南纪门出城的路与通远门出城的路，交汇在两路口。两条路的交汇是"两路口"得名的由来。此处还有茶亭和社稷坛等，很可能古时送人走川道，这里是一个"伤离别"地点。随后客人走上"羊肠一线路"，抵浮图关；出了关门，就算正式踏上了离开重庆的路。从西部走陆路来的官员，大多数并不愿意从送死人出葬的通远门进城，更多可能选择从南纪门进城。1927年重庆商埠督办署对商埠的人口、产业等有详细调查。南纪门内一带为警察三区正署管理区。从统计中看，该区人口密集，主要产业为中西丸药及医馆、山货、油米杂粮、鞋靴帽庄、茶馆及茶叶等。但总量资本合计少，人均资本量极低。"捆绑房子……南纪门江岸，如此建筑甚多"，张恨水说。

南纪门得名取义自《诗经》中"滔滔江汉，南国之纪"。关于"南纪"，《唐书·天文志》云："一行以为天下山河之象，存乎两戒。北戒自三危至朝鲜，是谓'北纪'，所以限戎狄也；南戒自岷嶓至东瓯闽中，是谓'南纪'，所以限蛮夷也。"亦即"南戒"是边界，其南之地为"南纪"。杜甫诗常用"南纪"，如他写张九龄"相国生南纪"——张九龄是韶州曲江（今广东韶关）人。又如《相和歌辞》中写"南纪巫庐瘴不绝，太古已来无尺雪。"取名"南纪门"的城门，应大多在"南戒"一带朝南的地段。

图 57-1　南纪门外贫民多

（图片来源：《新世界》,1937 年第 10 卷 第 8 期）

图 57-2　距离南纪门不远处的水塔，城墙还清晰可见
　　（图片来源：哈里森·福尔曼拍摄，1941 年，藏于威斯康星大学密尔沃基图书馆）

58 像　储奇门

各驱残卒随后接应，不分昼夜，两日余，至重庆府江北嘴
下营……平寇伯……将江中战舰移至江南岸城边一带及出奇门、
南郑坪等处。

—— 【明】顾山贞：《蜀记》

明末顾山贞在《蜀记》中描写了重庆城被张献忠部攻陷的过程，其
中谈到守城方将战舰停靠在了"出奇门"一带。这是较早文献中重庆"出
奇门"的记载。出奇门很可能就是储奇门（值得注意的是，合川钓鱼城
也有一个"出奇门"）。《武经总要》中解释"出奇"："用奇伏以奇
用兵，谓与敌相近，当出奇兵以决胜……选骁雄勇锐之人，伏于要路……
出攻敌之不意……有奇之门，可以出军行师，出奇门吉。""奇门"是
古时术数一种，用于理解世界构成与运行，试图预测事物发展以达到出
奇制胜的目的。到了清代，乾隆《巴县志》、道光《重庆府志》记录中
就是"储奇门"了。储奇门在重庆各门中位置比较特殊。在"九开八闭
象九宫八卦"中，储奇门为"中宫"。其他各门，正南的金紫门为乾宫
（1），太平门为兑宫（2），东水门为离宫（3），朝天门为震宫（4），
南纪门为巽宫（5），通远门为坎宫（6），临江门为艮宫（7），千厮
门为坤宫（8）。与各宫配对的八卦的闭门，分别是乾位的凤凰门、兑
位的人和门、离位的太安门、震位的翠微门、巽位的金汤门、坎位的定
远门、艮位的洪崖门以及坤位的西水门。储奇门左为巴县县衙、重庆府
衙，右为川东总镇左都督府等大小军事机构，是"左文右武"的格局（图
58）。

储奇门内主要为药材基地。《重庆歌》中讲储奇门"药材帮，医治
百病"。各城门的功能不仅与本城的布局相关，也和西南、四川区域
物产分布相关。储奇门的药材、牛羊皮主要来自长江上游地区，特别
是松潘、茂县、理县、汶川一带。千厮门的生丝、棉花等，主要来自
嘉陵江上游的阆中、南充一带。储奇门码头是联系南岸海棠溪最重要
一处，海棠溪连接到贵州。1935年3月，"为药帮货物起卸之地，且
当川、黔交通孔道，旧码头上半段，既狭且破坏，乃由码头第一平台起，
将路拓开为三十尺至六十尺……从前瓮城（城门内再修一小城门称瓮
道）二道，悉拆毁，旧有石梯已倾圮者，亦拆卸至基石，别为修造。"[97]
3月正是蒋介石入川之时；该年11月重庆行营设在储奇门内。

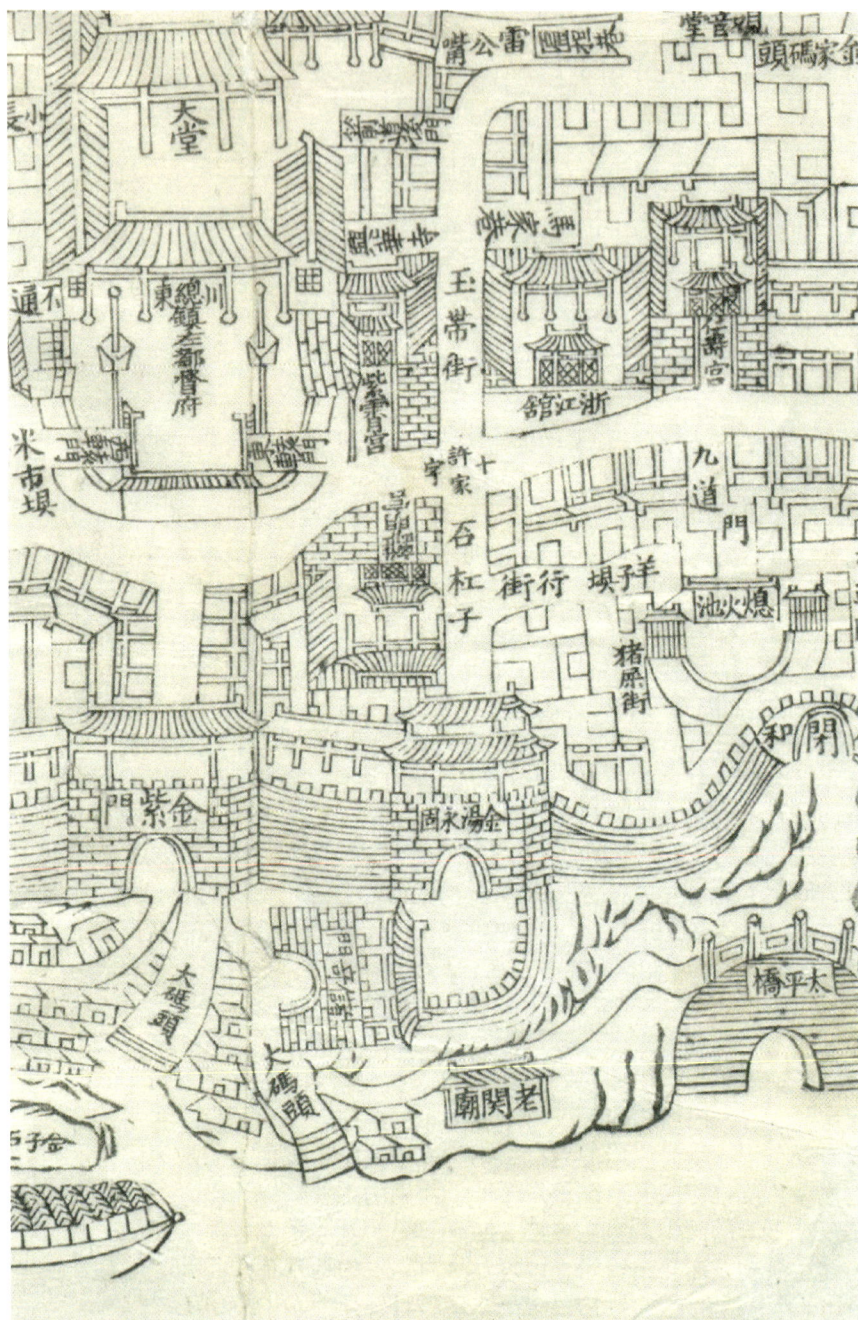

图58 《重庆府治全图》中的储奇门

（图片来源：原图藏哈佛大学图书馆）

59 像　街道里的生活

> 上上下下，重庆的生命在从不休止的潮流中流动着。这个城市就在这些狭窄的弄堂中发着蒸气。
>
> ——贝西尔，1941

1931 年的一天，美国医生贝西尔经过漫长跋涉，踏上重庆城的街道，他说："在前面的大街上，一个人站在街心，能够伸出手用手指碰到街的两边。所谓街道者，乃是一排一排的石级所构成。不久，我便发现这个地方便是重庆的市心"。[98]这是他对重庆城街道的第一印象。过了段时间，他开始观察重庆的街："狭小而弯曲的街道两旁，接连着排得紧紧的店面，在住宅区里，则是高高的粉墙，隔一段有一扇作为出口的黑暗的木板门。每隔相当时候，近处有更夫摇着粗笨的木柝报告平安"[99]——这是他行使医生的特权入夜后在街道上行走的感知。他也加入祈雨的古礼，看到特别的一幕："市民们穿了最漂亮的衣服，跟奇异的纸龙以及同样的怪物，引起人们的注意。这些纸物，占据着行列的大部。沿着行进的队伍，随处都有一股一股的烟，从小堆燃烧着的纸人和柱香中冒出来。司祭的和尚和随从人员，都穿得好似凶猛的野兽，或像冥界里出来的魔鬼一般。他们的脸上都带着狰狞的面具，虽在白日之下，也是使任何人惊骇不止的。"[100]

1933 年，民生公司的襄理甘南引起了个大早去接伍朝枢，"至桥铺，雇轿一乘，嘱抬往千厮门。经陕西街，时仅五时。苍蒲艾叶，拥挤于途，卖菜挑担，满街罗列。轿子通过其中，轿夫先之以喊，继之以骂，始得穿过。如此拥塞，有类赶场。仔细思量，始知今日为废历端午节……俄焉，过市政府前，因道路坎坷不平，轿夫与卖菜相撞，几肇'翻轿'之祸。而轿夫妈……娘……鸡……狗等之普通下流骂人官话——非北京之官话——不绝于耳。又过某街，至下行街——重庆街市，多无街名，弯弯曲曲，上坡下坎不辨东南西北，初来者大有如入迷魂阵之叹。"[101]

自 1935 年 6 月 3 日起，重庆"实行车辆行人向左边走之新生活，新运会为便利纠正起见，……分由全市各机关各学校担任指挥……一时纠正人员甚为忙碌，全市空气，亦未紧张，惟因市民狃于习惯，纠正殊感困难，以至笑话百出，趣味横生。"[102]——想象起来令人莞尔。

图 59　重庆的街道——通远门外（上）、鸡街口（下）

（图片来源：《铁路月刊·平汉线》，1936 年第 80 期）

60 像 "小小的"实践

县民因处于重庆市区附近，习尚奢侈，兼历年干旱，以致形成不景气象，劫案迭出，互相倾轧，好讼之风极甚。

——巴县一瞥，1936

1932年初，卢作孚在上海的中国银行有一次演讲，谈到在过去几年的实践："四川所有的一切，都是很幼稚的……在经营方面，办有川康殖边银行，另外还有一爿民生实业公司，内部办三种事业：（一）航业……（二）机器厂，设在重庆；（三）自来水及电灯厂。民生实业公司之外，还有北碚铁路公司……专以运煤为主。又在乡间北碚地方，办一小小的农村银行……另外还办一家小小的工厂；关于文化方面，办一中国西部科学院，以调查农村生活为主……设立农产化验所及农场，并附设中小学校各一，其意义在培植科学和生产事业人才……另外再设立一个小小的医院。……有一个温泉，在那边开辟公园，供人游览，并设立一个小小的图书馆，小小的公共运动场，和公共阅报社。从北碚到重庆，有一个乡村电话，此外还有乡村警察。因为在前几年，四川匪风甚炽，才组织一个机关，叫做峡防局，来办这件事情。"[103] 卢作孚在演讲中讲到创办各种微小的事业，之间却是有关联的，一个产业联系着另外的一个产业，一种公共活动支持着另外一种公共活动。卢作孚思想的核心，在于通过现代的产业改变传统中国社会的基层关系，将原本的家族关系转变为现代集团生活，才能够改变如《巴县一瞥》中谈到的社会景象。他认为："中国的根本办法是建国不是救亡，是需要建设成功一个现代的国家，要从国防上，交通上，产业上，文化上建设一切现代的新的事业。这些建设事业都是国家的根本，然而建设现代集团生活更是建设一切事业以至于整个国家的根本。在现代的集团生活没有建设成功以前，是不容易看见许多建设事业的，只会看出家庭和亲戚邻里朋友的关系在那里毁坏许多建设事业而已……建设现代的集团生活，以完成现代的物质文明和社会组织的一个国家，才可以屹立在世界上。"[104]

通过在重庆、在北碚等各种"小小"事业的持续建设，卢作孚试图探索"复兴中国"的道路。"复兴中国"应该怎么走，在当时有各种言论和实践。卢作孚在闭塞的中国西部内陆一隅的实践是其中十分独特的一条道路。

图 60　北碚一瞥（1936）

（图片来源：《工作月刊》，1936 年第 1 卷第 1 期）

61 像 北碚场

> 北碚，它是近代化城市尚未完全成功的一个雏形，同时也
> 是四川各乡村甚至于中国各乡村想要变成近代化城市的一个模
> 型，或者一个先导。
>
> ——甘南引：端午节朝贺北碚，1934

　　北碚是巴县的一个乡场。1927 年卢作孚开始以北碚为基地，展开
诸多实践。甘南引说："北碚系一市场，民十三四年以前，居民约千余人，
场上鸦片赌博，醇酒妇人，均为一般流氓之日常生活必需品。因是藏
垢纳污，实为四乡盗匪出入之发源地，良民苦之久矣……作孚任团务
局长，励精回洽，剔除秤政……与中国内地乡场比较，实有霄壤之
别。"[105] 卢作孚不仅善于地方治理，也很重视必要的推广。1933 年有
则报道："中国科学社年会，每年择地举行……（本年）在重庆举行，
会场设于嘉陵江温泉公园（图 61-1）……本届年会总委员会任鸿隽、
卢作孚、何鲁、段调元、傅骕等九人；年会论文委员会竺可桢、秉志、
翁文灏等七人。会场设备诸事宜，皆由卢作孚负责云。"[106] 他欢迎各
地人士前来参观游玩。如 1933 年的端午节当日，有伍朝枢（时为国民
政府委员）前来参观。同年胡先骕说："军阀之多，盗匪之盛，环境之坏，
四川可谓极矣。卢氏出身教育界，不过数年，成就上述各种裨益民生
之伟大事业，较之党国要人，今日一金刚法会，明日修养汤山，以救
国济民相号召，而其实尸位素餐恬不知耻者，相去何可以道里计。"[107]
1930 年代初开始，北碚逐渐为外界所知（图 61-2），在抗战时期成为
许多知名机构迁移地和知识分子寄居处。
　　巴金在《文学生活五十年》中说："有一夜在重庆北碚小旅馆里写
到《憩园》的末尾，电灯不亮，我找到一小节蜡烛点起来，可是文思
未尽，烛油却流光了，我多么希望能再有一节蜡烛让我继续写下去。……
那种日子的确不会再来了。"梁漱溟在《这个世界会好吗》中说："我
在四川，住在重庆的一个小地方，叫北碚。……我在四川重庆的北碚，
有学校啊，我的孩子朋友都在那里"。舒乙《父子情》中回忆老舍："他
当时……写《四世同堂》。他很少到重庆去，最高兴的时候是朋友们
来北碚看望他，只有这个时候他的话才多，变得非常健谈，而且往往
是一张嘴就是一串笑话，逗得大家前仰后合"。

图 61-1　北温泉公园
（图片来源：安特生相册）

图 61-2　北碚全景
（图片来源：《中华（上海）》，1932 年第 14 期）

62 像　民生实业股份有限公司

> 民生实业公司，现已成了中国航业的权威者，和国营的招
> 商局分庭抗礼，同负起中国交通上的重大使命。
>
> ——丽水：卢作孚与"民生"，1946

《民生实业公司十一周年纪念刊》有陈觉生撰《本公司大事记略》，弁言中写："公司事业，始于电气，而增至航运，机器、染织、投资、代办诸业。轮船始于一只，而增至四十余只。资本额始于五万元，而增至一百三十万元。资产由七万余元，而增至九百余万元。航线始于合渝，而延展至渝叙、渝申、叙嘉，乃至嘉蓉各线（图62）。组织始于一事务所，而演进为总公司分四处二十一股，分公司成立三所，办事处成立五所，代办处成立三所，连同各厂各轮各囤之组织，总计达七十余部份，分布于合、渝、申、京、汉、沙、宜、万、泸、叙、嘉、蓉之间。此等状况，以现在大企业观之，诚沧海之粟，然以十一年来所处之时代环境而论，尤幸获有此者，不可谓非多数同人努力奋斗之成绩。"[108] 刊中有董事、监察等名录，包括：董事长郑东琴；常务董事宋子文、魏文翰、胡笃庄、周孝怀；董事刘航琛、张公权、杜月笙、黄任之、康心如、唐棣之、何北衡、杜重远、潘昌猷、连雅各、耿布诚、李佐承；监察王毅灵、甘典夔、任望南、赵资生、王渭箬、蒋祥麟、左德范、周纯钦；总经理卢作孚。

1946年中国航运业的两大公司，即民生实业和国营招商局。1928年招商局的航线图，主要在宜昌以下长江段和从广州、香港、厦门、福州、上海、青岛以及到东北一带的沿海航线。1947年《国营招商局七十五周年纪念刊》中，招商局航线已经向东南亚和北美拓展，并计划经由印度洋、红海、地中海的欧洲航路。1947年卢作孚也是招商局董事，但国营招商局和民生公司发行的纪念刊有不同气质。民生公司的纪念刊平和朴实，各处体现服务为先和公司内部学习和工作的朝气，也有一般职员各种活动照片。国营招商局纪念刊给人以资料汇编的感受更强些。1948年卢作孚有文回顾过去遇到的困难与解决方法，谈到在宜昌大撤退中的工作，抗战时期的巨大困难以及战后在上海及美、加订购多艘轮船，在内战中拓展航线。[109] 如前所言，民生公司和招商局一起担当起彼时中国航运交通业的重大使命。

中公司之斯缆

図例

◎ 總公司
● 分公司
○ 辦事處
▲ 代辦處
■ 囤船
～ 省界
～ 河流

KIANGSU 蘇江
上海
南京
ANHWEI 安徽
CHEKIANG 浙江
KIANGSI 江西
HONAN 河南
口漢
HUPEH 湖北
宜昌 沙市
HUNAN 湖南
SHENSI 陝西
SZECHWAN 四川
萬縣
合川
北碚 重慶
江北
忠縣 涪陵
郭井鄉
敍府 瀘縣
宜賓
KWEICHOW 貴州

图 62　民生公司的航线
（图片来源：《民生实业公司十一周年纪念刊》，1937）

63 像　四川灾情与社会变动

> 列强榨干了我们血汗，军阀吸尽了我们的脂膏，天又吝啬
> 我们的雨露，这儿是满眼的枯焦，满耳的啼号！
>
> ——田汉：灾民进行曲，1937

　　从 20 世纪初开始，四川不断有各种报道"淫雨为灾""祝融为灾"。到了 20 世纪 30 年代，四川的灾荒（图 63-1）及其引起的各种社会问题日益严重。有七千万人口（绝大部分是从事农业的社会底层人群）的四川，它的气候变化与地方、与中国社会状况变化，与地方城乡关系变化并非没有关系。

　　1929 年报道，"每到黄昏。城厢附近各街道……满布着成群成队的难民。有哭者。有笑者。（无知的小孩）。有呻吟者。有呼爷呼娘者。有倚壁柱而立者。有据石地而卧者。形形色色。不忍卒观。可是一到旭日东升的时候。昨晚所见的许多活着的人。现在大半都已变成了死的尸。那种惨状真是不堪回忆。"[110] 1934 年，有人分析因旱灾和粮荒导致社会结构状况变化："惟年来迭遭亢旱，农民损失无数，元气大伤。故迄至今日，米粮缺少，市面咸呈供不应求之象，价格亦随之高涨，以是县民，均时感食荒，痛苦万状，而一般地主，于处此捐税繁多，无可如何之际，唯一手段，只得增加稳洋……既无法措缴，而租谷方面，除去主人者，更不能维持口食工资，因是主佃纠纷日多，此种主佃加稳加租纠纷，当局裁决多感困难，结果主佃交困，富绅沦为贫民，佃农则有资佃田者，退佃后一降为贫农，无资本者退佃后，沦为饿莩……当道若不速为设法救济，农村后患，实不堪设想云。"[111] 救灾成为当时军政府工作，但"中央当局之救灾在例行公文；川中各军之救灾在自表功劳"[112]。社会人士广加呼吁，如田汉创作《灾民进行曲》，川籍旅日学生创作《川灾图》。1937 年有文章《四川空前未有之奇灾》，谈到灾荒范围之广、受灾时间之长，灾荒种类奇多，"灾荒的结果，除了死亡、流离、逃散……外，最普遍现象，就是造成目前遍地皆匪的严重社会问题。"[113] 作为商业枢纽的重庆，所受自然灾害不是旱灾或地震，而是水灾。《安特生相册》中记录了 1936 年夏，长江水在 48 小时内上涨 48 英尺（近 15 米，图 63-2），卷走临江许多贫民。周围农村不可遏制的持久灾情，使得无数灾民聚向重庆城内外，形成特别景观，导致畸形城市化。

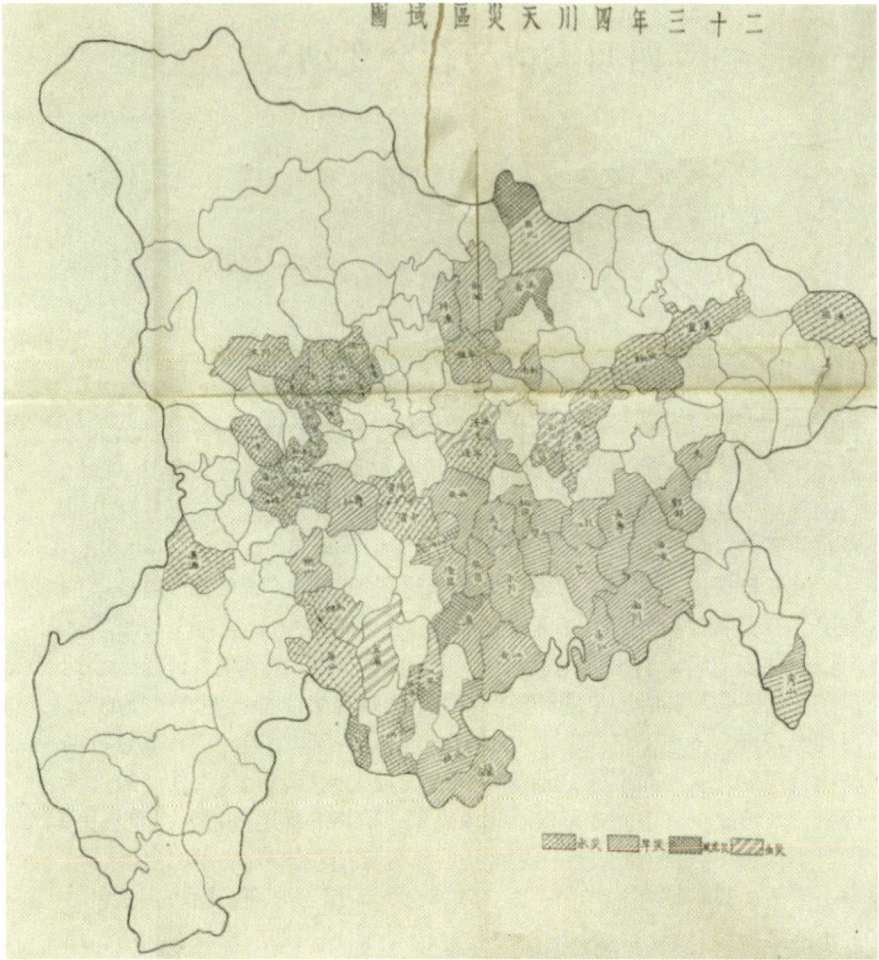

图 63-1　四川天灾区域图

（图片来源：《四川经济月刊》，1935 年第 3 卷第 1 期）

图 63-2　长江水涨落对比（1937）

（上：1936 年夏，48 小时内上涨 48 英尺；下：7 个月后。图片来源：安特生相册）

64 像　火灾与重庆

> 城市和人类一样，它们的个性，隐藏在各种细微轻飘的事物之中。
>
> ——贝西尔，1941

　　水灾还不是重庆的致命灾害，接连不断的火灾才是。早在 1893 年 6 月《华北捷报》就有报道太平门外"五十年来最具破坏性"的火灾。清末以来，重庆人口"令人难以想象"的密集，社会底层民众大量住在竹木结构房子中，夏秋之间很容易引发火灾。1895 年 6 月 25 日太平门又失火，"已毁民房 400 余间。重庆救火的艰难，用桶挑水，走上进城的陡坎，耽误工夫，此次充分表现出来……（1896 年）8 月间，向我未闻的大火灾在重庆城内东南部爆发——起火的原因是翻倒了煤油灯。官方记录证明毁坏房屋 1083 间，损失估计在 100 万两银以上。"[114] 后续的各种报道中，"前所未有""向所未闻"的火灾不断出现。1927 年，重庆商埠督办公署发出训令，"中元焚化袱纸，民间希图便利，往往在人烟稠叠街巷偏狭之处，任意焚烧，丁兹夏令，气候炎热，若不稍加限制，其何以弭火患而重消防。除由本署条令民间烧袱一律移出城外，寻觅空阔地点，不准仍在城内各街外。"[115] 1930 年 9 月，储奇门一带"火灾幅员之广、损失之巨，实为从来所未有。计城外方面，东至人和湾码头桥上、西至金紫门马家岩绝壁止，北抵城墙，南达河边，全数烧尽。城北方面，计储奇门行街、储奇门十字、储奇下顺城街、人和湾、烛川电灯公司、陕西馆至尚昌医院止、储奇上顺城街、金紫下顺城街、火神庙、段牌坊、紫云宫至镇守署止、四牌坊、三牌坊至九道门、仁寿宫右壁止、玉带街、后营门、雷公嘴、石松子、联升街、扁担巷、至刁家巷止、三圣殿、瓷器街、至至善堂及老街后面止；大梁子至世界饭店左侧火墙止、宫井巷亦焚去数院落……药帮欲恢复原状，颇为困难，因精华殆尽，诚空前至浩劫也。"[116]

　　火灾的频繁和无情使得略富有人家在住房四面高筑火墙，把自己圈围起来，以抵抗熊熊烈火的吞噬，这成为重庆城建筑的一大特征。城市问题的一种，城市个性的一面，就隐藏在这四面高筑的火墙顶上，这就是贝西尔讲的"高高的粉墙"。它将一个一个的家庭和墙体外蒸腾着的吵闹世界隔离开，试图将随时可能发生火情的世界隔离开。

图 64 临江门大火（1938）

（图片来源：上图：《太安丰保险界》，1938 年第 4 卷第 14 期；下图：《大美画报》，
1938 年第 4 期）

65 像 　重庆的税捐

在此全国裁厘期间，犹有此种苛税，宁不骇人。

——中行月刊，1931

　　中国银行在 1931 年调查四川的税捐。地主要交纳田亩税（每百挑谷十五元，满三百挑则倍之）、特别捐（摊派给大地主大商人；若有反对则拘捕）、鸦片烟捐、门户捐、清乡费、预征粮税。土地财富的主要拥有群体是地主，调查报告中说："川省之脂膏，几为官方剥削殆尽。"[117] 农民要交纳烟窝捐、押佃捐；商人要交的税捐名目繁多，不亚于地主、农民。1933 年，中行调查了在重庆将 100 元的杂货由小川北路送至成都（全程八百二十里），税捐要一百多元，几乎每十余里就有一个税收机构。其中在重庆要缴纳的有护商费 1.5 元、渝北护商费 1 元、江防捐 0.5 元、马路捐 0.1 元、自来水捐 0.5 元、印花税 0.5 元、统捐 10~20 余元、城门验票六仙。也就是说，100 元的杂货，在重庆要交纳的税捐已经有 14 到 24 元。1934 年，二十一军军部调查重庆各种税捐，这些税捐主要是商业捐，包括：统费（百货有规定税率的按照规定税率，没有的则按照货值百分之五。这是刘航琛主管川湘财务处后将护商、江防和分收三处合并收取的税费）、特税（进口税，不同进口商品税费不一）、统捐（百分之二点五），以及渝北、印花和各种名目繁多的地方附加税、邮包费。[118]
　　中行和二十一军军部的调查都不够完整。重庆城里还有各种因时之需设置的附加税，如举办教育收取屠宰附加费，办电力厂附加电力厂费，修马路附加"马路捐"，修自来水就附加"自来水捐"等。也有对特定行业抽税，如戒烟捐、妓捐等。1906 年"渝城警察自去年开办，经费既不能足……闻将开办妓捐，每人每月捐二元。渝城娼妓本多，岁可得二万金。凡认捐者官为保护，隐匿者百倍苛罚。"[119] 1927 年重庆商埠督办公署抽取的杂税费有戒烟执照捐、违警训金、消防捐、妓捐、牛捐、席桌捐、茶棹捐、妓女从良执照捐等 13 种。[120] 根据官方统计，1927 年商埠督办公署主要收入是统捐附加、土叶附加、瘾民附加、煤气油附加、卷烟附加等附加税。图 65 是 1933 年重庆税捐总局各项税收统计比较，可见其附加费的高比重。1935 年"重庆妓女因市捐处限制过严、宣告罢工"。[121]

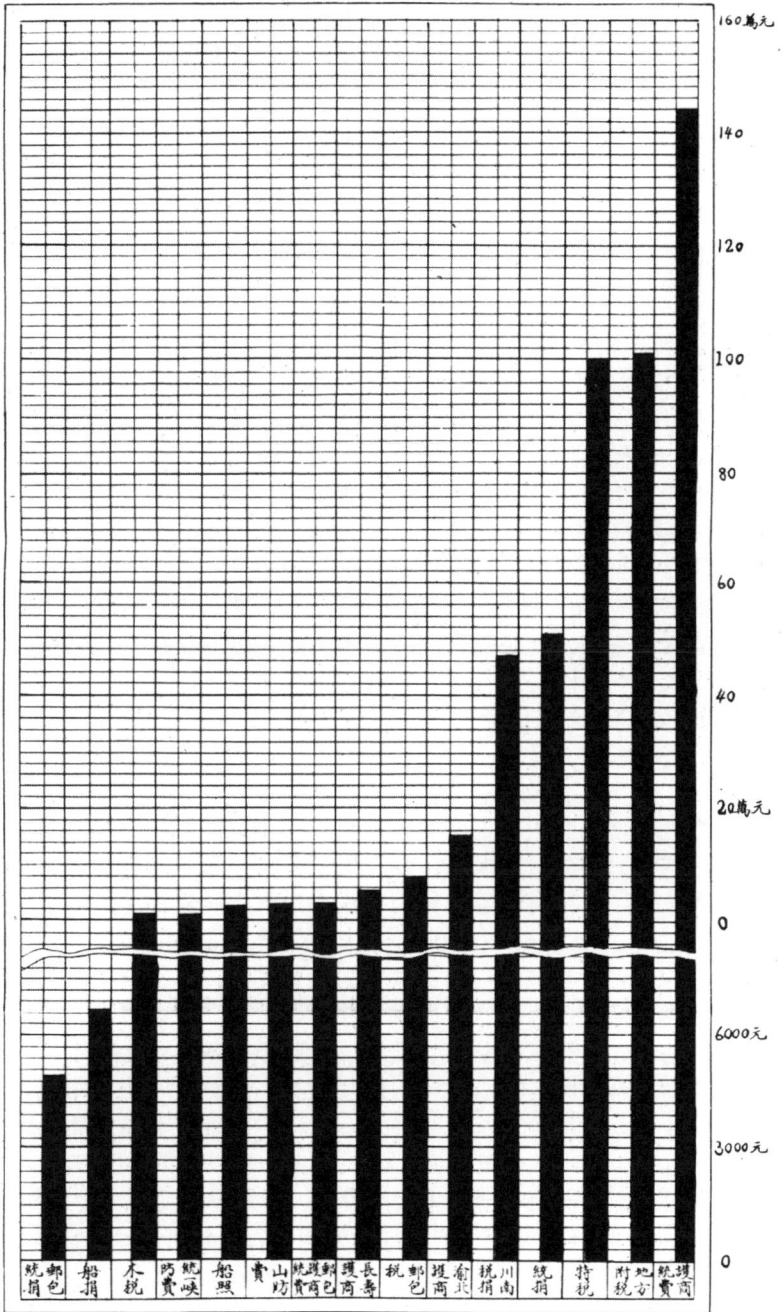

图 65　重庆税捐总局各项税收统计图（1933）

（图片来源：《现代读物》,1936 年，第 9 卷第 20 期,17 页）

66 像 《四川各军成区图》

川省军阀，日起干戈，往往联甲倒乙，联乙倒丙，循至朝
为秦晋，暮成仇敌。

——孙雄白，1938

重征暴敛的苛捐杂税，主要不用于市政建设，而是购买武器、扩
张军队。但农业税有其致命限度，市政建设又需要从地方汲取剩余，
用于现代化的投入。这是一个困境。残酷压榨成了普遍手段，造成四
川地方社会土匪、流民四起。"防区制"的制度设计，加剧了军队间
为夺取资源的频繁战争。如何从地方最大程度获得资源、支持军队建设，
成为战争能否获胜的重要因素。自 1920 年代末，军队间的战争转变为
各军成区间的治理竞争。谁能够率先促进地方的现代化，从地方的金融、
信贷、商业、产业中生产出更多剩余，进而支持其从制度、组织架构
和武器等方面将旧式军队整改为现代化军队，谁就能够在激烈战争中
胜出。这一渐进的历史过程，在微观层面却又与主事者的视野、修养、
性格联系在一起。

刘航琛曾经谈到刘湘在 1922 年下野时，"他的财政处长甘绩镛（后
为王瓒绪兼四川省主席任内之财政厅长）将所收百姓的税款数目及支
出详情，全部做成报销，并在报章公布，四川老百姓对这位总司令兼
省长之所以稍有好感，盖因他没有敛财入私囊，这是他日后再起的原
因之一。"[122] 1930 年有报道，川中军人领袖有杨森（性急而务新）、
刘湘（貌颇长厚）、刘文辉（为人智计）、邓锡侯（为人精明）、田
颂尧（循份自守）、赖星辉（性喜挥霍）、刘存厚七人，而川人大抵
认前五，因后二者驻黔、陕边。"五领袖其名适合金木水火土，此亦
可谓巧合"[123]。1933 年《四川月报》刊载有《四川各军成区图》（图
66-1）。刘湘的二十一军占据沿长江一带从奉节到宜宾的区域；刘文
辉的二十四军主要在西昌、雅安、会理一带；邓锡侯的二十八军在松潘、
茂县、汶川、理县一带。田颂尧的二十九军占据巴中、平武和射洪一带。
20 世纪 30 年代初有人说："我人闻川省之分崩忧疑不胜，而川人欣然
于小军阀之相安无事，我人闻川省之庶政紊乱，而川人欣然于局部建
设之就绪甚矣。"[124] 随着 1933 年"二刘之战"刘湘的胜出，以及 1935
年四川省政府成立后"防区制"的废除，各军原有成区遂成为历史。
而 1935 年蒋介石入川，意味着川局将发生巨大改变。

图 66-1　四川各军戍区图

（图片来源：《四川月报》，1933 年第 2 卷第 5 期）

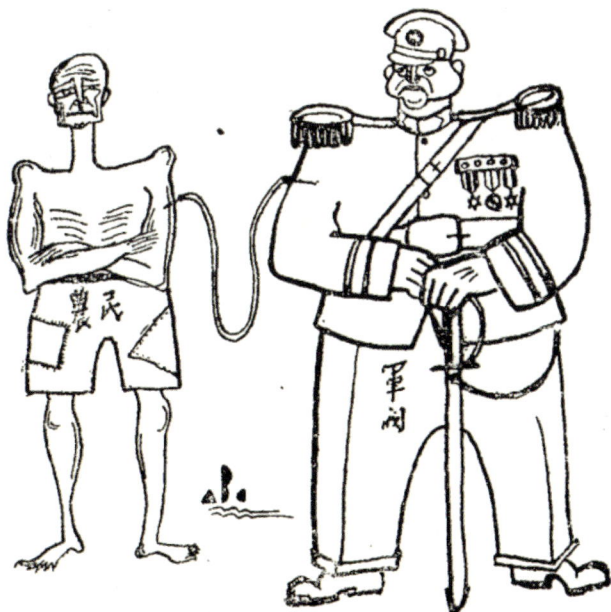

图 66-2　预征田赋的特色，当然要推军阀的搜罗场——四川——为首屈一指了。

（图片来源：《农业世界》，1934 年第 2 卷第 23 期第 2 页）

67 像 1935 年

要使四川省抛弃自己的小利而从事国家的大计，简直是一件超乎人力的难事。

——贝西尔，1941

1930 年初，因日本可能的入侵，蒋介石开始考虑如何应对四川的格局。在其日记中有清晰脉络。从考虑经营西北与四川、在川内扶持刘湘、到督促西南诸省的交通路线建设等都有记录。以下摘录 1931 至 1936 年间蒋介石日记中与四川、重庆相关的部分内容：1931 年 1 月 19 日，"下午会客，为四川事，思虑颇久。"1933 年 8 月 17 日，"雪耻：大战未起以前，如何掩护准备，使敌不甚加注意，其惟经营西北与四川乎？"1934 年 11 月 28 日，"五、四川问题，既信任甫澄，当不使其失望。"1935 年 3 月，大事预订表："二、二日飞渝；……七、拟定川滇黔方针。八、拟定川省军政、民政（专员）、财政整个计划。……十一、四川经济设计与金融计划，应确定。十二、督修川黔、川鄂、湘黔各公路……。"

1935 年 3 月 1 日，"发表入川消息"。3 月 2 日，"本日上午十时半乘机；十五时到重庆，不到夔门、巫峡，不知川路之险也"。3 月 3 日"注意：一、四川财政与中央关系；二、四川军政整理与番号。三、四川交通公路之规划……七、四川方针。本日手拟作战令稿多通，批阅，下午应甫澄宴会，唐式遵乃一川中将材也。"3 月 4 日注意："一、对川方针，只督其开发公路，协助其整顿军警，不干涉政治……六、川省实业计划"。3 月 6 日，"三，电孔派员来川整理财政……下午会客，卢作孚来谈"。3 月 9 日，"三、中央与各省如常，四川暮气太深，非平常办法所能挽救也。"

1935 年 5 月最后一周的反省录，"四川内容复杂，军心不固，后患可虑，当一本既定方针，扶助其中一人主持川局，而中央除整理金融统一币制，筹备其经济实业之发展以外，对于军文不宜植势，以示大公。"1935 年 7 月第一周反省录："四川之成败得失实为民族兴亡之关键也。"1936 年 4 月 16 日到重庆，"巡视市街秩序较前进步矣。"[125]

1935 年蒋介石入川是国民政府经营四川的标志，意味着偏于一隅的四川要转变为全国的四川；重庆要从一个地方城市成为全国关注的城市。

图 67　1935 年 3 月蒋介石入川
（图片来源：《新人周刊》，1935 年第 1 卷第 42 期）

68 像 两张重庆城图

> （重庆）俨然现代底都市的模型，可算是具备着了！
>
> ——王治裳，1936

　　1935 年 6 月刊行的《重庆市图》，是一张比较特别的图，第　次在重庆的地图上出现了经路、纬路的提法。重庆城建造在山地上，很难像平原城市一样，有一个方向是经路，另外一个方向是纬路的网格布局方式。但这张图的作者努力在重庆市工务局马路系统图的基础上，辨识和区分出大致沿着大梁子走向的几条主干经路、辅助经路和另外一个方向的若干条主要纬路、辅助纬路。[126] 但标注过于复杂，使得读者很不容易阅读。该图可能是重庆基督教青年会主持，或者与之紧密相关者绘制的地图。图上首先标识有分别在公园路和陕西路的青年会地址。其次标识有当时重庆最高的行政机构"四川善后督办署"的地址。刘湘的"四川善后督办"是川中军阀共推的头衔，一直使用到 1935 年的 11 月才撤销。另外由国民政府任命刘湘为"川康绥靖公署"主任。其他标注的地址，除了市商会以外，都与交通、通讯相关（图 68-1）。图中还有一个特别的信息是，在千厮门和临江门一带开辟了大量火巷。1935 年 6 月是一个有意味的时间点，此月 24 日当了九年重庆市市长的潘文华去职。

　　《重庆市图》显然是民间绘制的地图。1935 年的重庆市域，早已超出城墙边界。1933 年冬在二十一军军部协调下，重庆市划入了巴县和江北县的部分面积，共有 187 方里。城墙内却只有 2 平方公里余。斯班塞的《改变重庆：一个中国旧城的再造》文中，附有一张"根据 1936 年重庆市政府印制的地图"改编的 1938 年重庆城地图（图 68-2）。这张图中虽然没有标明重庆市，但表达的范围要大得多。该图除了清楚绘制了半岛内仍然在使用的旧路、可以通机动车的道路外（包括城墙内的道路和城墙外出通远门、南纪门到两路口、上清寺的机动车道路，以及向西走成都的大道），也标识了南岸的海棠溪（连接向南接贵州的大道）、龙门浩、玄坛庙和王家沱一带的道路。图中还可见储奇门处的机动车道直接连向江边码头、冬季枯水时的珊瑚坝、东水门到朝天门之间的一大块滩地。

图 68-1　重庆市图（局部，1935）

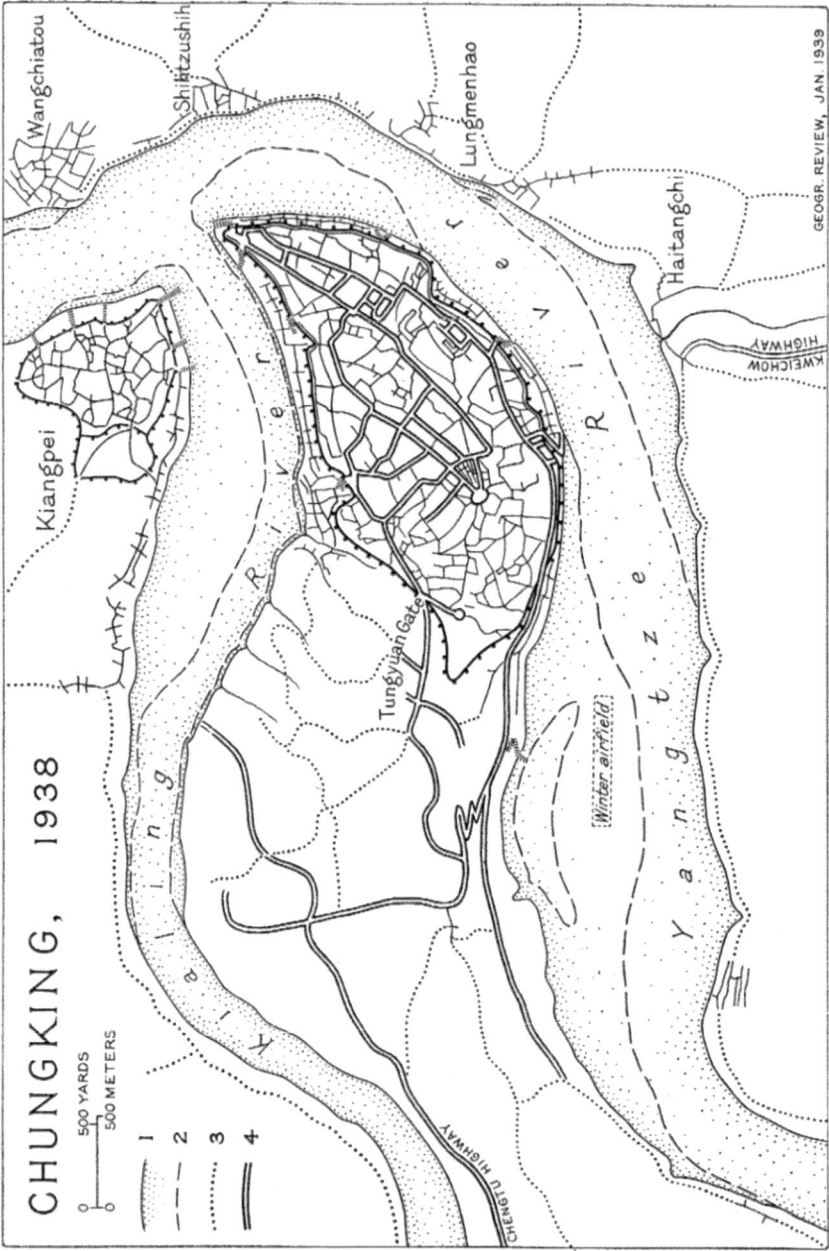

图 68-2　重庆城地图
（图片来源：J. E. Spencer, Changing Chungking: The Rebuilding of an Old Chinese City）

69 像　五省公路交通

> 顾维路之为物，与政治相演进，随国难而严急，下之系于民生，上之关于国计。
>
> ——魏军藩，1936

　　1935 年 3 月伊始，蒋介石日记中就有"督修川黔、川鄂、湘黔各公路"之议。1936 年军事委员会行营公路处总工程师李育撰文，回顾一年多来西南公路推进状况，谈到民国二十四年 (1935 年) 春，奉蒋之令"浙江建设厅曾厅长兼任军事委员会委员长行营公路处处长……向浙湘等省抽调工程人员……于三月一日组织行营公路处，积极赶筑"[127]。一年多来，公路处建筑湘黔公路、整理黔东路（湘黔公路黔境段）、黔北路，完成黔滇公路。李育最后说："行营公路处……再于黔桂公路、滇缅公路、滇藏公路，以及西南各省重要支线，亦正计划协助各省办理"。[128] 1936 年川内有川黔、川陕、川鄂、川湘、川康、成灌、成嘉七条干线和十九条支线。魏军藩在《四川公路月刊》的发刊词中说："吾川之有公路，经始于民十三四年间，其初，不过谋县与县之交通而已。十六年，今主席刘公，倡筑成渝一线，唐前总办实董其事，积六载之勤瘁，全路告成，于是吾川始有干线可言，廿三年，奉委员长之命，兴筑五省公路，由干线进而谋省与省之交通，其范围日广，其工程日难，川黔路渝松段，既于廿四年夏初如期完成"[129]他中肯切要地谈到筑路与政治、国难、民生和国计的关系。1938 年 3 月 1 日国民政府交通部设立西南、西北公路运输管理局。1938 年刊有《川黔湘桂公路图》（图69-1），也可叫"战局西移后人口疏散所经路线图"，亦是张逃难路线图（其英文即用 Refugees 一词）。这是民间绘制的图纸，可能并不很准确。1939 年西南公路管理局刊行《黔、滇、川、湘、桂五省公路交通简图》（图 69-2），可见五省间的公路线和联络线。

　　当时四川公路局绘有许多交通统计图表。随机取其中两幅。一幅是1936 年 7 月四川各站运出公里数统计图，一幅是该月各站上下车人数统计图。从统计数值可见重庆在川中货物与旅客运输的支配和枢纽位置。值得注意的是，重庆上车人数远多于下车人数，成都反之，可能说明当时人口向西的移动趋势。

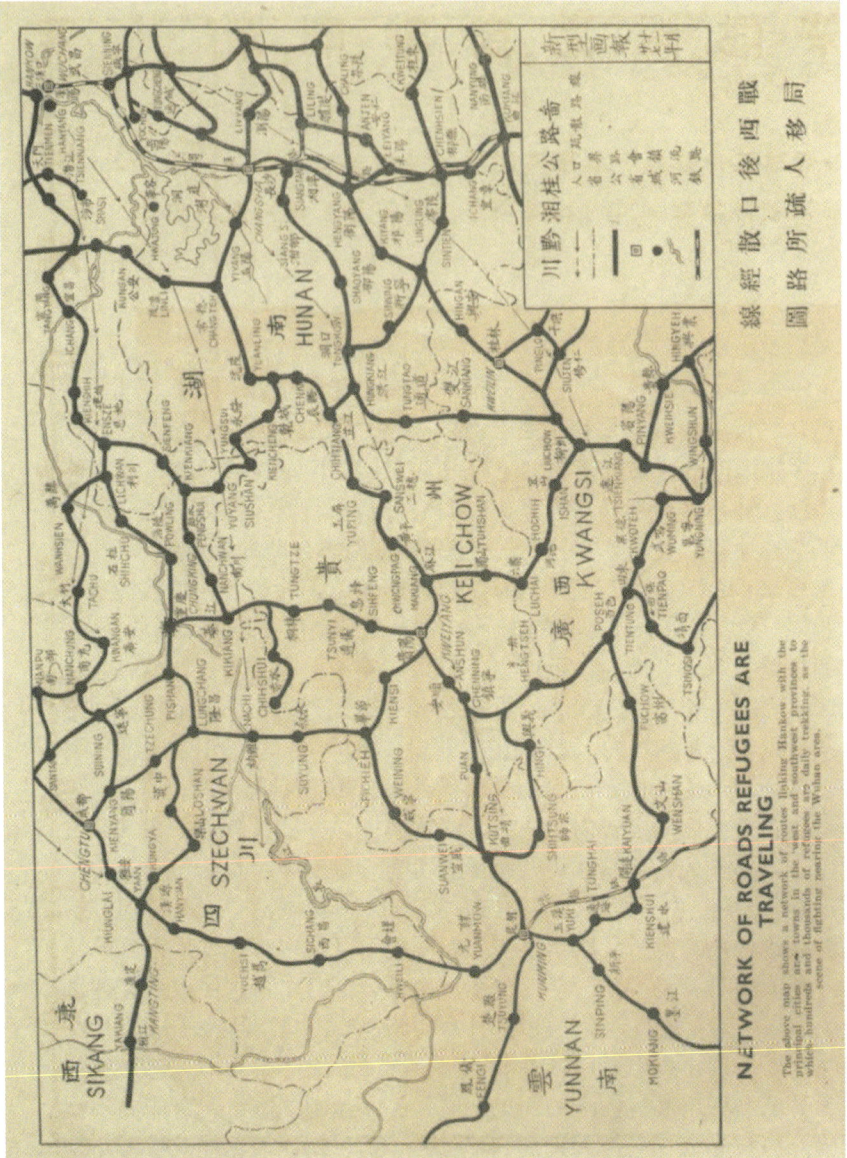

图 69-1　川黔湘桂公路图

（图片来源：《新型》，1938 年第 2 期）

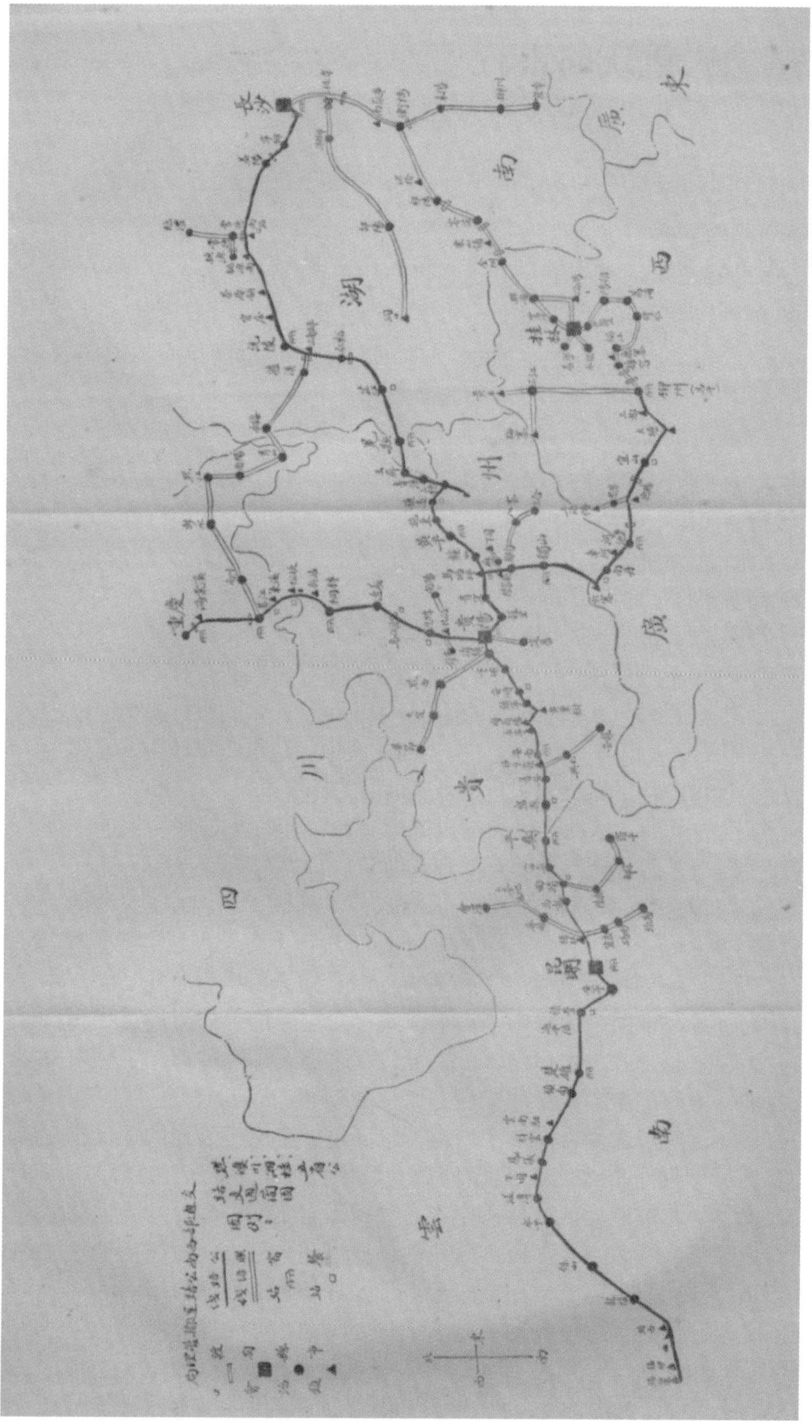

图 69-2 黔、滇、川、湘、桂五省公路交通简图
（图片来源:《交通银行月刊》，1939 年 4 月）

70 像　重庆的银行

Handsome, 4-Floored Foreign Structure Is Erected In Chungking
　　Young Brothers Banking Corporation Fitting It Up In Most Modern Style

　　—— The China Press，1917 年 4 月 27 日

　　1937 年的《重庆指南》中有"经济"栏。内列举各银行，如川盐银行、四川省银行、川康平民商业银行（川康殖业、平民和四川商业银行合并而成）、聚兴诚银行、中国银行、重庆银行、利成银行、江海银行、大陆银行、上海商业储蓄银行、建设银行、美丰银行、中央银行、金城银行、浙江兴业银行、交通银行 16 家[130]。又有钱庄 35 家、典当行 8 家、重庆证券交易所、信托 7 家，保险公司超过 13 家。各银行又有多个办事处。其中谈及，东部银行多准备在渝开设分行或者办事处。中央银行、中国银行和交通银行是国民政府的三大银行；聚兴诚、美丰和川康银行是重庆本地最重要的银行。开办于 1915 年的聚兴诚银行是重庆最早的私营银行。

　　银行建筑的风格，是社会风尚的风向标。1917 年《大陆报》报道，聚兴诚银行建造了四层楼高的美观的现代建筑。1934 年聚兴诚银行邀请建筑师李锦沛设计南京分行，这是一栋具有艺术装饰（Art-Deco）风格的建筑（图 70-1）。1937 年，基泰工程司被邀请设计上海聚兴诚银行（图 70-2），"新建筑之中部，高离街面一百九十尺，冠以钟楼，高凡三层。中部之两翼，各高十层，顶缘中国宫殿建筑之双层屋檐。外用浅黄式之大理石，屋顶之亭及收进之屋檐，配以蓝色瓦之顶，相互映辉，更感宋代建筑之雍容华贵，倍觉浑穆"[131]。这是典型的"中国固有式风格"建筑。同期由公和洋行与陆谦受合作的中国银行总部是一个略带装饰的现代建筑。美丰银行创建于 1922 年，是重庆第一家中外合资银行，1927 年美股退出，成为华商银行。1934 年美丰银行委托基泰工程司设计、馥记营造厂建造新大楼（图 70-3）。1935 年川盐银行也邀请基泰工程司设计新大楼，1936 年 12 月竣工。聚兴诚的杨粲三、美丰的康心如、川康的刘航琛与国民政府要员、四川各大军阀有着千丝万缕的联系。

　　基泰工程司由关颂声创建，后有朱彬、杨廷宝、杨宽麟等加入，是当时最著名的建筑设计机构，内迁后在重庆设计了大量的公共与私人建筑。

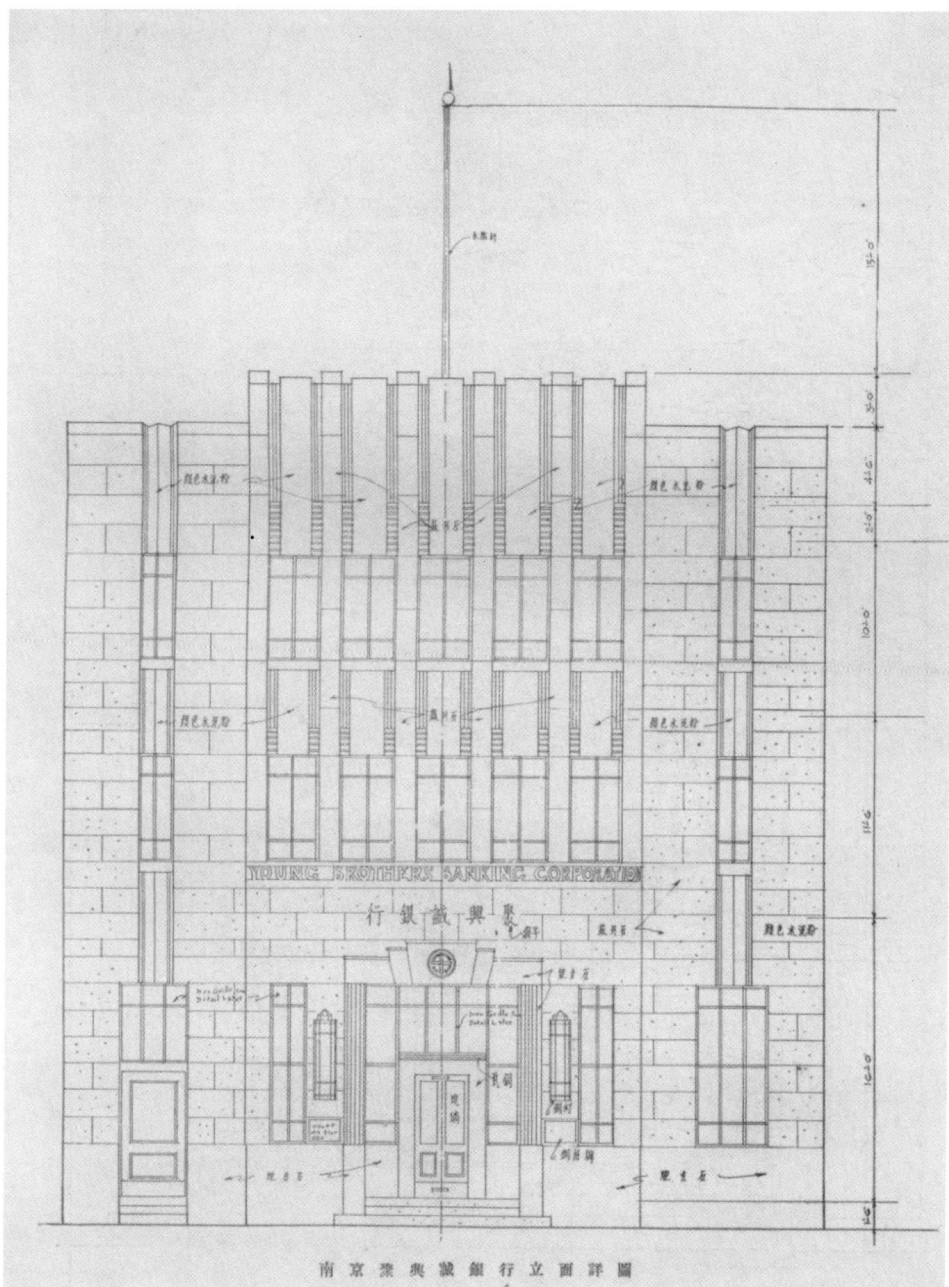

图 70-1 李锦沛设计的聚兴诚银行南京分行

（图片来源：《中国建筑》，1934 年第 2 卷第 4 期）

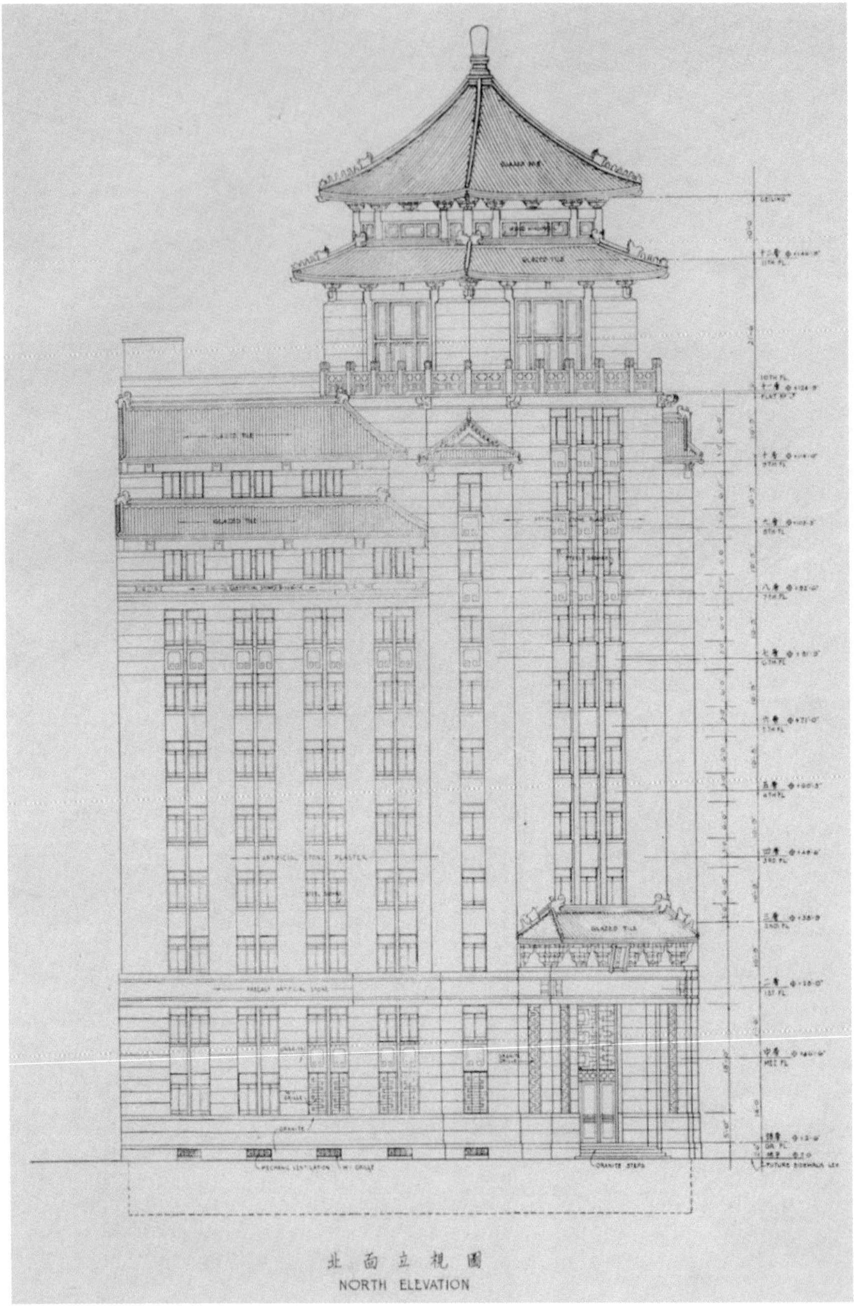

图 70-2　基泰工程司设计的上海聚兴诚银行

（图片来源：《建筑月刊》，1937 年第 5 卷第 1 期）

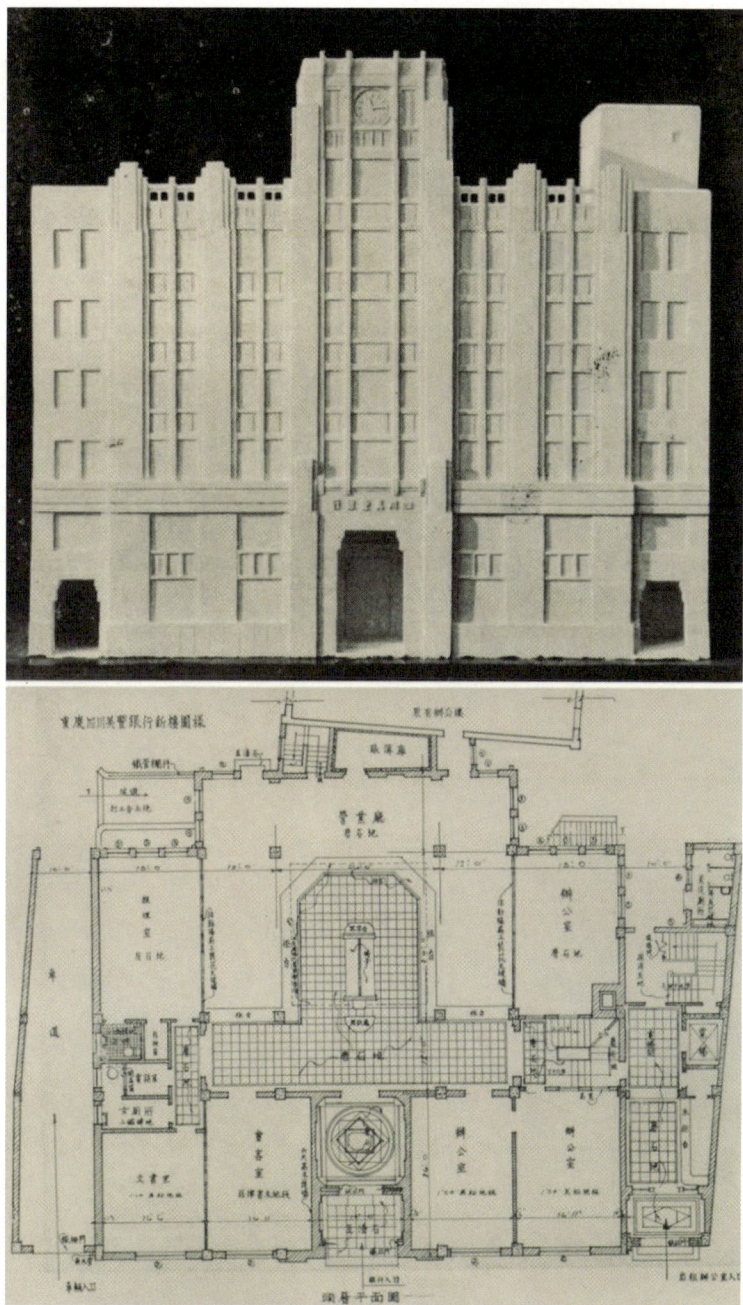

图 70-3　基泰工程司设计的美丰银行

（图片来源：《建筑月刊》，1934 年第 2 卷第 11/12 期）

图 70-4　被轰炸的美丰银行
（图片来源：哈里森・福尔曼。戴于威斯康星大学麦迪逊密尔沃基图书馆）

71 像 发现重庆

> 她向我露出踌躇的微笑。她低语道:"从此地望过去,这地方,实在有些可怕呢"。
>
> ——贝西尔,1941

重庆一直就在那里,在长江、嘉陵江交汇处。但重庆却不仅是它自己,它存在于本体与他者之间的关系中,处于被发现、被认识的过程中。从1850年到1950年的一百年间,有两个主要的"发现重庆"时期。第一个时期是19世纪中后期国外行旅者的"发现"重庆,包括传教士、探险者、商人、外交人员等,比如古伯察、竹添进一郎、布莱基斯顿、立德、莫里循、丁乐梅、伯德、张伯伦、中野孤山等。他们作为较早的一批外来者,记录进入重庆城的路径(部分用科学方法记录经纬度、航道状况等)、描述重庆城的状态。这些早期文字、图像与地图为后来者留下可以想象重庆的资料。第二个时期是1930年代中后期"下江人"的"重新发现"重庆。国际与地区格局的变化,推压国民政府内迁,东部媒体(向西迁移)开始大量报道四川、重庆。偏于一隅的重庆终于进入国家和大众的视野。

贝西尔1931年到重庆。他后来说:"就沿海各省、华北与整个长江流域而言,重庆是最后一个商埠;更就另一面深入喜马拉雅心脏的广大神秘领域而言,它又是与西洋接触到第一扇门户了。"[132] 对许多外来者而言,第一眼对重庆的印象,常如贝西尔夫人所说,"实在有些可怕呢";但过一段时间,却发现它有一种别样特质。1935年以后大量下江刊物开始报道入川道路、川江风景,介绍重庆城,发现重庆和下江地区间的差别。各种差别在20世纪30年代中期进入重庆前和抗战结束离开重庆后被不断重说,比如重庆人缠白头、穿长衫却光脚或穿草鞋等。又如语言上差别:"重庆人说话,也和别的地方不同。他们称'父亲'是'老子','母亲'是'太太','可以'他们说'要得','不可以'就说'要不得',吃中饭说'吃上午',晚饭叫'宵宴';顶有趣的是'闪电',他们却叫做'喷火伞'。"[133]

另外一种"发现重庆",是如唐幼峰编撰的《重庆旅行指南》(1933)、陆思红编的《新重庆》(1939)、吴济生的《新都见闻录》(1940),为不断涌来的、焦虑的行旅者提供了实用参考。

龍門浩

公園之二

图 71　新重庆景观

（图片来源：陆思红编《新重庆》）

72 像 迁 都

这些男女老幼，他们被逐出数千百年的老家，财产丧失，家庭离散，从沿海区域，从长江流域，和华北平原，跋涉无尽的长途，赶到四川和内地，去开始新的生活。

——贝西尔，1941

1932 年 1 月 30 日国民政府发表迁都洛阳宣言。[134] 1932 年国民党二中全会议决，以西安为陪都，改名西京，以洛阳为行都。[135] 随战事变化，1933 年又有可能迁都长沙之说。[136] 1937 年 11 月 20 日国民政府发表国府迁都宣言："为适应战况，统筹全局，长期抗战起见，本日移驻重庆。此后将以最广大之规模，从事更持久之战斗"。[137] 重庆正式成为战时首都。

因战事变化，仍然有各种再迁都他处的声音。1938 年国民政府主席林森"坚决反对国民政府迁往昆明……认为重庆在万山中，论地势，论气候，都不怕日机轰炸，国府绝对没有再迁移的必要。"[138] 1939 年"据权威方面昨日宣称，中国政府决不迁往成都。惟少数重要机关，现正考虑迁往重庆附近之城镇，渝市人口，先仍继续积极疏散。"[139] 1938 年有下江人介绍重庆："被称为'山城'，一想而知是建筑在山上的城市，城墙因为铺筑马路，十九是拆平了，不过有几段残余的颓垣，却还孤零零的在冷落的马路两旁矗立着。人行道路，也新旧两种并存着，旧的多至数十级的石级，新的就是前面说的马路，平坦而整洁。……入夜，红绿灿烂的电霓虹等，叽哩哗啦的是播声机，置身其间，几乎忘记自己是在异乡的重庆，而仿佛回到了上海的南京路或霞飞路。但重庆还是重庆，决不就是上海。在它一天天现代化的进程之中，还遗留着许多'老古董'。"[140] 1940 年张恨水在《重庆旅感录》中说，"夔门以内乡民，绝少与外省人接触。旅人不谙西方官话，则闻者不解。旅人不谙四川习俗，则见者称奇，隔膜所至，误会易生。然自民二十七以来，成渝两地，旅人麇集，两大城不能容，则散之附近小县，县城不能容，又更散之乡村。宾主杂处，言习渐通。"[141]

1937 年底国民政府迁都重庆，随后的 8 年间改变了区域交通结构、重庆的经济与人口规模、产业结构、空间范围、劳动力素质、知识与技术构成、组织管理模式、生活方式，进而深刻改变了重庆城市的文化形态。

The New Capital, Chungking

四川為首富之區，而重慶乃為四川之天然屏障——門戶。自國都遷臨後，市況飛躍繁盛，人口大量增加，而民氣之熱忱，不期然與軍人齊相沸騰。該地崇尚儉約，而政府人員又以互相軸策為旨，市上侈奢品誠屬少見，即汽車代步，除公家以外，私人車輛幾絕無僅有，孔祥熙院長在當地有以乘坐人力車標榜，上行下效，生活之醇樸乃成為一時風尚。

图 72　新都重庆

（图片来源：《展望》，1939 年第 1 期）

73 像 到重庆去

这样又坐了两天汽车，才到重庆对江的海棠溪。就在那天
晚上渡江到重庆了。

——林美芳：怎样到重庆去，1938

林美芳是一位年少的女学生，在 1938 年 8 月 3 日和她的妈妈一起，离开上海，3 天后抵达香港。因为粤汉铁路已经被炸，她们不能从广州到武昌，只好改乘法属轮船从香港到越南海防，从海防坐火车到河内，再到边境的老街；边检后经由开远抵达昆明。几日后从昆明乘坐汽车颠簸到贵阳，最后才抵达战时首都重庆。从海防、河内到昆明、重庆的通道很快就因战争原因不通。另外一条通路是从宜昌溯江而上到重庆。

入川的路艰辛又遥远。林美芳的路不是一般人能走到的路，绕了大半个中国，出境再入境，还需要政府出具文书。退到汉口、退到宜昌，再入川江，是当时一般人的选择。这条入川的路，到重庆的路，是许多人仓皇的经历和记忆。"及至淞沪首都失陷，潮涌般的难民，十之七八溯江西上……虽有民生公司竭力维持，但船少客多，越拥挤越不能疏通，终于有困守逆旅……金尽技穷为乞丐"；在上行的船里，"日里的喧嚷沉寂了，同乡宋君是去年九月从北平逃出来的。既得不着睡眠，他于是大谈起死里逃生的故事来……他愈说愈沉痛，几乎流下眼泪"。[142] 在《到首都重庆去》的一文中，作者说："从宜昌到重庆，没有一刻不在崇山峻岭中通行着……汽笛一声，万山皆应……重庆不愧为抗战时的首府，有大都会的风采……政府机关都聚集在上清寺曾家岩一带，行政院的房屋最好，国民政府及考试院较次，内政部新建大门，竟如上海的浴室。教育部在师范学校内……沙坪坝，那里已经成为我首都的文化区了。"[143] 根据民生公司宜昌分公司统计，1937 年 8 月到 1938 年 4 月底，民生公司运送入川的难民有 6 万 4 千余人，运送了学校、工厂、剧团、医院以及大量公物器材入川。[144]

"到重庆去"是沦陷区或可能成为沦陷区许多人被迫的选择。图 73 是入川的一次记录。老舍在 1938 年 8 月从宜昌抵达重庆。他在宜昌等待时困于"何时能转船入川，只有天知道"[145]。他后来在《北碚辞岁》中写："病中逢酒仍须醉，家在卢沟桥北边"。

图 73　从贵阳到重庆

（图片来源：《大美画报》，1938 年第 2 卷第 3 期）

74 像　重庆指南

> 民族复兴根据地的本市，一时蔚为各种事业的中心，各省
> 到此间来到人士，源源不断，问题便发生了。
>
> ——重庆指南，1937

1933 年，唐幼峰编辑出版了《重庆旅行指南》，为前来重庆举办年会的中国科学社成员提供参考。唐幼峰是四川乐山人，四川成都神道学校、重庆治平中学、武汉大学毕业（图 74-1）。1928 年初，唐幼峰辞去忠县行知中学教职，来重庆协助杨世才办理宏育中学。杨世才也是乐山人，是一位合作主义和工学主义者（图 74-2），1927 年在重庆成立"德工学会"，经营有重庆书店。宏育中学初设在关庙，后被军队占用，被迫迁至东水门内万寿宫的青龙阁。因青龙阁地方狭小，1930 年初搬迁到通远门外的罗家湾新校舍。学校聘请重庆各界名流任义务讲师，如卢作孚讲过《三峡建设之计划》、姜毓荣讲《达尔文学说概要及其批评》、杨学优讲《从国际上观察中国经济情形》等。

杨世才经营的重庆书店，出版有《外国史纲要》（唐幼峰编译）、《世界文化史》、《俄国文学史》、《留声集》、《中国名歌》（唐幼峰辑）、《自然科学与社会科学》、《最近中日问题》、《神的故事》、《小弟妹丛书》等，出版书的格调不坏。书店还刊行有《青年世界杂志》。"在吾川之定期出版品……书局能刊行杂志这，亦仅有此而已……学术文字，极适于青年之需要，通俗科学介绍，尤为宜切"[146] 卢作孚的《东北游记》，就分期刊发在这个刊物上。唐幼峰在《青年世界杂志》上发表了多篇关于自然科学的文章，除了上述书著外，他还出版有《重庆方言》《新上海》等。唐幼峰后任精益中学女生部主任；1943 年起任重庆天主堂会长。[147]

1937 出版的《重庆指南》和之后其他该类指南很是不同。一是它出版在重庆开始成为国民政府和下江等处民众迁驻之所，是在被日本轰炸之前的这一时间段；二是它是一本民间编辑整理的指南，带有更多的"土气"和日常生活所需的信息。整个册子因为考虑预算，刊载了许多广告，连封面都满是虎标万金油的广告。1939 年陆思红出版的《新重庆》虽正式很多，却不如《重庆指南》实用和方便。

图 74-1　唐幼峰

（图片来源:《青年世界杂志》,
1933 年第 2 卷第 1 期）

图 74-2　杨世才夫妇

（图片来源:《青年世界杂志》,
1933 年第 2 卷第 2 期）

75 像　《重庆附近图》

> 滩声忽壮阔，渝州遥涌现。关塞巩金汤，楼阁逼云汉。飘渺神山图，峥嵘艺术院。天生一座金刚石，冠在江源光禹甸。
>
> ——吴芳吉：渝州歌之四，1930

卢冀野在《重庆重来》中回忆 1930 年他初到重庆时的印象，在朝天门码头下船，颇是费力地拾级而上，"记得住的是嘉陵宾馆，城里还没有人力车，交通工具只有轿子，最热闹的是下城的陕西街，善成堂是惟一的旧书铺，我曾在那儿买过书。所谓上城，至今印象很深的名称是小梁子。因为那次我们入川，领队者为蒙文通先生，一切靠他这'识途老马'，我们要叫'么厮'购买些什么'家私'时，他必曰'小梁子，小梁子！'。"[148] 他讲，因为诗友吴芳吉在这里，因为他的诗而对重庆城发生兴趣；卢冀野说"天生一座金刚石"写出了他初到重庆的印象。

"天生一座金刚石"是经验，一种直观感受的归纳，却不能洞察重庆与成都、贵阳，与西安、甘肃、昆明，与保山、丽江，直至缅甸的仰光等之间的连接；也不能知晓重庆与周边的合川、长寿、涪陵、璧山间的经济往来与交通联系。"金刚石"的形变是结构性关系变化在地方表现的结果。

《重庆附近图》（图 75）刊载在 1939 年的《东川邮区图》，是其中一张很小的附图，很重要也很珍贵。它表达 1939 年重庆与周边各场镇之间的联系。这些联系虽然因较大的空间距离超越了个人可以感知的范围，却是地方的生活网络。图中重庆是核心的邮政管理局所在。江北、璧山、北碚、龙隐镇、沙坪坝是二等邮局所在。沿着嘉陵江东岸的黄桷树、土沱、溪柏，长江西岸的大渡口，东岸的渔洞溪、温泉场、小温泉、界石、广阳场、木洞以及向西的化龙桥、山洞、青木关、土主场、白市驿、走马岗和来凤驿是三等邮局所在。其他还有数量更多的、更低级的邮政代办所和村镇信柜等。各邮局间标注有公里数。除了空间的等级与距离外，这张图还表达了时间差异。图中有"逐日昼夜间程邮班""间日昼夜间程邮班""逐日邮班""间日邮班"以及"每三日或次数较少之邮班"的路线图。《重庆附近图》的空间范围与各场镇间形成的网络是更加真实的、战时"新重庆人"的生产与生活的区域，表明他们当时并不仅沦陷在小小的半岛里。

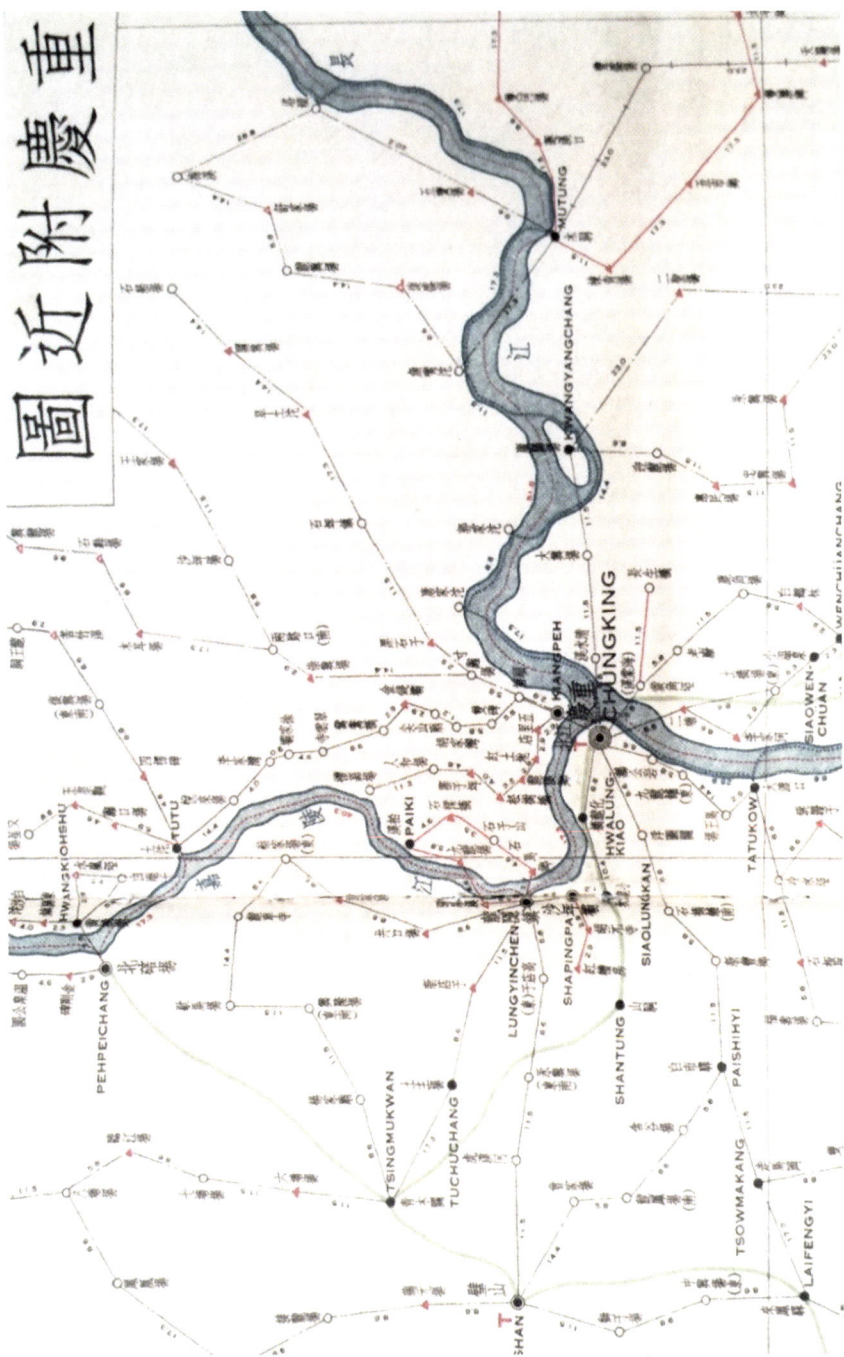

图 75　重庆附近图（1939）

（图片来源《重庆历史地图》集第一卷）

76 像　沙坪坝

沙坪坝原来不过是重庆城北乡下一个小小的市镇。
——吴锡泽：沙坪坝，1939

　　根据国民政府的统计，战前中国有大学及专科学校 114 所。战争使得其中的 54 所停办。其他转移到上海租界、香港，更多的是迁移到大后方。迁往后方的学校主要分布在重庆、贵阳、汉中、昆明和成都。其中由北洋大学、北平大学、北京师大组成的西北联大迁到汉中；由北大、清华、南开大学组成的西南联大迁到昆明。在昆明的还有同济、中山、华中和云南大学。南京中央大学迁到了重庆沙坪坝。吴锡泽是中央大学的学生，他说两年前到沙坪坝之时，"一共只有几十户人家，还有摆摊儿似的寥寥几间小杂货店，和一两间灰尘满目的小吃店。在日里唯一的一条寂寞的街道懒洋洋的镇日在阳光笼罩底下静穆地躺着——静，静到令人感觉到如在深山邃谷里，甚至连鸡鸣狗吠的声音也不大容易听到。"[149] 但是两年间沙坪坝发生了巨大变化。除了重庆大学和中央大学，还有南开中学、中央工业学校、四川省立女子职业学校、四川省立教育学院等。距离沙坪坝不远的磁器口是商业区，是大学生们购物、休闲和谈情说爱的地方。沙坪坝日渐繁华起来，书店、文具店越来越多，可是看书的人多而买书的人少。饭馆子也多，书可以揩油看，饭不能不吃。吴锡泽说，"仅只有两个年头，沙坪坝的进步竟赶上了两个世纪啊"。这不禁让人想起《魍魉世界》中区亚雄之说，"这年头说什么三年河东，三年河西。简直是三个月河东，三个月河西"。这是特殊时期的特殊现象。

　　1939 年有人比较重庆和沙坪坝。他所指的重庆是两江环抱的半岛一带的重庆。他说重庆是一个人多于事，事又缺乏人做的地方。"消费者多于生产者，因此荒淫胜过了严肃"。沙坪坝呢，"俨然文化区域。常有名人前来演讲，历来如邹韬奋、郭沫若、钱俊端、周恩来，及李宗仁、柏文蔚、蔡廷楷等"[150]，也是一个朴素的工作区。重庆大轰炸之后，许多人口迁移过来，沙坪坝越发繁荣和热闹。可是有人说："这是很遗憾的一件事。我是希望这四川文化的大动脉——沙坪坝——依旧用严肃俭朴态度来孕育这般时代的儿女"。[151]

(上续)育教学大之后战

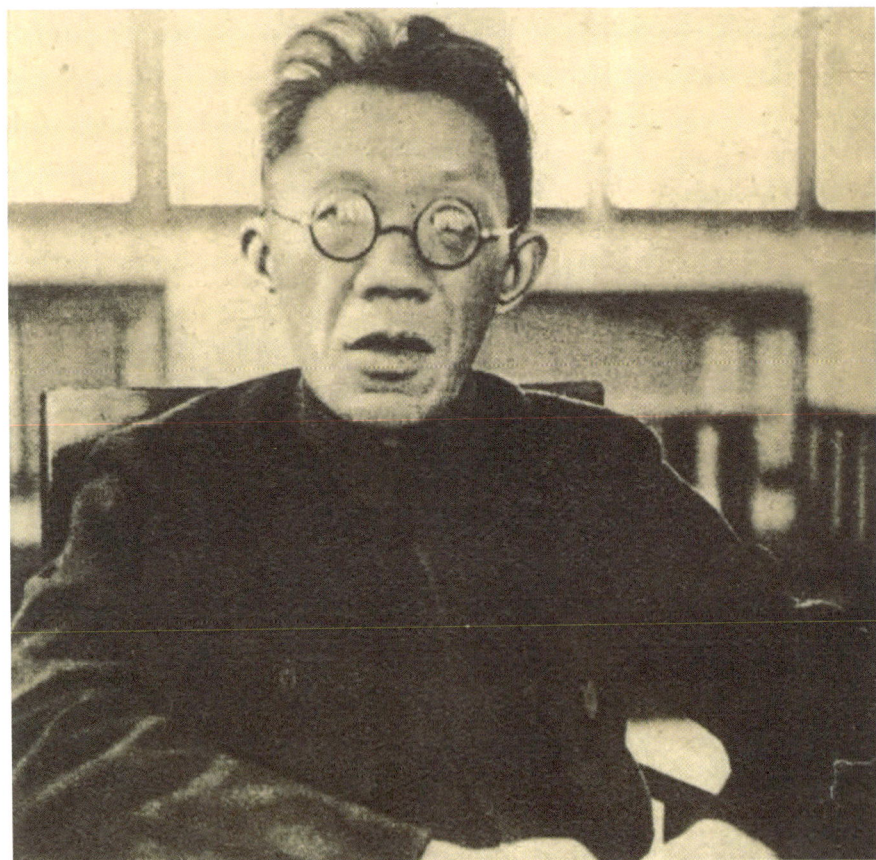

图 76 位于沙坪坝松林坡的中央大学（上）与校长罗家伦（下）

　　（图片来源：《良友》，1939 年第 145 期）

77 像   战时首都

> 的确在重庆，会使你疑心是置身在上海……现在广州、武汉也已沦陷，她是成了目前中国唯一仅存的大都会了。
>
> ——雪人：战时首都的重庆，1939

重庆成了战时首都，成了"东亚灯塔"。沦陷区的人们，"大都受着环境的逼迫，或不甘心做奴隶顺民，离别了家乡，失散了爹娘，流浪到西南内地，尤其是重庆，成为大家心目中唯一的理想天国。"[152] 四面八方的人涌集到重庆。本来已是拥挤的城，收留越来越多来自不同地方的人，成就了一种极度特别的景观。"新重庆人"带来战时首都的多样和差异，是之前其他任何一个中国城市所没有的状态。大量北平来的人、上海来的人、南京来的人、武汉来的人，四处来的人居然汇聚到了一起，拥塞和生活在这个原本偏于一隅，少为人知的城。"招牌上'上海''南京'等字样，益发有满山遍野之势，甚至于秦淮歌女，也在此张着艳帜呢。这地方真是成了同上海一样复杂的都市了呀……难民们是把它认作了新的天堂，群趋着求快乐的生活。抗战在重庆，好像没有多大关系"[153]。新重庆人一日一日增加，甚至超过了本地人。市面上所有物资的需求远远大于供应，日常所需的西货变成价格高昂的奇货，本地农产品价格也随之高涨。其中最难的事情，大概是寻找到一处可以容身之处。商人们在投机中收获高额利润，一般小职员领取可怜的薪水，焦虑明天物价上涨。

重庆于是现代化了。但这是一种复写的现代化，是蒙上去的现代化，还需要时日，才可以把复写的墨渗透到本纸里。新重庆人要慢慢变成重庆城的一部分，而旧重庆的日常成为新重庆人惊讶的对象。张恨水想起刚到重庆城时，警察还沿着旧习，十时以后关城门，"但剩有点城门，孤零的关起，是无用的。没城墙，人家照样的来去，于是警察在城墙遗址所在，拦街横上一条绳子，就算关了城"[154]。

贝西尔医生回忆重庆，"这个最新的首都，却既没有什么美景，也没有什么光彩；它简直是丑陋，肮脏、而且是拥挤到无可形容……气候恶劣到不能描写。可是，尽管有这种种的缺点，重庆却永远具有一种稀有而神秘的力量，将人们抱在她的怀里。"[155]

图 77　战时首都重庆

（图片来源：《大路》，1939 年，创刊号）

78 像　轰炸重庆

> 五月三四两日，日本飞机大规模轰炸重庆，杀伤平民之多，
> 造成了八一三以来的新纪录。
>
> ——重庆大轰炸，1939

1938 年 10 月底武汉沦陷后，重庆成为首要攻击目标。在试探性的几次投弹后，1939 年 5 月 3 日、4 日，成群的日机密集轰炸重庆城区。这是一次史无前例的大规模轰炸，死伤无数。根据当时日本《读卖新闻》所刊，日机有明确的轰炸目标，包括了 8 个城门地带和重点机构委员长行营、中央党部、外交部、国民政府所在地、川康绥靖公署，以及五福宫一带的领事馆区（图 78-1）。英、法、德的领事馆都在这次的轰炸中受损。

记者报道了轰炸后的情况。"计被炸地点有新丰街、二府衙、西四街、白象街、陕西街、第一模范市场、苍坪街、马家店、神仙口、三圣店、打铁街、左营街、段牌坊、储奇门河边等二十余处所……繁盛的小梁子、都邮街都被炸弹中伤，继遭柴家巷、鸡街所中的烧夷弹的火势延烧，这通直的两闹市就被这无情的火吞没了。商务印书馆、邮政储金汇业局、中国国货公司等处都成了灰烬。通远门外也烧了两处，英领事馆等连同受害……这繁盛的重庆，当时死气沉沉了，各商店多闭着门，店员东逃西散"[156]。

也有记者描述了轰炸后人们的痛苦、恐惧和城里的紧张。"他们显现出一种极端恐怖后的疲倦，仿佛泄了气的皮球。可是一刹那间，当他们从自己的存在记起了家人的生死的时候，又开始吃急起来、紧张起来……那些脱险的人，一找出这已经断气的尸体就是他自己的骨肉时，呆着了，仿佛连悲哀也迷失了，半天，继咬紧牙根哭起来……我看见一个掉了脑袋的中年妇人，背着一个死孩子，倒在墙脚，她的丈夫正在倾倒的乱木中，找着那被弹片削掉的脑袋。……左营街一带，正在烈焰的包围中。整个重庆市区，像沸腾着一样。救火车和救伤车的笛声，在远近驰骋着鸣叫，红十字的旗，这里那里出现着。各大医院塞满了受伤者的惨号和呻吟。"[157]

轰炸警醒了重庆。继续开辟火巷、制定建筑规则、大量挖修防空洞，特别是大规模向四郊疏散人口成了市政府急促的工作。这也形成之后雾季人口回聚在市区、夏秋间为避轰炸人口向乡间疏散来回运动的奇异景象。

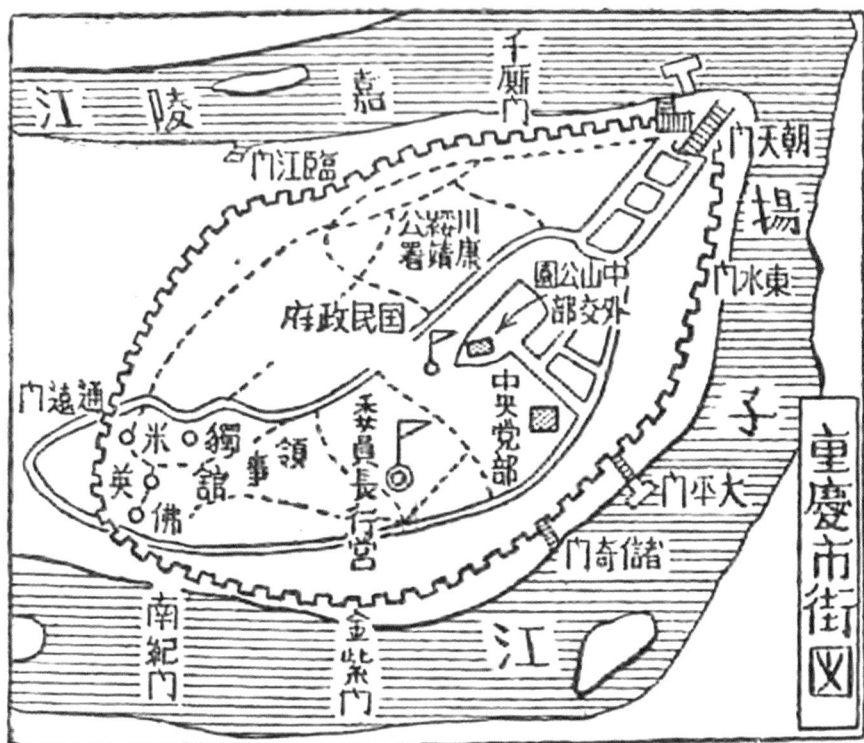

图 78-1　日本《读卖新闻》刊发的标注的轰炸目标图

（图片来源：《星岛周报（香港）》，1939 年第 3 期）

图 78-2　被轰炸后的重庆，1940 年 9 月

（图片来源：英国布里斯托大学中国历史照片数据库）

图 78-3　轰炸后的城市角落

79 像　明定陪都

重庆陪都建设计划委员会直隶于行政院。
　　　　　　　　——重庆陪都建设计划委员会组织规程，1940

1937 年 11 月 20 日，国民政府宣布迁都重庆。此时重庆虽然是战时首都，是行都，其行政设置还是四川的省属市。1939 年 10 月 24 日，国民政府行政院通过《重庆市政府组织规则》，将重庆划出四川，改隶属行政院。1940 年 9 月 6 日，国民政府明定重庆为陪都，"今行都形势益臻巩固，战时蔚成军事政治经济之枢纽，战后更为西南建设之中心，恢弘建置，民意金同，兹特明定重庆为陪都，着由行政院督饬主管机关，参酌西京之体制，妥筹久远之规模，藉慰舆情，而彰懋典"[158]。此中的西京即为西安。十三朝古都的西安，被定为国民政府"陪都"，也许并未觉得荣耀。重庆成为"陪都"，却是其历史上的大事。彼时将重庆定为陪都，是遭遇屡次轰炸后，坚定国民抗战意念和决心的必要。

1940 年 10 月 1 日，社会各界在夫子池举行庆祝陪都建立大会（图 79）。当日细雨蒙蒙。吴国桢市长致辞，谷正刚、吕长超、刘峙、陈访先演说，临时参议会议长康心如最后致答词。比较特别的是，参加陪都建立大会的没有国民政府行政院的高级官员。散会后火炬游行，最前面为童子军，次为党政军和各团体，共有七千余人参与，可想象当日盛况。同日东川邮政管理局准备了纪念邮戳，以资纪念。

1940 年 10 月 19 日颁布《重庆陪都建设计划委员会组织规程》。行政院副院长孔祥熙兼任建设计划委员会主任，重庆市市长吴国桢兼任秘书长。委员会中都是掌握实权或德高望重之人，如内政部长周钟岳兼任副主任委员，翁文灏、张嘉璈、卢作孚、刘纪文、潘文华等都是委员，但这些委员都是兼职而非专职。委员会后又聘请了多位知名的市政专家。然彼时战局多变，加之轰炸不断、物资供应困难、物价持续上涨，各种城市问题层出不穷，要有系统、有计划推进城市的市政建设，是不可能之事。所有能够进行的建设，都是为了处理紧急问题，是仓皇中的建设。高规格的陪都建设计划委员会并没有能够"妥筹久远之规模"，加之与重庆市市政机构在许多功能设置上的重叠和责权不清，这一机构在成立不久后就悄无声息。

度祝陪都建立大會

抗戰以來，重慶已經受過數百次的轟炸，但重慶以至全中國的戰鬥意志，卻三年來如一日，仍同鋼鐵一樣的堅固，仍同火燄一樣的灼熱。領導全國抗戰建國的中央政府，爲表現長期抗戰的決心，爲答覆重慶市民以及全國同胞在戰時所表現的艱苦卓絕的精神，特於最近明令規定重慶爲我國陪都，全渝市民爲紀念起見，舉行慶祝大會，晚並舉行提燈會，長長的行列，光明衝破了黑暗，微象着新的中華民族的精神，看，這是國府林森主席的祝詞：

惟茲重慶　　神臯澳區　　漢護協應　　定爲陪都
建國中心　　政治經濟　　肇始宏規　　萬端並舉
爭在雪恥　　民氣軒昂　　同攄忠悃　　贊我興邦。

Chungking has suffered from Japanese air raids for several hundred times since the outbreak of resistance war. However, the fighting spirit of the people of Chungking and the whole country is as hard as iron and as hot as fire. In order to suit the determination of long resistance until final victory and encourage the high-spirited people all over China, the national Government had ordered that Chungking be made the co-capital of China. A celebration of its founding was held in early October, 1940, in which a lantern parade was participated by thousands of Chungking people.

图 79　庆祝陪都建立大会

（图片来源：《东方画刊》，1940 年第 3 卷第 9 期）

80 像　长安寺

城内有崇因寺有净香亭，修竹檀栾，与金碧台相掩映。

——蜀中名胜记

　　崇因寺即长安寺。《蜀中名胜记》载，治西八十里有长安洞，传崇因寺前居民屋内有洞与此相通，故崇因寺也叫长安寺。咸丰八年（1858）法国传教士向北京请准将长安寺地改为教堂，得清廷同意。同治二年（1863），为反对把长安寺地交法，重庆民众打毁真原堂。《八省筹办公益案证》中载："重庆为全川要害，而长安寺地尤全城要害之区，高亘城之脊梁，扑地闾阎，翼然俯跨，右抱岷江、金沙诸水，左环嘉陵、渠、涪，前有涂山屏列，言地利者所必争也。"内有川东道出示晓谕："长安寺乃奉旨准给川东主教改修天主教堂，本应钦遵办理，惟该寺现今设立保甲总局，不但保卫渝城，即三十三属借支军装器械，亦无不由总局支应，未便交给。公同筹商，幸范主教和顺众情，愿将该寺转给八省，永做办公之所，应由该教另行卜地修建教堂。"1922年有人写长安寺，"此寺居渝下半城最高处。门前牌额三字，曰第一山。本为苏东坡所书，后因遇火所烧，现为人所仿作，字体虽同，惜已失其真也。进山门有四大天王分坐左右，体为石刻，大可十围。殿内有铜佛三尊，高与屋齐，不知所从来。闻人言该佛石台下有金扁担一支，为保镇渝城之宝物。余以此或系空谈耳"[159]。

　　长安寺是重庆城内最重要一处寺庙。清巴县档案中有载，为庆祝皇太后、皇帝生日，各种隆重仪式都要在长安寺举行。1931年，为建造菩提金刚塔请来的佛像和经文运送到重庆后，在长安寺陈展供瞻仰。1940年，萧红写有《长安寺》，文字平和宁静中有空间感，空间中有光影、气味、声音和记忆。萧红用一幕幕小景拼贴出长安寺的模样，她说："耳朵听的是梵钟和诵经的声音，眼睛看的是些悠闲而自得的游庙或烧香的人，鼻子所闻到的，不用说是檀香和别的香料的气息。所以这种吃茶的地方确实使人喜欢，又可以吃茶，又可以观风景看游人。比起重庆的所有的吃茶店来都好……如今，长安寺已炸了，那些喝茶的人将没有着落了，假如他们不愿意把茶摆在瓦砾场上。"[160]卢冀野说："重庆经过这几次劫火，已不复是旧日的重庆了！"[161]长安寺的炸毁（图80）象征着一个历史时期的终结。

日機轟炸重慶長安寺羅漢寺本頁各圖
係被炸後之殘破佛相羅漢相

Image of Buddha in the Lo-Han
& Chnnagan Temple, Chungking
bombed by Japanese planes.

လက်ဝဲဘက်၃-ပုံ။
ချုံကင်းမြို့၌၊
ဂျပန်၏ ဗုံးဒါက်ကြောင့်၊
ပျက်စီးရသောရဟန္တာ
ရုပ်ပွားများပုံ။

လက်ျာဘက်ပုံမှာ။
ဗုဒ္ဓရုပ်ပွားတော်များပျက်
စီးသွားသောပုံဖြစ်သည်။

Lo-Han &
Channgan Images
bombed by
japanese planes.

图80　日机轰炸重庆长安寺、罗汉寺（1941）

（图片来源：《中国佛教国际步行宣传队特刊》，1941年第1期）

81 像　重庆与伦敦

> 重庆宛如伦敦市，漫天都是浓得化不开的牛奶色……这种
> 冬季天气，在四川说来是很正当的，若不如此，来年一定要闹
> 旱灾。
>
> ——重庆宛如伦敦市，1938

　　重庆多雾，伦敦也多雾。重庆雾时给敌机轰炸造成困难；伦敦雾时，却给敌机和飞弹带来隐身的方便，减少被密集高射炮击落的危险。两个城市在战争中都遭遇了巨大苦难。1939 年 5 月 3 日、4 日遭受密集轰炸后，"重庆市上充满了半疯狂的女人，充满了血肉的故事……重庆陷于极度的恐怖之中，人们漫无目的地向城外迁移，向外埠流亡"[162]。记者说，"重庆现在是变成死城了。我坐在这里，眺望着长江，全城陷于黑暗中。只有寥寥几盏烛光散在四处山上，微弱地闪着光；在这里，以前会有过霓虹灯招牌和耀目的灯光照耀着黑夜。"[163] 1940 年 9 月，伦敦开始被大规模轰炸。伦敦面积远大于重庆，伦敦现代化水平、军事防御水准远高于重庆，使得伦敦在防御和处理轰炸与重庆有很大不同。伦敦更加有序，但民众遭遇苦难的状况是相近的。有报告说，"看到我们的战时首都重庆遭受日寇轰炸的惨酷，尤其是去年五三、五四，及今年八月十九和廿的惨祸，全市精华付之一炬，人民的流离死伤，尤深惨痛。由于我们所受的苦难，对于英国人民在战祸中所受的苦难，不禁有着深刻的同情，同时对于伦敦与重庆，也不禁发生一种联想。"[164] 1941 年《良友》以"同遭厄运·共负时艰"为题报道被轰炸的重庆与伦敦（图 81-1、图 81-2）。

　　伦敦要求行人携带防毒面具，人们必须佩戴证明身份的签条。戏院和娱乐场所被关闭；夜间进行灯火管制，所以一到晚上，整个伦敦就陷入一片黑暗和寂静。伦敦的上空，漂浮着防空气球，防止敌机的俯冲投弹。实行食物、衣物和燃料的限制供应，为战争持久战做准备。为节省燃料，公交系统运行减少到最低限度，所以常可见在公交站排满候车的人。[165] 妇女和孩子们被要求疏散到郊区，于是公园里难得见到儿童的影子。有报道说："六十万的儿童和他们的母亲疏散出去。所以近几天来，伦敦街道上最多的行人，既不是兵士，也不是成人，都是儿童。几十万的居民，能在三天内一起迁居别处，这真是伦敦伟大的移居运动，也是历来未有事。"[166]

图 81-1　被轰炸的重庆

（图片来源：《良友》，1941 年第 166 期）

图 81-2　被轰炸的伦敦

（图片来源：《良友》，1941 年第 166 期）

82 像　滇缅公路

> 沿途我访问了不下二十位"监工"……追述起他们伙伴的惨剧，时常是忍不住淌下泪来的。
>
> ——萧乾，新中国的动脉：滇缅公路，1939

1935 年初国民政府即督促云、贵省修筑滇黔公路。这是一条需穿越高原的曲折道路。经过调动大量地方民众参与筑路，滇黔公路在 1936 年底开始试通车。[167] 它改变了从昆明到内陆需先到越南河内、海防，坐船再到广州、上海等地的状况。滇黔公路是重庆向南通道的一部分。这条南向通道，成为抗战时期最重要的物资运输通道，一条必要的"生存"通道。这条通道不停止于昆明。1937 年底开始修筑滇缅公路，1938 年底通车。1939 年，有外电谈及蒋介石迁都到重庆时，"他的军队给养与装备的来路只剩下西比利亚、法属印度支那及英属缅甸。因于利害得失问题及外交上的原因，苏俄土西铁道及昆明河内间的道路实际上无异不通。"[168]

滇缅公路大致可以分为三段。"首段由昆明到下关，长二六〇哩，为旧有公路。第二段自下关至滇边畹町村，长二四五哩，于二十六年底开筑，翌年十一月告成。第三段自缅边至臘戍，计长一二〇哩，为缅甸所筑……第二段为崇峻奇突，翻山越岭十数哩间，路面高度相差长有至四千呎之多。"彼时亲历滇缅公路的记者说，"滇缅公路工程之伟大，实有历史上之价值。不论该路改善计划之能否按时完成，中国工程界能于最短时间，在最艰苦中，完成此国际路线，其精神其毅力，实足钦佩"[169]。记者萧乾在报道中说，滇缅公路是新中国的"动脉"。萧乾的文字细腻有情，他用沿途各种不同人的故事重写了这条路。这不只是一条路而已，他说，"有一天你也许要旅行这条血肉筑成的公路，你剥桔子糖果，你对美景吭歌，你可也别忘记听听车轮下面咯吱吱的声响。那是建筑一段光荣历史不可少的原料"。[170]

滇缅公路（图 82）不只是筑路史上的奇迹，它还是第二次世界大战的一段重要历史。没有滇缅公路，就没有重庆坚定的、持久的抗战，"东亚灯塔"也就黯淡了它灼灼的光芒，世界反法西斯战争的格局也就将发生变化。当然，没有滇缅公路，西南的商品难以出境，也难有重庆城里的纸醉金迷。

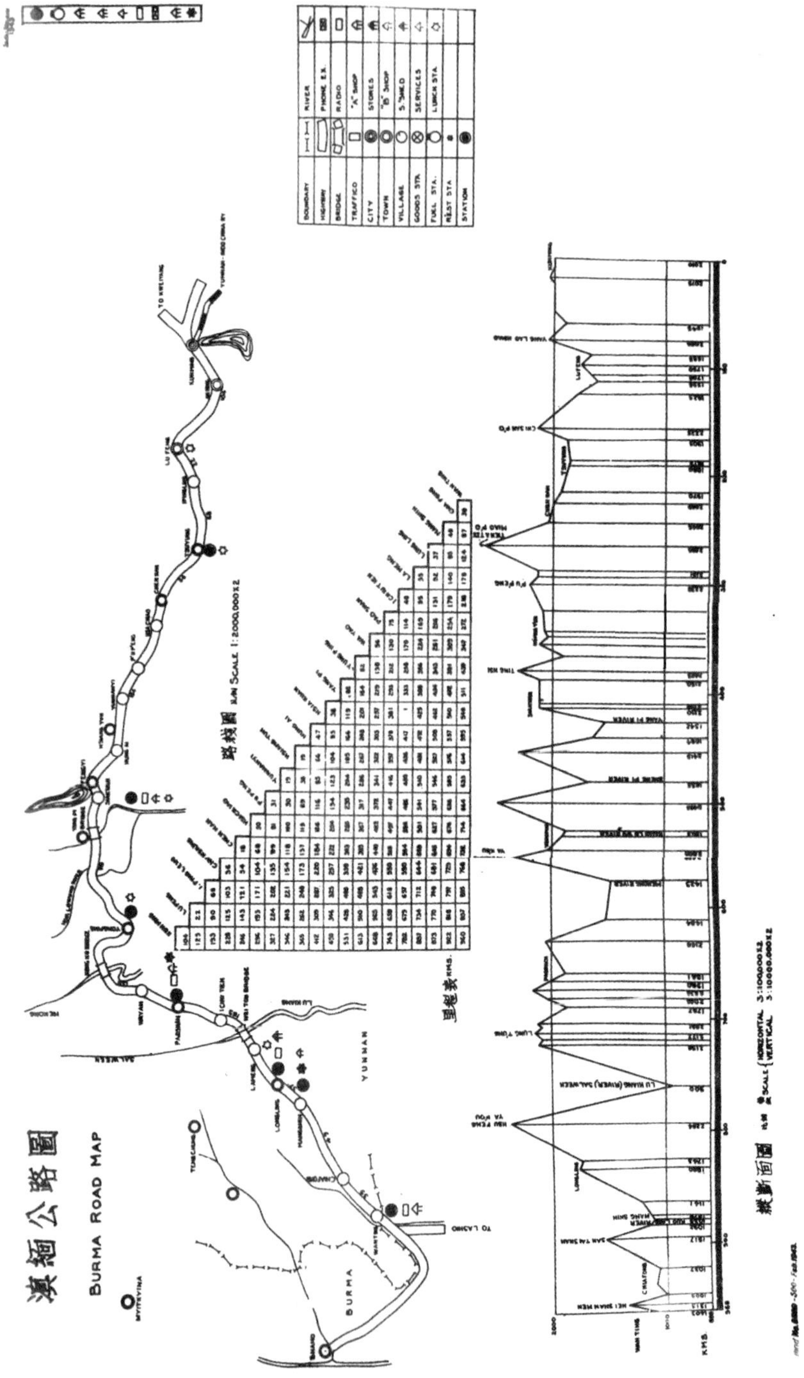

图 82　滇缅公路图

（图片来源：中缅战区网站）

83 像　驼峰航线

这一天他已经完成了第九次驼峰线上的飞行了。
——伊利克·塞佛列特：驼峰线上的冒险家，1944

　　1942 年 4 月缅甸仰光失陷，5 月 1 日日军占领缅甸中英联军的中心地瓦城，随后立即切断了滇缅公路。日军试图通过切断供给线来"窒息重庆"。1942 年 6 月 2 日，中美签订《中美抵抗侵略互助协定》，其中第一条是"美国政府将继续以美国大总统准予转移或供给之防卫用品、防卫兵力及防卫情报供给中国政府。"[171] 但这些用品、兵力因滇缅公路阻断而无法输入。7 月美国陆军航空队组织空运和提供后勤支持，航线西起印度亚萨密邦，经喜马拉雅山脉、高黎贡山、横断山脉等进入中国的云南、四川等地。航线途经地势海拔在 5000 米上下，是世界上最危险的航线。航程中山峰连绵起伏，状如驼峰，故名"驼峰航线"（图 83）。

　　有报道说，"经常从印度运往重庆的，有汽油、炸弹、军用小汽车、大炮、运货车、飞机引擎及零件等。回航时，则大量装载战时重要物资，如苏联和其他国家所需要的乌砂等。负有重要任务的军事人员，也川流不息地，搭乘此等运输机，往返印度与重庆之间。"[172] "由空中运输数量惊人的物资到中国来，每天有几十只飞机飞到中国，过去滇缅路段最高运输量大约是一万五千吨一月，我猜想空运指挥部的成绩和这数目差不多（译注，最近发表每月运输量已达二万三千吨）。"[173]

　　这是接替滇缅公路的一条国际通道。塞佛列特在《驼峰线上的冒险家》中描写了驼峰运输线上的危险。因为没有武装防卫，很可能遇到日军的零式飞机被击落，"在印度亚萨密基地黑板上的号码，就要被擦掉了"。也可能在飞行途中被地面日军射击、飞机结冰而失去动力，或者是常常遇到无法降落的情况。飞机被击落或失事后如果幸运落在地上，飞行员得用尽办法穿越高山、穿过丛林回到印度或中国。他说："美国人很少有知道这伟大的驼峰线上的故事的。"[174] 有报道说，驼峰航线无需引导，只要看一路上山间闪闪发光的飞机残骸铝片就可以。1944 年 6 月，美国《生活》杂志刊载了驼峰航线的图绘。

　　驼峰航线是 1945 年初史迪威公路开通前最主要的跨国物资通道。

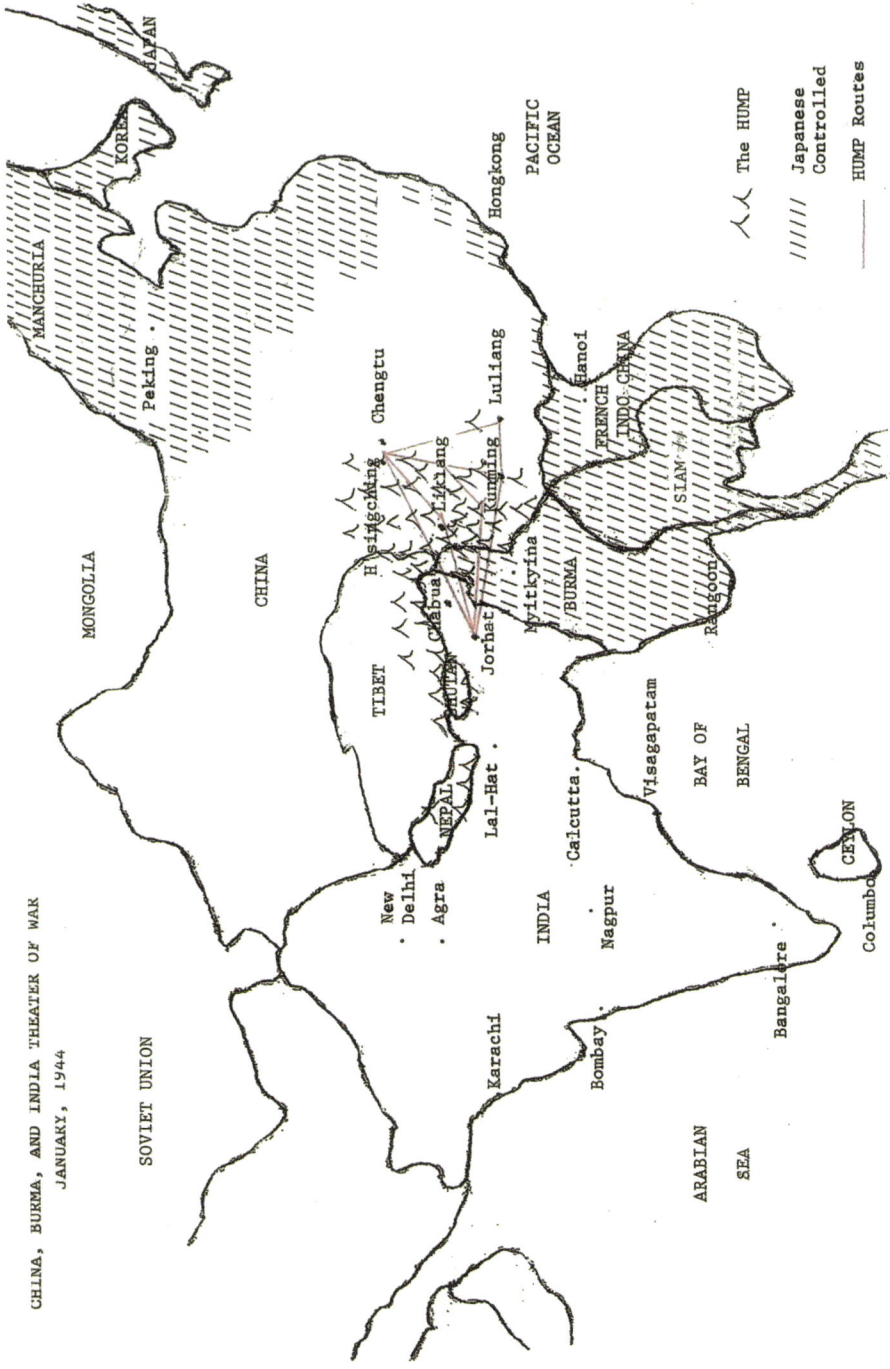

CHINA, BURMA, AND INDIA THEATER OF WAR
JANUARY, 1944

图 83　驼峰航线
（图片来源：中缅战区网站）

84 像　史迪威公路与中印油管

It tells about the places to be seen along the great military supply line,……about the part played by the men who pushed through the greatest engineering project ever undertaken in time of war.

——*Stilwell Road: Story of The Ledo Lifeline*，1945

1942 年 10 月，史迪威提出修筑雷多公路，即从印度亚萨密邦北端的雷多（LEDO）为起点（图 84-1），连接入滇缅公路的道路。其路线走向，大致是日本入侵缅甸时，难民逃入印度的路线。此条路线曾由英军修过一小段，1942 年 12 月 10 日，雷多公路正式交由美国负责建设。工程开始时，因高山丛林和缺乏机械等故，工程队几乎束手无策，工程推进也十分缓慢。"雨季时，工程人员之痛苦，不言可喻，终日遍体淋漓，夜则睡于浸水之帐幕，竹制之小屋及丛林之吊床中，丛林气候潮湿，长形紫色之水蛭（马王）到处皆是，吮吸膏血，砭刺肌肤……甚或土崩山塌，路机深埋，极似陷入无底之深渊……工程队中百分之八十之人员均因患疟疾就治于医院中。"[175]1943 年 10 月 13 日，在密西西比河河谷负责过大型工程的皮克（Lewis A. Pick）少将开始主持该路修筑。雷多公路（图 84-2）全长 1070 哩（535 公里），在 1945 年 1 月 12 日正式通车。"建筑历时两年，工程浩大困难，为建筑史上之奇迹也"[176]。之后这条中印间的道路，官方称为"史迪威公路"，也有人称为"皮克公路""雷多公路"。和史迪威公路同期建设的是中印油管，基本沿着公路走向铺设（图 84-3）。这是从印度的加尔各答到中国昆明的输油管道，也是当时世界上最长的输油管道（图 84-4）。美军工程师多是从美国得克萨斯和克拉玛等产油州调来。1945 年 5 月 5 日，长 3218 公里的中印油管宣告全部完工。

1945 年 10 月有报道，随着日本的投降，地区战略格局发生巨大变化，史迪威公路和中印油管将被废弃。[177] 这是人类的无奈和悲伤。为了赢得战争胜利，无数人在"世界屋脊"的崇山峻岭间，投入他们的智慧、知识、技术、身体、鲜血甚至是年轻的生命，把抗击法西斯的坚定信心刻写在苍苍莽莽的大地间。它们是黯淡的、被遗忘的世界反战的伟大工程，是中、美、印、缅间友谊的见证，也是重庆城历史不可分割的一部分。

图 84-1　印度亚萨密邦北端的雷多

图 84 -2　建设中的雷多公路

　　　　（图片来源：中缅战区网站）

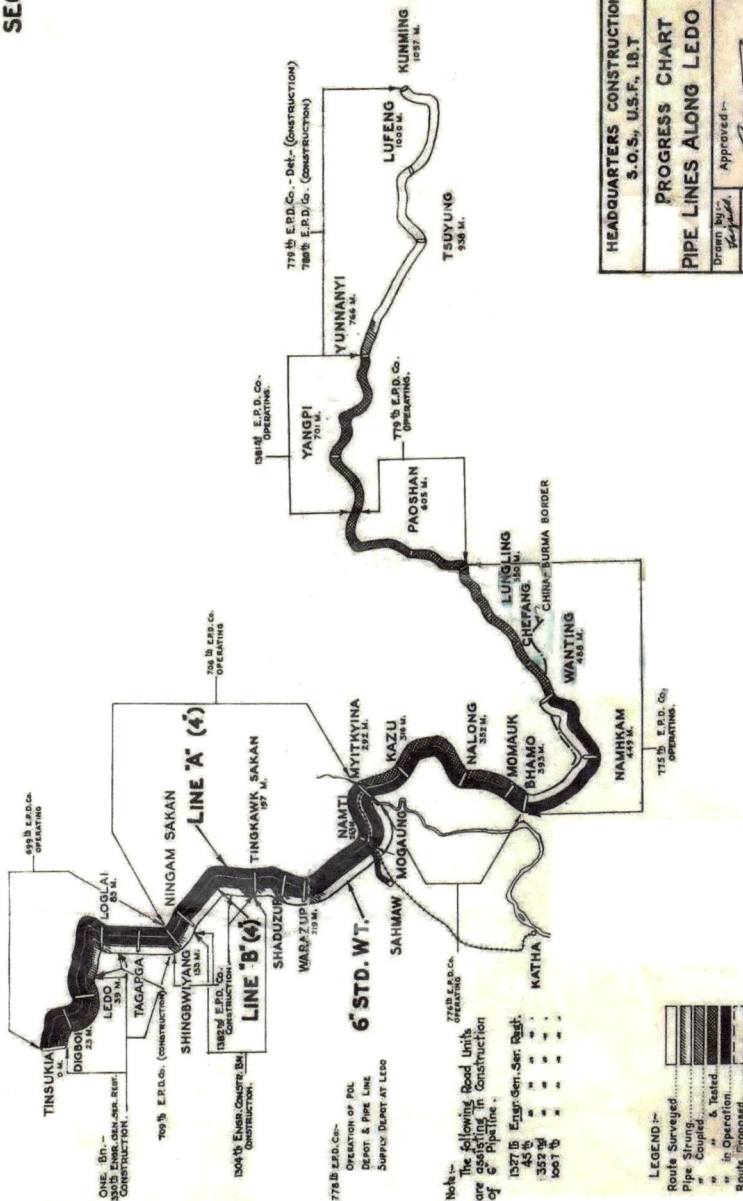

图 84-3　中印油管路线图

（图片来源：中缅战区网站）

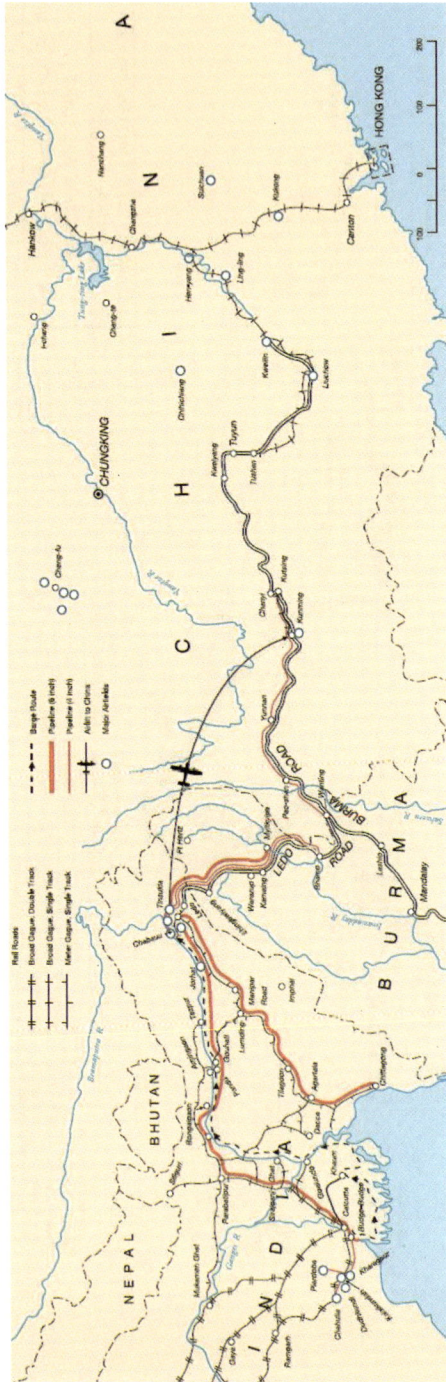

图 84-4 从印度的加尔各答到中国昆明的输油管道路线
（图片来源：中缅战区网站）

85 像   一个犹太人的重庆

我的经历是独一无二的。

——沃尔夫岗·卡佛岗：重庆往事

　　沃尔夫岗是一位年轻的德国犹太人，和他的父亲一起，在 1940 年 7 月逃离德国，"离开这个曾经是我们的生养之地而现在却是地狱的地方"[178]，8 月初经历各种阻滞和艰苦后抵达中国战时首都重庆。沃尔夫岗的父亲是一位肺病专科大夫，因为他的技术，他们是极少数获得中国内陆签证的犹太人。绝大部分逃难的犹太人只能到东部的上海。
　　迎接他们的立刻就是空袭警报，就是路上四处惊慌奔跑的人大叫"挂球了，挂球了"！就是日机的密集轰炸和浓烟滚滚的城。一位在南岸开酒吧的德国人给了他们一个房间暂住，一位重庆的宁医生同意在他的诊所里给沃尔夫岗的父亲提供专治肺病的位置。就这样他们开始了在重庆的生活。1940 年沃尔夫岗 16 岁，和他老派的父亲不同，他很快学会讲重庆话，开始在重庆城里寻找各种可能的工作。给父亲行医当助手和翻译、给富家子弟教德文和维修机械、开一家打米厂、在白市驿美国空军基地当翻译，最后以开卡车跑运输为生。他维修汽车的技术高超，人又讲信用，在行业里很有口碑，沃尔夫岗说："我的名声几乎在整个圈子里传遍了。大家都知道我怎么在灾难重重的途中化险为夷……特别称道我能吃苦耐劳，人品好。"[179]因为这样的原因，沃尔夫岗成为重庆袍哥会的一员，这实在是令人称奇。他在重庆度过了青春期，他说，"一个正常的男人不能没有女人"。抗战结束后，他跑车从重庆到昆明，从昆明到保山，结识了他未来的妻子素兰。1950 年 4 月沃尔夫岗和素兰结婚。因为政府的更迭，中美间关系的恶化等原因，1951 年夏他们被迫离开中国，最后定居以色列。
　　沃尔夫岗说："我的经历是独一无二的。"沃尔夫岗是极少数进入重庆社会底层的犹太人（也许就是独一无二的），他说："感谢中国，是她给了我庇护所，救我们免于德国集中营灭绝人性的屠杀。"[180]他在 20 世纪 90 年代回到重庆，想寻找父亲的掩埋处，"但一切变化太大了……就算他们把墓地翻了个转，盖了新楼，可父亲的骨头还在那里"[181]。是的，大江东去、星移斗转，沃尔夫岗的重庆还在那里，他的独一无二的重庆是这个城的一面。

我们的住所　　　美国军舰　　　被轰炸后的重庆

图 85-1　沃尔夫岗绘制的重庆城（1940）

图 85-2　15 岁即将进入中国和 37 岁离开中国的沃尔夫岗

（图片来源：沃尔夫岗·卡佛岗，《重庆往事》）

86 像 重庆人的生活

三六九处处，二五八家家

——张恨水

沃尔夫岗讲，有时候他们去重庆有名的"三六九"。张恨水说，"三六九"是江苏人在重庆开的小吃馆，专卖元宵、汤面和馄饨，很是畅销，店牌遍布重庆城，所以"三六九处处"。重庆城里盛行麻将，张恨水又说，"二五八家家"。抗战伊始，新重庆人描述老重庆人，"坐在小茶馆里，一面喝茶，一面理发，一面抽着长烟筒，同时底下又在抍脚，自己不费一点力，尽让别人服其劳，这种悠然自得的情调，是够使人生美的；可惜与外面血肉相搏的世界，太不调和了"。[182] 很快，随着外地人不断涌入，老重庆人受到了挤压，大概已经不能这样闲适。有限空间中有限资源与日益增加人口间的矛盾冲突日增。"一次疏散，二次疏散重庆的人口，不知为什么愈疏散愈多，马路上摩肩接踵，推不完，挤不开，一天到晚，无时无刻，不像戏院子门口散场一般。"[183] 重庆不是上海，重庆却又像是上海。"到那里去，生活从物质观点上看来是苦的，避空袭在天晴的季节，确是一件日常的公事，上海有许多的消遣娱乐到那里是找不到的。"[184] 人向四周疏散，"不到半年的光景，这里几乎变成市镇了。房子愈来愈密集，因此是非也较多些；尤其是女人们的口角，例如自家窗口晒晾的手帕，偶然被风吹入了别人厨房之类。但这些都是小事，较大的一件事是：一个读书人要在他书斋的墙上钉一张油画，不想却钉穿隔壁的挂钟了"[185]。重庆人满为患，公车站永远排着长队；防空洞就如沙丁鱼罐头；物价指数高涨，通货膨胀令人咂舌，公务员领薪后立刻要换成实物。张恨水戏说"文稿千字最低血本"，又讽刺从阳澄湖运来的螃蟹"每只四千元"在重庆的畅销。他转抄一家仆不满逃难的年轻人因有知识受到倚重，"大家逃难逃到这山旮旯里来也该醒醒，不定哪天全完"。他走在路上，见到路旁新建洋房还在油漆，门上却已经钉着木牌，写着某某次长，他说："我情不自禁地生了一种恶劣的情绪……抗战期中，一切物质上的享受，依然是官吏先占有着，这已经足够了。何必这样对民众作一种富有的宣传……这对匹夫匹妇是夸耀，对于知识分子，却是刺激……要知道天上有天，比次长更大的官，重庆还多着呢。"[186]

图 86-1　重庆街头
（图片来源：哈里森·福尔曼拍摄，1941 年，藏于威斯康星大学密尔沃基图书馆）

LUNCH HOUR

"SOUTH BANKS" CHUNGKING

CHUNGKING SCENES

图 86-2　1944 年七八月间的重庆街头景观
（引自 JOHN T. FITZGERALD 的绘图本，图片来源：中缅战区网站）

87 像　茶馆、手艺人和乞丐

> 重庆的茶馆真多得骇人！
>
> ——柯槐青：重庆的茶馆，1947

　　茶馆是重庆的传统。20世纪30年代初美国医生贝西尔在茶馆里和一位留美归来的年轻人聊天。他所学法律专业，在当时重庆几无用武之地，又不肯"降低身份"去做点小事，遂垂气于茶馆，"在鸦片榻上讨生活"。沃尔夫岗说，重庆茶馆是"社会生活的中心，各种职业的人都在这里聚会碰头。人们在这里喝茶谈生意，甚至在这里找人仲裁断案：在长时间讨论后，被判有错的一方要付钱招待茶馆里的所有人喝茶"[187]。茶馆里甚至还可以通过熟人关系融资，筹集个人的小钱，凑齐较大金额来做点什么事情。"喝茶，已成为重庆一般人例行的公事。公务员下了办公厅，工人走出了工厂，挑担的挑痛了肩膀，还有一些饱食无事的小有闲阶级者，他们每天都得向这儿集中，这是劳动者的休憩所，也是懒人的天堂。"[188]大部分茶馆里花费不多，除了喝茶，还有点瓜子花生，可以抽水烟、打盹，也可以外叫餐食。有人回忆重庆的茶馆，称之为"平民化的富有中古世纪风味的茶馆"[189]。虽然绝大部分是平民茶馆，但有些如青年会茶馆更欢迎知识分子。

　　除了到处都是茶馆，重庆城里也到处是手艺人。沃尔夫岗喜欢在重庆城的街道里转悠，看各种手艺人干活。看他们做牛角梳子、灯具、抽蚕丝、用蛇皮做二胡、用人工转动的车床做复杂的零件、用弓和皮带做钻子、车木件、卷烟、街头算命、代人写信，有一整套行头的剃头匠，特别是扛着工具箱走街串巷的、几乎可以修理一切（比如破瓷碗）的手艺人。沃尔夫岗还谈到编草鞋的、在街头修鞋、妇女和孩子们从炸毁的房子里拆下钉子、"钉子厂"怎么把油桶的铁皮拉成片再做成钉子，以及其他各种材料如何重复利用。令沃尔夫岗惊讶和着迷的是，一些手艺人能够用50加仑的油桶做成形状复杂的大卡车车头、用巧办法获得高温来融化玻璃和金银。沃尔夫岗说，"中国人的这些技术专长是惊人之举，绝无仅有"[190]。

　　到处是乞丐，也成为重庆城里的一种景观。1940年1月国民政府通过《重庆市收容取缔市区乞丐难童办法》，但这并不能擦除和刮去这一景观。战时首都的重庆城就如一颗磁石，吸引着各种不同的人。

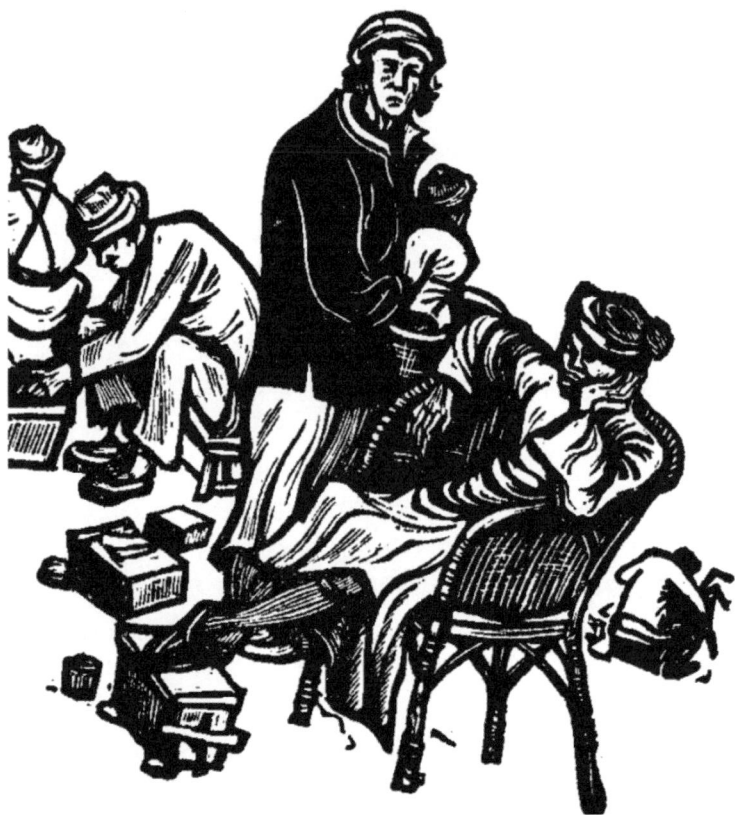

图 87 重庆的街头（王琦作品）

（图片来源：《新中华》，1947 年，复 5 第 10 期）

88 像 小说重庆

及时行乐，要快活大家快活，我不能让别人单独的快活。

——张恨水：说重庆

　　战时首都的重庆城是个复杂、畸形的生态系统，各种不同的人都生存其间，高级政府官员、军人、一般公务员、大商人、小商贩、医生、工程师、建筑师、技术工人、司机、新闻记者、教师、学生、作家、漫画家、演员、挑夫、车夫、轿夫、舞女、妓女、堂倌、乞丐等。这个复杂生态系统能在极短时间里建构起来，是 1937 年国民政府西迁后带来中央政府的压倒性权力，巨量国有与私营资本，中高端劳动力，依附在劳动力身上的价值观、知识与技术，大量的机构与管理组织体系，以及涌现的国际、国内各地商品对旧重庆的复写和再构。但这里是山城，是深入内陆民风未开的重庆，它无法建构出上海或者南京那样的城市景象，尽管它希望如此。各种尖锐矛盾在充满不确定性的变化间，在大鱼吃小鱼、小鱼吃虾米的生态系统内酝酿和发酵。日机密集轰炸是对这一生态系统的刺激和破坏，却增强了它自我修复的能力；轰炸不能破坏强劲运行着的生态系统，只是为当时的人们留下苦难、悲伤和眼泪，留下平常日子中突变和恐慌的记忆。生活还是要继续，条件越艰辛越凸显出人性。重庆城的苦难是居住其中人们的苦难。各种不同的人关联与建构的生态系统，各种问题短时的高密度出现，各种人生的跌宕起伏，为在重庆的作家提供了各种体验和素材。

　　张恨水在《纸醉金迷》中写田佩芝奚落她丈夫魏端本，"多读了十几年书，有一张大学文凭，什么事不能干？要当一个公务员，你混得简直不如一个挑粪卖菜的了"。巴金在《寒夜》中写小公务员汪文宣之死。他在后记中说："整个故事就在我当时住处的四周进行，在我住房的楼上，在这座大楼的大门口，在民国路和附近的几条街。人们躲警报，喝酒，吵架，生病……物价飞涨，生活困难，战场失利，人心惶惶……我不论到哪里，甚至坐在小屋内，也听得见一般'小人物'的诉苦和呼吁。"茅盾的《腐蚀》中写，在陪都防空洞里发现一本日记，从中读出青年的生活压迫、知识饥荒和苦难，"呜呼！尘海茫茫，狐鬼满路，青年男女为环境所迫，既未能不淫不屈，遂招致莫大的精神痛苦，然大都默然饮恨，无可伸诉"。

图 88 巴金的《寒夜》中的 "汪文宣之死"
（图片来源：《赛球》，1946 年第 4 期）

89 像 公共卫生

> 肮脏污秽之饮食，龌龊腐朽之街市，无处不有。无怪乎每
> 年一到暑天，瘟疫流行，死亡狼藉。
>
> ——孟友岩：重庆城市的卫生谈，1923

公共卫生是重庆市政建设的棘手问题。在 19 世纪末 20 世纪初，屡有西人谈及重庆公共卫生的恶劣，个人卫生的不讲究，讲煤烟笼罩着这座城。1923 年孟友岩谈到重庆因为公共卫生太差，一到夏季传染病泛滥，每年总要死去许多人。[191] 1931 年美国医生贝西尔一到重庆就患了肠炎，他谈起对医院的第一印象，"一条短短的石路通到医院的正屋，我嗅到和入口处一样难闻的气味，虽然那些家畜却不见踪影。走廊上的墙壁斑斑点点，污秽不堪，外客走进走出，无人管理，他们随意把痰吐在地上"[192]。

1933 年 5 月 14—15 日，重庆城里有一次"大扫除"，"翻天覆地、轰轰烈烈地干了两天，全城人家也像干净了两天，真是开了重庆自史以来城市讲求公共卫生的纪元"[193]。14 日，由重庆卫生促进会组织、航务管理处、民生实业公司、宽仁医院、重庆市青年会等发起，包括学校、机关等 54 个团体三千余人从警备部出发，经过商业场、鼎丰街、县庙街、状元桥、陕西街、过街楼、新街口、小什字、木牌坊、督邮街、天主堂、方家什字等游行，举着各种标语，如"露天食物切勿乱吃""清洁就是健康就是快乐""除三害：苍蝇、蚊虫、老鼠"等，一路宣传公共卫生。之后几日在陕西街青年会、公园路青年会、木牌坊英年会还举办有多场各界名人关于卫生的演讲，包括余子力、何北衡等。但几天的运动式努力改变不了城市公共卫生面貌和个人卫生习惯。1940 年 8 月，沃尔夫岗逃难至重庆后，很快就病得一塌糊涂。他的堂兄维克多教训他："不准喝生水，不用生水漱口，不准吃生蔬菜水果。"沃尔夫岗说："最恐怖的是老鼠，一到晚上就出来拜访人类，睡觉时就在我身上跑来跑去，这是让我最恶心的……重庆城的老鼠看起来比人还多。"[194]老鼠之多，老鼠之大，是从 19 世纪末到战时首都时期许多人对重庆城的印象。

1940 年重庆颁布《改善本市环境卫生案》，对垃圾处理、饭馆清洁和出粪时间等作出规定，但因问题复杂，只能"暂为应付"。

图 89　重庆素描（王琦作品）

（图片来源：《军中娱乐》，1947 年第 2/3 期）

90 像 仓促建设

　　以前物价低好几倍，市经费已感不敷分配，今日市经费如不能增加六七倍，恐连以前的成绩也难办到了。

　　　　　　　　　　　　　——戚，市政小言：陪都建设，1941

　　战时首都建设的根本是为在持久战中赢取战争，不是为建设本身。战时首都的建设是为了去除"战时首都"的名号。战争格局的变化、短时内人口激增、机构繁杂、供求关系高度紧张，使战时首都处在仓促建设的状态之中。它要处理两个层面的问题，一是应时的突出问题，如日机轰炸、临江门大火。于是要大量开凿防空洞，制定《非常时期重庆市建筑补充规则》（1940），禁止疏建区房屋采用白色、红色或者玻璃顶，以免成为醒目的轰炸目标；要开辟火巷，提倡用现代的方法、材料建筑新房子等。另外的一个层面，是在某种理念的指导下，从治域内提取财税，维持和改进这个城市的运行，提供各种公共服务，保证各行各业有序运作，社会供给与需求的相对平衡。它既是对不断发现的小问题的纠正，也需要对结构性问题进行调整。它通过发现问题、制定和颁布法律法规、组建新机构或调整机构职能、通过具体实践来处理涌现的各种社会问题。这是社会治理的基本模型，只是在战时特殊阶段，供求关系尖锐的不平衡、劳动力和物价成本的高速上涨，使得应对各种城市社会问题的措施捉襟见肘，纵有稍微长远一点的计划，也几无实现可能。重庆市工务局局长吴华甫在 1943 年谈 5 年来的市政建设："本市建设，经二十八年辟建太平巷，及二十九年规定道路网后，始乃稍具……惟以经费所限，所定计划，就整个市区言，仅及局部，其能实施者，又只为全部计划中之一部而已。"[195]

　　但还是有几件事情可记。1940 年美国红十字会捐建望龙门平民新村，1941 年建成。1945 年由茅以升负责的望龙门缆车完工，方便了上下半城间的交通（图 90）。望龙门平民新村与缆车一起，形成了这一带十分突出的现代景观。1942 年，由杨廷宝、丁钊设计的中国第一座跳伞塔在重庆矗立，成为大众运动的一处。跳伞塔后来成为许多下江人回忆重庆的一个特殊地点。另外，在曾家岩、李子坝和南山上修筑了许多私邸，如孙科的圆庐、孔祥熙宅等，不过它们属于私人的建设。

图 90　望龙门缆车

91 像 重庆声景

是的，重庆是个喧嚷的地方。

——尔强：喧嚷的陪都，1946

　　1941年由国民政府教育部发起，在重庆夫子池"新运模范区广场"举行千人大合唱，"诚中国音乐界空前之盛举"[196]（图91）。这是重庆市里难得一见的声音和场景。它是集众的、动员的、整齐的、高雅的、高昂的，也是非日常的。千人合唱的声音大概会响彻山间云间，向西传入庭院深深的重庆府文庙里。但这不是重庆的常态。重庆城里的声音，更寻常的是喧嚣、杂乱、私人和日复一日的生活。

　　饮食店里的堂倌收到小费后大声吆喝："'小费百元，谢！'。这声音即在距此很远的地方都可以听到，连街头的警察也听见了。"堂倌向厨子叫着顾客点的菜，"像唱着荷马诗一样的得意，'鸡蛋面、馒头'！或是'炒牛肉一盘！'"馆子里有人用擀面杖敲着案板、用铲子敲着锅；街道上鸣叫着此起彼伏的喇叭声、小贩摇着拨浪鼓、卖麻糖的把糖刀敲得叮当叮当响、卖报的小孩吆喝着——中央报、大公报！苦力负重上坡，用低沉的声音哼着嗨嗨嗬……；大商号里举行拍卖活动时鸣奏的是悠扬的管弦乐、有人奉命一边敲锣一边大声告示、算命的瞎子拉着胡琴在街上游荡、乞丐却拿着两片竹板敲击出声、小商贩们反复叫卖着所售的商品；四处都是酒徒的猜拳声，战斗者大叫着"八仙！""五魁首！""四鸿喜！"……[197]

　　这是日常的、真实的重庆之声。还有人写出常见的重庆十景，读起来朗朗上口，描述的场景甚是有趣。选几种抄在下面[198]。

　　住屋：远看似洋房，近看蔸泥墙，风雨难保险，日出顶透光。心伤，心伤！

　　鼠患：头尾二尺长，全身几斤重，白昼穿箱箧，夜行大街中。好凶，好凶！

　　会议：会议全国有，重庆特别多，尽管"通过"了，难见好结果。不错，不错。

　　跳舞：重庆跳舞热，客多舞池窄，摇头带摆尾，"蓬拆蓬蓬拆"。"要得"？要不得。

　　婚嫁：一见便知音，再见结同心，何分上下省，同是中国人。时新，时新。

　　夜声：好梦兴方长，忽闻炒米糖，从此难合眼，眼合已天光。起床，起床。

　　集体合唱是例外。每一天人们都是生活在喧杂的声音和各种情景之中。

图 91　山城的吼声：重庆千人合唱大会

（图片来源：《良友》，1941 年第 165 期）

92 像 陪都祝捷

和平的钟声，终于在九月二日响彻了全世界。

——咸一：陪都祝胜记，1945

1944 年美国副总统华莱士带来总统罗斯福 5 月 17 日给重庆市民的一封亲笔信，内书："余兹代表美利坚合众国人民，敬致此卷轴于重庆市民，以表示吾人对贵市勇毅的男女老幼人民之赞颂。远在世界一般人士了解空袭恐怖之前，贵市人民迭次在猛烈空中轰炸之下，坚毅镇定，屹立不挠，此种光荣之态度，足证坚强拥护自由的人民之精神，绝非暴力主义所能损害于毫末，君等拥护自由之忠诚，将使后代人民衷心感动而永垂不朽也"（译文）。[199]抱着一种对日抵抗的信念，重庆的人们在持久战的状态中生活；罗斯福的信赞颂了重庆人在轰炸中的坚毅。

1945 年 8 月 6 日，美国在日本广岛投下第一颗原子弹，9 日在长崎投下第二颗原子弹。10 日日本提出投降要求，最终在 9 月 2 日签订投降协定。消息传到正是十分炎热的重庆，这是怎样令人狂喜的消息啊！第二天重庆、成都、昆明等地举行万人大游行，庆祝战争的胜利。这是十分不同于过去八年间的城市表情。9 月 3 日重庆天气转凉，似乎在配合人们的庆祝活动。"九时正，解除警报的汽笛声突然响起，跟着炮声、钟声、锣鼓声、爆竹声、面盆声、笑声、歌声……一齐大作……沉着紧张的陪都，显已变成狂欢的城市：旌旗招展，万花缭乱，街头巷尾，都拥挤着人。"[200]人们游行、击鼓、舞狮，喜悦的表情挂在人们的脸上，喜悦的氛围从这里到那里，弥散这个城市的各个角落（图 92）。

狂欢是变奏，是日常生活中的差异性节点；狂欢后还需要回到常态。接下来的两日，街上虽然还有少许的庆祝活动，公务员们却都回去工作了。很快各种政府机构、各类工厂考虑回迁，各种人也要离开重庆，回到北平、上海、南京、武汉等地。狂欢后的重庆城要面临十分现实的问题。资本、中高端劳动力的锐减，大量国民政府机构的迁离，各大学的迁回等，使一个原本密集的、忙碌的、充盈的重庆市立刻委顿和脱虚下来。这是国民政府和重庆政府要应对的棘手问题。1945 年 9 月初的陪都祝捷是一段历史的终结，同时也是另一段历史的开始，也是重庆失落和落寞的开始。

捷祝都陪　臨來利勝

图 92-1　胜利来临 陪都祝捷

（图片来源：《专刊》，1946年10月）

图 92-2　恢复日常状态的重庆城街道（1945 年 12 月）

（图片来源：Jack Wilkes 拍摄作品，局部）

93 像 别矣重庆

> 夜间雨雾弥漫，隔江望重庆灯火，恍然如梦。八年心酸，万感交集。
>
> ——张恨水

1946 年 5 月 1 日，国民政府发布还都令，其中说："若非倚恃我西部广大之民众，与凭藉其丰沃之地力，何以克奠今日胜利之弘基……重庆……占战略之形胜，故能安度艰危，获致胜利。"[201] 在前一天凌晨的阴雨连绵中，蒋介石夫妇乘机离开重庆。早在此前，许多人已经离开重庆。

1945 年 12 月 2 日，张恨水从海棠溪乘车走川黔线离开重庆。他感慨说："久客之地，成了第二故乡，说到离开，倒有些舍不得似的。"[202] 他在细雨中走到江边码头，立站在寒冷的江风吹拂中远眺这座客居了 7 年的城。他说，"深陷在两岸下的扬子江空荡荡的一片黑影。隔岸重庆，一家屋影不见，只是烟雨中万点灯火像堆大灯塔，向半空里层层堆起。我暗喊着梦里的重庆，从此别了"[203]。汽车在公路上颠簸盘旋，他和妻子终于离开重庆。张恨水特别致谢了公路局。当时有二三十万人滞留在重庆焦急等待出川。抗战伊始，来重庆不容易；抗战结束，要离开重庆也不容易。

1946 年 1 月 25 日，胡风从重庆珊瑚坝乘坐飞机离开，透过窗口，看延绵俊秀的南山，看长江上稀疏点点的船，看灯火渐入迷离的烟雾中。胡风说："别了，重庆！再会了，重庆……你却是一个海，一个兼收并容的大海，里面栖息着各种各样的生灵：有的残暴地喝血，有的阴险地策动，有的勇敢地战斗，有的善良地受苦，有的机伶地变化，有的麻木地苟活……但也有的在逐渐生长，有的在逐渐死亡。你就这样地形成了你底壮观……应该说你是伟大的，重庆！但现在你已经落到后面，沉到下面了，还原成了中国大地上的一个点子，一粒斑痕。"[204] 飞机向东飞行快到上海。胡风说："如果重庆是政治斗争底中心，那上海就是经济斗争底中心，在社会生活上，如果重庆是封建的意识形态占着优势，那上海就是殖民地的意识形态占着优势……别离了八年的上海，你好，我就要来了。"[205]

别了重庆的人，往往带着一丝感激、幸运，一丝对未来的期待和恐惧，一点对沦陷区亲人、朋友的热切与留恋。留在重庆的人，本土重庆人，也带着些多年朋友离去的忧伤。可它们不重要，残酷的现实很快消散了这些情思。

图 93　重庆素描（王琦作品）

（图片来源：《军中娱乐》，1947 年第 2/3 期）

94 像　重庆客·上海人

责重千钧鼎，生轻一发丝。鸡鸣惊客梦，风雨远江湄。
——杨玉清：国难客重庆有感，1938

　　1937 年到 1945 年间，"新重庆人"逐渐变成了"重庆人"。1945 年抗战胜利后，"重庆人"要离开重庆，褪去这一称谓。看似简单的离开，其中关系好几重。一是"重庆人"与重庆本地人的关系；二是"重庆人"与回到所在城市的人民——如上海人——之间的关系；还有一重，就是他/她对自身身份的认同，如这时候的他/她，算是重庆人呢，还是上海人呢？

　　大量客居山城多年的"重庆人"离开，从观念上他们带着一种优越感；从物质上，他们改变了地方的供求关系，导致物价剧增，日常生活困难。这样的状态与 1937 年他们抵达重庆时看似没有两样，但却有大差别。1937 年他们冲破各种困难来到重庆时，如杨玉清所言，"责重千钧鼎"，是为着一种正义、一种民族不灭的希望而来。他们的优越感是地区经济与文化差距、观念、知识与技术差距所带来的——中央大学学生吴锡泽讲，中央大学到重庆，正如一个落难公子跑到乡下去一样[206]；物价上涨对还处于小农生产的重庆地方民众而言，是增加收益的事情。他们受到重庆的欢迎。1945 年秋以后，他们回城，"'重庆人'是上海、南京、广州、北平、天津……一个表阔气最时新的名词，它起初使许多收复区的人们热烈的歌颂着，接下来却是怨恨的咒骂着"[207]。他们所持的"优越感"受到质疑和挑战，引起典型的"重庆人"和"上海人"之间的尴尬和矛盾冲突，"自从胜利来临之后，为什么就产生了重庆人与上海人的奇异称汇呢？而更在这中间铸成了一条巨大的鸿沟"。[208]另一个面，国民政府的法币比伪政府的"储备币"购买力更高，于是返回上海投机的"重庆人""像蝗虫，从天空飞到地上，一手拿着法币，一手拿着命令，双手放在背后，说话望着天空：'便宜、便宜！'买走了一切物品，带来了荒淫和饥饿！"[209]，引起广泛的怨恨。

　　从本地重庆人的角度，"政府正在准备还都，来到重庆借避难而发财的人们，满载而归，他们自称为'重庆人'，而真真的重庆人呢？还不是继续在苦难里过活哩。"[210]对于离开的"重庆人"，"重庆客"这一称呼也许是他们最真实的表述。他们因战争逃难客居重庆，这个城市接纳了他们。

图 94　战后重庆街道景观（1945 年年底）

（图片来源：Arthur Leonard Fiddament 摄影，出自 Photographyofchina.com）

95 像 忆念重庆

> 漫卷诗书归去也，问群儿恋此山城否？言未毕，齐摇手。
>
> ——丰子恺：谢谢重庆，1947

1946年深冬丰子恺在杭州的一个庙子里，写下《谢谢重庆》。1944年中秋全家团圆日他饮酒大醉，次日醒后填了一曲打油诗，上录"问群儿恋此山城否？"就是这首诗中的一句。第二年中秋抗战果然胜利，丰子恺起先高兴之余用宣纸抄写了多张这首诗分送亲友，接下来却日渐觉得"难以为情"。"岂知胜利数月内，那些接收到情形，物价的飞涨，交通的困难，……把胜利的欢喜消除殆尽。我不卷诗书，无法归去；而群儿都说，'还是重庆好'。"[211]他讲，如果全为实利打算，他是最应该不复员而长作重庆人的。但是最后，"不知道一种什么力，终于使我厌弃重庆……想来想去，大约是'做人不能全为实利打算'的原故罢。全为实利打算，换言之，就是只要便宜。充其极端，做人全无感情，全无意气，全无趣味，而人就变成枯燥、死板、冷酷、无情的一种动物。这就不是'生活'，而仅是一种'生存'了"[212]。他说他去重庆而返杭州，正是对乡愁、感情、意气、趣味的要求，因此要冒着生活的不确定性，辞别重庆，重返江南。他卖掉了沙坪坝的小屋，住到城内的凯旋路等候归舟。他留恋着重庆四月的风景，可是"清和四月巴山路，定有行人忆六桥"（马一浮诗），"我苦忆六桥，不得不离开这清和四月的巴山而回到杭州去。临别满怀感谢之情！数年来全靠这山城的庇护，使我不致被发左衽。谢谢重庆"！[212]

回都之前，"虽是在重庆做客多年，但很少注意到季节的变换……做客重庆的人，在梦里也没有忘记过故家的杨柳和桃花"。回都之后常有人忆念重庆。"重庆这奇异地都市，当住在那里的时候，常使人厌烦而诅咒，但离开之后，却又使你想起那地方所特有的情趣来……嘉陵江边的月色，歌乐山上的清风，朝天门的石阶，七星岗的陡坡，南温泉的幽丽，北温泉的洁净，龙门浩的骑马，香国寺的买渡，珊瑚坝的飞机接送，化龙桥车马往返……"[214]"在重庆住了四五年头……秋雨之夜呢，每会叫人感到'冷雨敲窗不可听'的情绪中去的。"[215]"重庆风景线"是忆念的一种（图95）。

"重庆"于是渐渐沉淀为一种记忆，一种感佩，一段经历。

Hai-tong-chi is an important junction of the South-western Highway. Its leads to four provinces.

The original site of the "Spiritual Fortress" in Chungking's business centre. It has now been demolished.

Chungking city, situated between the Yangtze and the Kialing River, depends on ferry service to connect it with the opposite shore.

图 95　重庆风景线

〔图片来源：《艺文画报》，1946 年第 1 卷第 3 期〕

96 像　重庆的意象

夜的确太冷了。她需要温暖。

——巴金：寒夜，1946

　　巴金在《寒夜》中写了一座城。从主人公汪文宣躲避轰炸到他在1945 年 9 月 3 日庆祝抗战胜利日断气死去，巴金用小公务员之生之死，描绘了一座特殊时期的城。这座城不仅是竹篾、砖石建造的房子和晦暗的街道，不仅是停电后黑暗中弥漫着电石灯的臭味和光亮，不仅是漆黑木楼道中脚步声和手电光，它也是各种人的生活之地，是他/她们的爱恨情仇之所，他/她们追求理想或萎顿于现实之处。它造就他/她们也被他/她们造就。重庆城内物资的短缺和紧张，疲惫的持久战，使得曾经有希望的青年困顿于生活的琐屑、身体的痛苦，汪文宣讲的，不单是生活，他们的心也变了。住在民国路一家出版社的小屋子里，巴金经验着这座被战争压迫得支离破碎的城，他说，"冷酒馆是我熟悉的，咖啡店是我熟悉的，'半官半商'的图书公司也是我熟悉的。小说中的每个地点我都熟悉。我住在那间与老鼠、臭虫和平共处的小屋里，不断地观察在我上下四方发生的一切，我选择了其中的一部分写进小说里面。我经常出入汪文宣夫妇每天进出若干次的大门，早晚都在小说里那几条街上散步；我是'炒米糖开水'的老主顾，整夜停电也引起我不少的牢骚，我受不了那种死气沉沉的阴暗环境"。巴金描写的场景、叙述的故事、描述的人们的痛苦，是他对这座城市的意象。

　　木刻家王琦创作了许多关于抗战和重庆的作品。他的《新都浩劫》是一种对日机轰炸重庆的抽象和强化后的意象。王琦注重对重庆城里社会底层人群的观察和再现。报贩、挑夫、苦力，木材市场、米市、菜市、人市等都是他刀下作品。他还刻画了许多重庆城的景象（图 96-1，2）。

　　美国记者绘制了 1945 年重庆的意象地图（图 96-3，4）。这是一张信息丰富的意象地图。各国大使馆林立其间，美军战士四处出现。其中有基本交通路线；过河的渡船不是"一年才开一次"，就是经常出问题。老城墙意象清晰，各种产业散布在重庆城各处；物价高涨、气候炎热。上面写着，重庆是茶馆之城和小酒馆之城；有大概两百万级台阶！另外一处说，重庆是一所难民之城。

图 96-1　重庆米市等（王琦作品）

（图片来源：《月刊》，1946年，第2卷第1期）

城下市集　　　　王琦作

图 96-2　城下市集（王琦作品）

（图片来源：《新中华》，1947 年复 5 第 11 期）

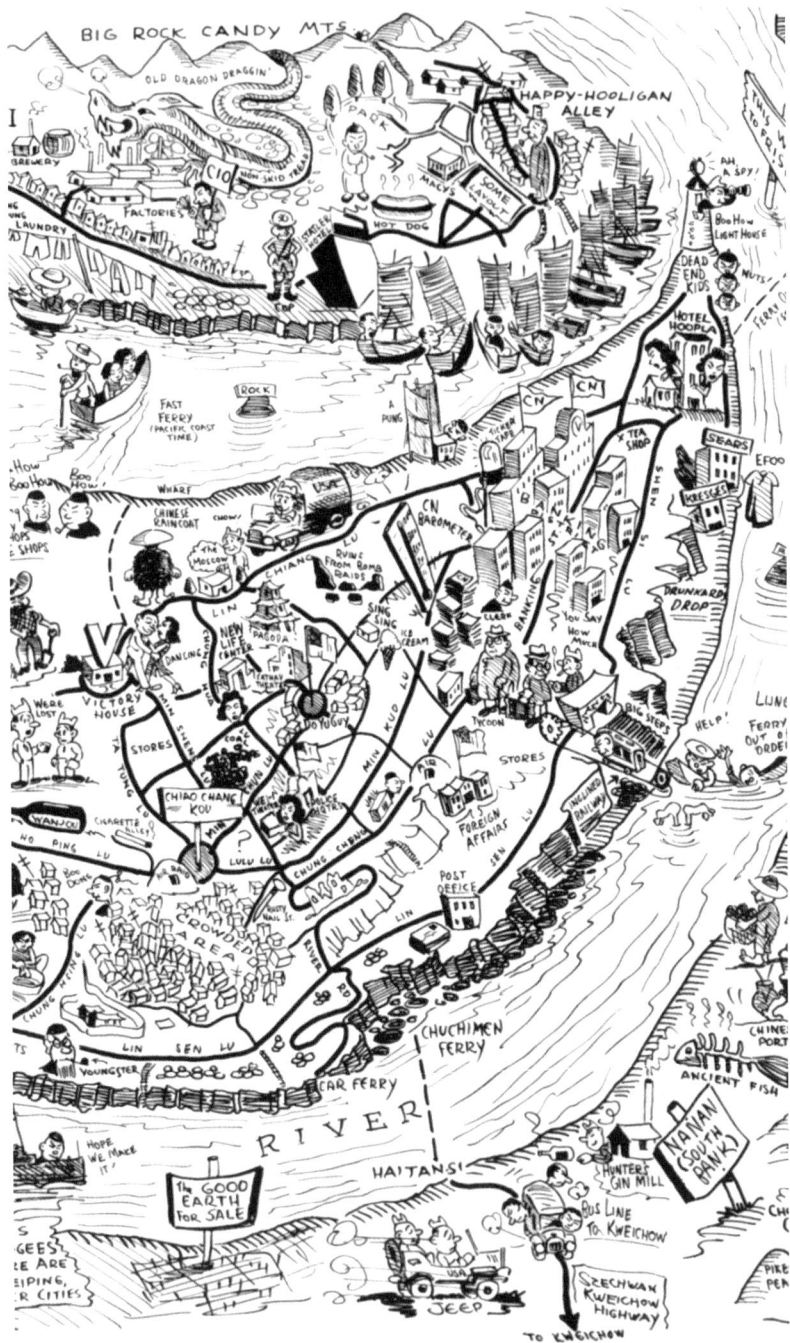

图 96-3　美国记者的重庆城意象 1（1945）

（图片来源：中缅战区网站）

图 96-4　美国记者的重庆城意象 2（1945）

（图片来源：中缅战区网站）

97 像　嘉陵江

> 嘉陵江……亦曰巴水，以水流曲折也。亦曰渝水，以历渝
> 州而名也，即今重庆府。
>
> ——读史方舆纪要，卷六十六

中国地理研究所由中英庚款董事会筹设，聘黄国璋为所长，1940 年 8 月 1 日在北碚正式成立；下设有人文地理、自然地理、大地测量和海洋学四组。11 月 1 日，李承三、林超等 8 人组成的考察团出发，调查嘉陵江流域的自然与人文地理；次年 7 月 14 日返回北碚，历时 8 个多月，历经 32 县，行程 4 千多公里。李承三负责自然地理调查，林超负责人文地理调查。李承三 1936 年获德国柏林大学地质系博士学位。林超 1938 年获英国利物浦大学地理系博士学位。他们两位先后任代所长、所长。

1946 年《中国地理研究所地理专刊》出版"嘉陵江流域地理考察报告"上下两卷。其中上卷为李承三负责的自然地理卷，另附有图集一册，下卷为林超负责的人文地理卷。自然地理卷有关于嘉陵江流域秦岭区、大巴山区和盆地区的地质、地形、水系等的调查与讨论。李承三在序言中说，为了避免文字叙述的繁琐，尽可能用图绘、地图的方式来表达地形、地质等状况（图 97-1，2）；图集中有图 240 幅。人文地理卷有关于农业、矿业、航运、人口和聚落，也附有大量图表、地图和图绘。聚落地理中有不少城镇的平面图，以及部分房屋状况。卷中谈到重庆人口状况："因战时防空关系，极力向市郊田野疏散，然旧城区人口密度仍极高，每方公里估六万五千余人，较之上海市中心区，尤超过之（上海为每方公里五万一千余人）。惟平均密度则每方公里仅二千七百人，因市郊系新近扩充之地，且因地形崎岖及交通未臻完善，一部仍为旷地。市郊人口，大部分布于平坦地面及交通方便之处。……公路沿线，为人口新中心。长江及嘉陵江沿岸，水运便利，且得嘉陵江峡区煤炭之供给……为后方工业重镇，以故人口尤见激增"[216]。这些调查可能是近代关于该地区最详细和深入的调查。

《读史方舆纪要》中讲，"嘉陵江……亦曰渝水，亦曰巴水，皆嘉陵之异名也。"重庆曾以"渝州"名，以"巴"名。重庆和嘉陵江紧密联系在一起，但似乎并未受足够重视。中国地理研究所这次调查弥足珍贵。

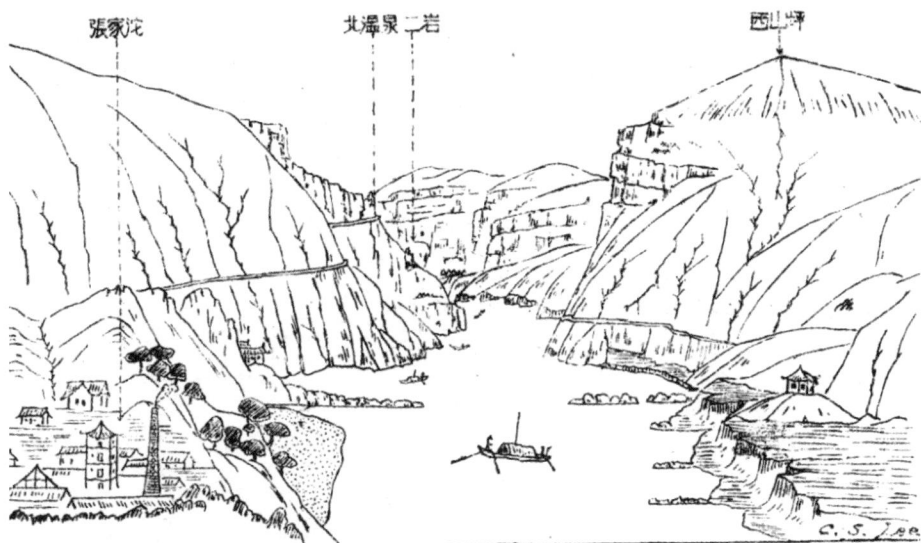

张家沱　　　　　北温泉二岩　　　　西山坪

北碚温塘峡地景,自北碚博物馆后向西北望。

白庙子　　　　毛背沱　　　　兼善中学　　　鸡公山

北碚观音峡地景,自何家嘴后山坡上向东南望。

图 97-1　《嘉陵江流域地理考察报告》中的图绘（1）

（图片来源：《嘉陵江流域地理考察报告》，1946）

嘉陵江　　　雲門山　渠河嘴　　　渠河　嘉陵江　渠埧　　　楓木埡　纜箕崖

大中埧

虎　　尾　　巴

C.S.Lee

27

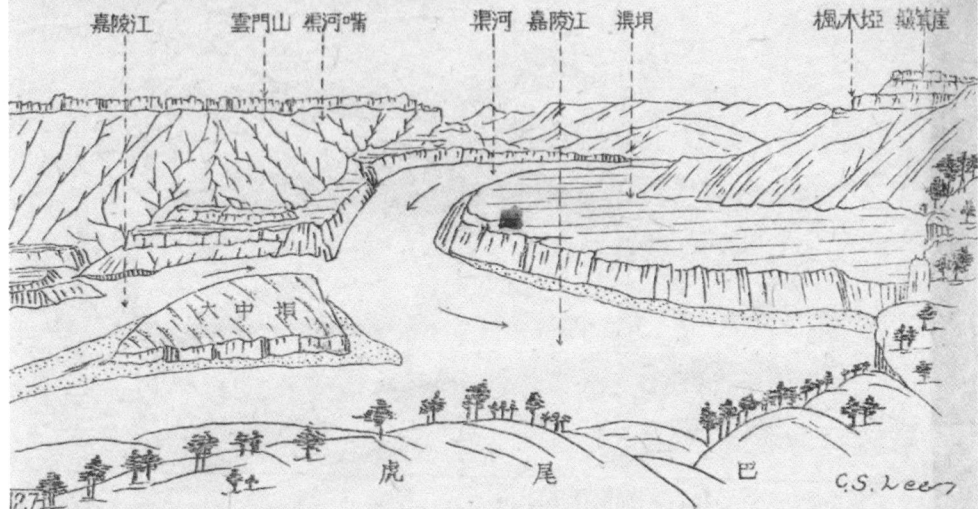

渠江嘉陵江會流之情形·由虎尾巴向東繪·

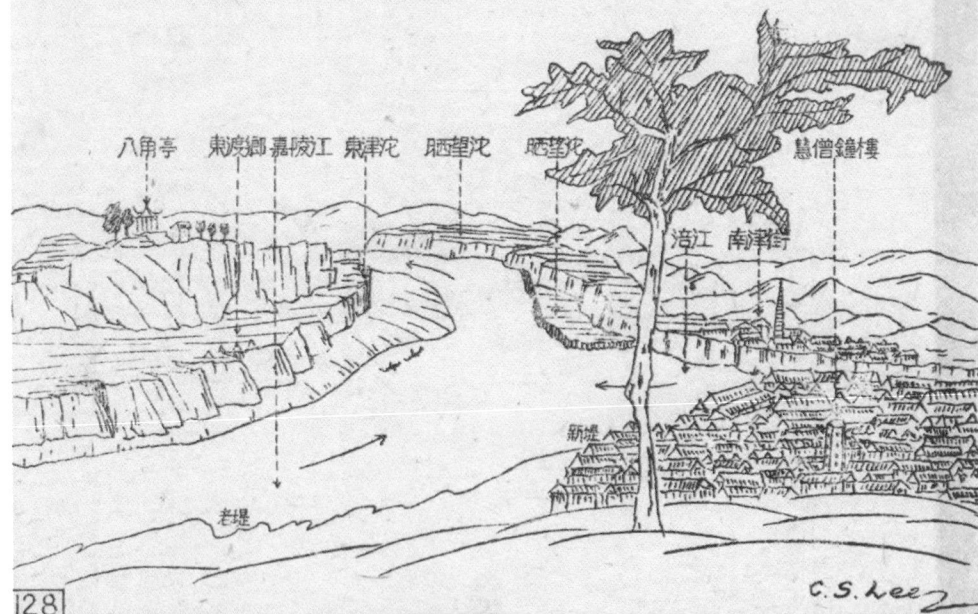

八角亭　東渡鄉　嘉陵江　寬津沱　晒望沱　晒望沱　　　慧僧鐘樓

涪江　南津街

新埧

老堤

C.S.Lee

128

合川南津街地景·由合川城純陽山向東南下瞰·

图 97-2　《嘉陵江流域地理考察报告》中的图绘（2）

（图片来源：《嘉陵江流域地理考察报告》，1946）

98 像　战后困境

胜利后中国的经济正面临着破产的严重危机，而向着奔溃的路上走。

——千家驹：论当前的经济危机及其出路，1946

1947 年 2 月，丰子恺作文《沙坪的美酒》（图 98），忆念他在沙坪坝自建的"抗建式"小屋里，随抗战局势的好转，心情愉悦，每晚的酒量从八两增加到一斤。丰子恺说，他现在也每日晚酌，但已经没有了沙坪的美酒，因为每晚的下酒物，不是物价狂涨，房荒、煤荒，就是暴动或者内战的消息 [217]。千家驹说，战后全国出现严重经济危机，出现普遍的饥馑、高涨的物价、生产停顿与工厂关门、庞大的赤字财政与天文的发钞数字。1946 年 3 月下旬各地平均物价是战前的两千五百倍，他说危机的原因在于"财政经济当局一贯错误的通货恶性膨胀政策，造因于妄想垄断中国经济的官僚资本，造因于无恶不作旷古未有的贪污政治，以致物价飞涨，民不聊生……" [218]

战后重庆困境是全国经济危机与自身特殊状况结合的结果。重庆已非全国经济中心，中央与各地方银行纷纷撤出，大量商业机构破产、工矿企业停工，物价飞涨，商品滞销，连民生公司都奄奄一息。"民生公司的奄奄一息，正证明了一个事实，即一个没有官僚资本做后台的民营企业，在中国，无论它怎样努力，也是很难存在的。" [219] 李紫翔在《胜利前后的重庆工业》中讲，"在战前，重庆只是商品的出纳港，战时却已成为工业都市了……但是，胜利却又带给了重庆工业的一个艰危的厄运"。他谈道，"除了整个国民经济共同遭受的内战和通货膨胀两大压力以外，工业上更受到两个致命的打击：一个是在国营名义下的官僚独占，或政府名义下的官僚统制。另一个是买办主义的迎承外资。在这种内外夹攻的压力下，民族工业就失去了国内市场……以致重庆工业、西南工业及全国工业都在本可不应败坏的而坏败下去" [220]。

1947 年底《经济通讯》报道重庆的商号，新历年关算是勉强度过了，但就在眼前的农历年关是债务清理、年薪结算的日子，风险更加险恶和猛烈，是他们面临生死的时刻。"种种困难，却给今日工商业铺下了一条死路……今年经营工商业的人，谁不在亏蚀中过日子？" [221]

图 98　沙坪的美酒（丰子恺绘）

（图片来源：《新重庆》，1947 年第 1 卷第 2 期）

99 像 抗战胜利纪功碑

> 抗战胜利纪功碑自去年十二月兴工，今年八月完成，为具有伟大历史性之唯一纪念建筑物。
>
> ——黎宁：抗战胜利纪功碑之建筑，1947

创办于 1936 年的《新建筑》，提出响亮口号："我们共同的信念：反抗现存因袭的建筑样式，创造适合于机能性、目的性的新建筑！"[222]刊物介绍许多当时的国际式建筑，也为新时期中国建筑的现代化鼓与呼。刊物因战局变化于 1937 年 6 月停办。1941 年 5 月《新建筑》在重庆复刊，主编郑祖良、黎抡杰。郑祖良和黎抡杰毕业于广东勤勤大学。1941 至 1942 年，他们在《新建筑》《市政评论》上发表大量文章，既有国际视野，也有对中国城市与建筑问题的思考，还有应对重庆问题的讨论。如黎抡杰（有时署名黎宁）在《新建筑》发表《五年来的中国新建筑运动》《防空都市论》等，在《市政评论》发表有《拿破仑三世及候思曼之巴黎改造》《论英国都市计划之沿革及其特质》《论带形都市 (Bandstadt) 与大陪都之改造》《论党的社会事业与今日之住居政策》《陪都北区干路建筑计划》等。1946 年黎抡杰被委任为抗战胜利纪功碑设计人。建设纪功碑是《陪都十年建设计划草案》中的一项计划。计划草案中还有诸多建设内容（图 99-1）。

抗战胜利纪功碑（图 99-2）由碑台、碑座和碑身及瞭望台构成。其中，碑座"有石碑八面，系北碚出产之上等峡石，以八根青石护柱组成碑座，石碑嵌于碑座外面"；碑身"高度为二十四公尺，由四公尺直径之圆筒构成，内部圆形，外部则为八角形。每角边线以米黄色的面砖铺砌。内有悬臂楼梯一百四十步，可升至瞭望台。瞭望台较底部为宽，直径四公尺五，可容二十人左右登临游览"[223]。瞭望台顶端设有风向仪、风速器、指北针等各种仪器，以及警钟一座。本计划设置的标准钟一座，需从美国购买，后因通货膨胀等原因不能实现。抗战胜利纪功碑的碑文有明定重庆为陪都的《国民政府令》、吴鼎昌撰《抗战胜利纪功碑铭》、张群撰碑文等。内还藏有美国总统罗斯福赠重庆市民信函等。

抗战胜利纪功碑不仅是重庆作为陪都的纪念，也是世界反法西斯战争的纪念，是中国抗击日本侵略的纪念；它是现代世界史的一个重要纪念碑。

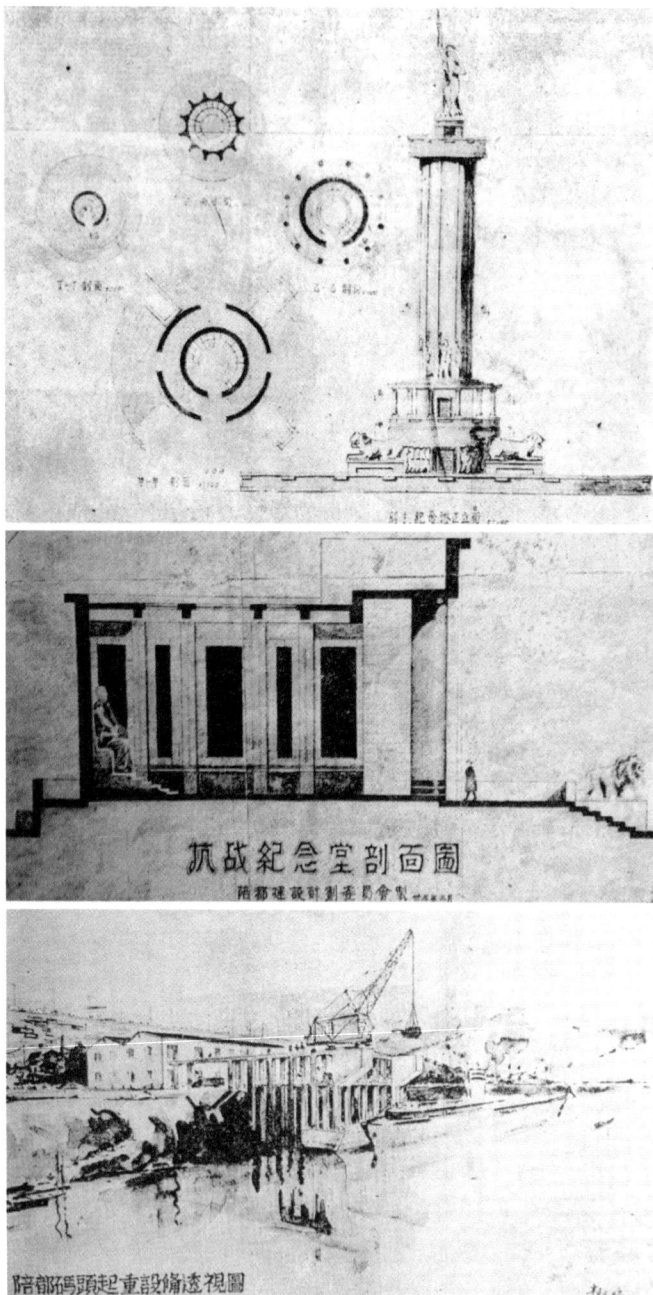

图 99-1 《陪都十年建设计划草案》中的部分附图
（图片来源：《陪都十年建设计划草案》）

图 99-2　抗战胜利纪功碑
（图片来源：《新重庆》，1947 年创刊号）

100 像　新重庆

> 我向往这个享有国际荣誉的城市。她和伦敦、莫斯科一同在战争中受到炮火的锤炼，同样有着光辉无比的贡献，让纳粹敌人终止了最后的喘息。
>
> ——克里浦斯夫人，1946

战后国民政府还都，企业、人员，各大银行主要机构、各文化单位纷纷撤离，留下一个日渐"脱虚"的城。这个城还笼罩着光辉的眩影，还享有"国际荣誉"，但却要面临棘手的现实问题。张笃伦从 1945 年 11 月起任重庆市长。他在《一年来重庆市政之检讨》中谈到，1946 年的市政千头万绪，但归纳起来，只有两端，"一为完成战后之复员，一为树立建设之基础"。数量庞大的复员是战后特殊时期的短时现象，建设却是长期的问题。张笃伦谈到建设的两个方面，一个是社会的组织，"建立地方自治组织，以完成宪政准备工作"。二是物质的建设，"厘定十年计划以奠立陪都建设基础。"他谈道，"吾人复以仅有纸面计划而无实行日期，则仍属镜花水月"，遂计划实施横贯长江的大桥、市区下水道和北区干道。后两项已经开始施工，不久后完成。而长江大桥，计划在 1947 年夏秋间动工。在财政方面，他说，"盖自中央各机关还都以后，外籍人士纷纷东去，达四十余万，人口锐减，工厂多数停闭，消费比例减少，致形成工商业之不景气，市民购买力愈益薄弱……中央之补助费逐渐停止，而经营各费之支出，由于复员业务之增繁，物价之飞涨，员工薪津之提高，又复逐月激增……"[224] 战后重庆市政建设在市财政捉襟见肘，困顿万分的情况下勉力推进。

1947 年朱家骅发表很有见地的《新重庆建设与新时代》。他谈到重庆在四川超越成都，后来居上，得益于长、中、短三个时段的变化，即唐宋以后中国政治经济中心转移到长江下游、清末的商埠开辟以及战时的国民政府西迁。他反对战后重庆将败落的提法，认为从长远看，其一，重庆"交通地位，极称优越……异日西南铁道网完成……重庆将成为中国西部最大之陆路交通中心……横贯东半球之航空线一旦开辟，重庆当成为世界大航空站之一"。其二，重庆附近资源蕴藏丰富，"将来能由消费性的政治商业都市进为生产性的工业都市"[225]。其三，利用长江水力发电，有充分电力之条件。战后的新重庆历经各种曲折，却就在这些路上发展起来。

图 100-1　永恒的自然：嘉陵夜月与扬子波光

　　（图片来源：《中美周报》，1948 年 282 期）

图 100-2　面对新状况的重庆：1948 年的城

（图片来源：上：从复兴关（浮图关）看重庆城区；下左：城区内；下右：从老君洞前远眺。
《中美周报》，1948 年 282 期）

尾 注

1　布莱基斯顿著，马剑、孙琳译，《江行五月》，北京：中国地图出版社，2013 年，108 页。

2　布莱基斯顿著，马剑、孙琳译，《江行五月》，北京：中国地图出版社，2013 年，116 页。

3　布莱基斯顿著，马剑、孙琳译，《江行五月》，北京：中国地图出版社，2013 年，118 页。

4　地理科：第二十五课，重庆府，《河南白话科学报》，1908 年，第 26 期，2 页。

5　地理科：第二十五课，重庆府，《河南白话科学报》，1908 年，第 26 期，2 页。

6　梁思成、林徽因，《平郊建筑杂录》，《中国营造学社汇刊》，1932 年，第 3 卷第 4 期，98-110 页。

7　立德著，黄立思译，《扁舟过三峡》，昆明：云南人民出版社，2001 年，107 页。

8　立德著，王成东、刘浩译，《穿蓝色长袍的国度》，北京：时事出版社，1998 年，140 页。

9　立德著，王成东、刘浩译，《穿蓝色长袍的国度》，北京：时事出版社，1998 年，142 页。

10　古伯察著，张子清、王雪飞、冯冬译，《中华帝国纪行——在大清国最富传奇色彩的历险》，南京：南京出版社，2006 年，72 页。

11　古伯察著，张子清、王雪飞、冯冬译，《中华帝国纪行——在大清国最富传奇色彩的历险》，南京：南京出版社，2006 年，77 页。

12　立德著，黄立思译，《扁舟过三峡》，昆明：云南人民出版社，2001 年，122 页。

13　伊莎贝拉·伯德著，*The Yangtze Valley and Beyond*（《扬子江流域及其以远》），1899, pp. 49-496，书名及引用内容为本书作者翻译。

14　美国 Beloit 学院网站张伯伦数据库。

15　（日）中野孤山著，郭举昆译，《横跨中国大陆——游蜀杂俎》，北京：中华书局，2007 年，19 页。

16　（日）中野孤山著，郭举昆译，《横跨中国大陆——游蜀杂俎》，北京：中华书局，2007 年，8-9 页。

17　（日）中野孤山著，郭举昆译，《横跨中国大陆——游蜀杂俎》，北京：中华书局，2007 年，19 页。

18　（日）中野孤山著，郭举昆译，《横跨中国大陆——游蜀杂俎》，北京：中华书局，2007 年，32 页。

19　（日）中野孤山著，郭举昆译，《横跨中国大陆——游蜀杂俎》，北京：中华书局，2007 年，213 页。

20　上编：国闻：川汉铁路，《广益丛报》，1903 年，第二期卷，4 页。

21　实业时评：川汉铁路公司，《新民丛报》，1903 年，汇编卷，859 页。

22　本社重要广告，《四川》，1908 年，第 1 期，1 页。

23　根据 Crossasia 网站中的魏司数据库资料翻译。

24　根据 Crossasia 网站中的魏司数据库资料翻译。

25　戴季陶，《回想录（四）：兵匪横行的四川》，《湖州月刊》，1925 年，第 2 卷第 2 期，49 页。

26　周勇、刘景修译编，《近代重庆经济与社会发展 1876—1949》，成都：四川大学出版社，1987 年，87 页。

27　《重庆大火续志》，《时报》，1930 年 9 月 11 日，［0004 版］。

28　《东亚同文会主意书》（明治三十一年十一月），《清议报》，1898 年，第 1 期，47 页。

29　《重庆商埠督办处成立纪》，《钱业月报》，1921 年，第 1 卷第 1 期，99-100 页。

30　《重庆新商埠之大计划》，《钱业月报》，1921 年，第 1 卷第 11 期，98-99 页。

31　《重庆新商埠工程参观记》，《新闻报》，1922年4月11日，［0009版］。

32　J. E.Spencer, *Changing Chungking: The Rebuilding of an Old Chinese City, Geographical Review*, Vol. 29, No. 1 (Jan., 1939),pp.46-60.

33　《重庆商埠月刊》，1927年，第2期，15页。

34　《重庆商埠月刊》，1927年，第2期，7页。

35　立德著，黄立思译，《扁舟过三峡》，昆明：云南人民出版社，2001年，108页。

36　立德著，黄立思译，《扁舟过三峡》，昆明：云南人民出版社，2001年，112页。

37　立德著，黄立思译，《扁舟过三峡》，昆明：云南人民出版社，2001年，155页。

38　Lewis,G.C.著，钱士全译，《一个美国医师口中的重庆杂谭》，《人世间》，1941年，第2卷第5期，32-36页。

39　蔡明德，《卜算子》，《沙磁文化月刊》，1942年，第2卷第1-2期，14页。

40　《新闻：京外新闻：遭学建筑（录北洋官报）》，《四川官报》，1906年，第14期，52页。

41　《通讯：留法俭学会讲演大会纪事（续）：吴玉章先生演说词（续），《旅欧杂志》，1917年，第25期，1-3页。

42　张韵廉，《重庆市参会议长胡子昂》，《人物杂志》，1947年，第2卷第2期，35-36页。

43　晏横秋，《故乡一年来底回顾》，《巴县留京学生会会报》，1923年，第1期，108-116页。晏横秋在1929到1931年曾任巴县县立初级中学校长，胡子昂则在1926年任过该校校长。

44　宁达蕴，《三年不见底重庆》，《巴县留京学生会会报》，1923年，第1期，121-124页。

45　范崇实，《响应（致卢作孚函）》，《新世界》，1934年，第59期，72-74页。

46　《四川刘湘等通电宣布自治》，《东方杂志》，1921年，第18卷第3期，136-137页。

47　《刘湘就职后之计划》，《新闻报》，1921年8月1日，［0010版］。

48　《刘湘之大政方针（续）》，《新闻报》，1921年7月27日，［0010版］。

49　王建模，《成渝马路计划书》，《道路月刊》，1922年，第2卷第3期，91-94页。

50　Liu Hsiang Appointed Governor: *HsiongKeh-wu's Faction: Will There Be Peace?*The North-China Daily News，1921年6月30日，［007版］。

51　孙雄白，《刘湘的一生》，《孤岛》，1938年，第1卷第1期，14页。

52　沈云龙、张朋园、刘凤翰访问，张朋园、刘凤翰记录，《刘航琛先生访问记录》，北京：九州出版社，2012年，28页。

53　沈云龙、张朋园、刘凤翰访问，张朋园、刘凤翰记录，《刘航琛先生访问记录》，北京：九州出版社，2012年，82页。

54　沈云龙、张朋园、刘凤翰访问，张朋园、刘凤翰记录，《刘航琛先生访问记录》，北京：九州出版社，2012年，120页。

55　沈云龙、张朋园、刘凤翰访问，张朋园、刘凤翰记录，《刘航琛先生访问记录》，北京：九州出版社，2012年，126页。

56　禾鱼丁，《西南怪杰刘航琛》，《群言》，1948年，第23期，9页。

57　沈云龙、张朋园、刘凤翰访问，张朋园、刘凤翰记录，《刘航琛先生访问记录》，北京：九州出版社，2012年，10页。

58 陈野林，《卢作孚不用女职员》，《新闻天地》，1947年，第25期，25页。

59 大风，《光报》，1947年7月17日，［0002版］。

60 《谈话录：（一）卢作孚君》，《中行生活》，1932年，第1卷第3期，37页。

61 向楚主编，巴县县志办公室选注，《巴县志选注》，重庆：重庆出版社，1989年，800页。

62 重庆市政府秘书处，《九年来之重庆市政》，1935年，序。

63 重庆市政府秘书处，《九年来之重庆市政》，1935年，22-23页。

64 向楚主编，巴县县志办公室选注，《巴县志选注》，重庆：重庆出版社，1989年，802页。

65 向楚主编，巴县县志办公室选注，《巴县志选注》，重庆：重庆出版社，1989年，805页。

66 却住多杰，《纪菩提金刚塔》，《西南和平法会特刊》，1931年，特刊，246-250页。该节以下
    的引用同出此文，不另外引注。

67 朱汝谦，《重庆市面各项情形报告书》，《海光》，1930年，第2卷第9期，1-11页。

68 李奎安，《创兴重庆大学意见书》，《渝声季刊》，1925年，第6期，30-31页。

69 《社会一瞥：重庆大学概况》，《四川月报》，1936年，第9卷第2期，378-385页。

70 杨潜芸，《嘉陵江畔：重庆大学通讯》，《骨鲠》，1935年，第55期，10-11页。

71 吴可，《四川乡村建设学院之过去现在与未来》，《统一评论》，1936年，第2卷第2期，9-18页。

72 （瑞典）高本汉著，张华译，陈星灿校，《缅怀约翰·古纳·安特生先生》，《南方文物》，
    2012年，第2期，201-202页。

73 古铎，《重庆市两大经济问题》，《心力》，1933年，第3期，27-32页。

74 松山，《重庆印象》，《星期三》，1933年，第1卷第25期，390-391页。

75 The North-China Daily News(1864-1951)，1927年12月29日，［008版］。

76 （美）巴兹尔（Basil, G.C.），钱士、汪宏声译，《美国医生看旧重庆》，重庆：重庆出版社，
    1989年，168页。

77 （美）巴兹尔（Basil, G.C.），钱士、汪宏声译，《美国医生看旧重庆》，重庆：重庆出版社，
    1989年，166页。

78 （美）巴兹尔（Basil, G.C.），钱士、汪宏声译，《美国医生看旧重庆》，重庆：重庆出版社，
    1989年，176页。

79 （美）巴兹尔（Basil, G.C.），钱士、汪宏声译，《美国医生看旧重庆》，重庆：重庆出版社，
    1989年，237页。

80 向楚主编，巴县县志办公室选注，《巴县志选注》，重庆：重庆出版社，1989年，811页。

81 《重庆：千厮门一年一度之大火灾》，《四川月报》，1932年，第1卷第6期，67-73页。

82 《渝简马路巴段开车》，《川南马路月刊》，1930年，第2卷第8-9期，63-64页。

83 《限期完成五省公路之四川路线》，《四川月报》，1934年，第5卷第4期，118页。

84 铁昂，《两种形态下的重庆市的经济》，《读书月刊》，1933年，第3卷第6期，52-54页。

85 《地质调查研究所之成立》，《时报》，1913年9月13日，［0006版］。

86 《地质调查所修正章程》（民国九年七月七日第九十二号部令公布），《地质汇报》，1920年，
    第2期，1-4页。

87 谭锡畴、李春昱，《西康东部矿产志略》，《地质汇报》，1931年，第17期，1页。

88 任乃强、任建新著，《四川州县建置沿革图说》，成都：巴蜀书社，2002年。

89 《巴县志选注》中讲"东汉时因重修城池，一度治于嘉陵江北岸即今江北区刘家台附近，成为北府城……不久便迁回"。

90 《巴县各区户口总数》，《四川月报》，1933年，第2卷第6期，102-103页。

91 《巴县第三区人口统计》，《四川月报》，1936年，第8卷2期，238页。

92 《巴县一瞥》，《四川月报》，1936年，第9卷第5期，192-194页。

93 刘玉笙，《渝州风景谈》，《礼拜六》，1922年，第183期，61-62页。

94 黄廷椿，《游南山》，《新世界》，1934年，第48期，59-60页。

95 （美）巴兹尔（Basil, G.C.），钱士、汪宏声译，《美国医生看旧重庆》，重庆：重庆出版社，1989年，172-173页。

96 还有一种更大可能就是此处的"川道拐"不是地名，指川道在此处"拐"。

97 向楚主编，巴县县志办公室选注，《巴县志选注》，重庆：重庆出版社，1989年，812页。

98 （美）巴兹尔（Basil, G.C.），钱士、汪宏声译，《美国医生看旧重庆》，重庆：重庆出版社，1989年，16-17页。

99 （美）巴兹尔（Basil, G.C.），钱士、汪宏声译，《美国医生看旧重庆》，重庆：重庆出版社，1989年，109页。

100 （美）巴兹尔（Basil, G.C.），钱士、汪宏声译，《美国医生看旧重庆》，重庆：重庆出版社，1989年，46页。

101 甘南引，《民生公司招待伍朝枢博士参观北碚塘记》，《新世界》，1933年，第23期，19-32页。

102 无私，《重庆市民靠左走之第一日》，《福尔摩斯》，1935年6月13日，〔0002版〕。

103 《谈话录：（一）卢作孚君》，《中行生活》，1932年，第1卷第3期，37-38页。

104 卢作孚，《复兴中国只有一条道路》，《长城》，1935年，第3卷第2期，24页。

105 甘南引，《民生公司招待伍朝枢博士参观北碚温塘记》，《新世界》，1933年，第23期，31页。

106 《中国科学社年会在巴县北碚举行》，《四川月报》，1933年，第2卷第3期，155页。

107 胡先骕，《四川杰出人物卢作孚及其所经营之事业》，《为小善周刊》，1933年，第2卷第17-52期，26，28-32页。

108 陈觉生，《本公司大事纪略》，《民生实业公司十一周年纪念刊》，1937年，卷期不详，188-227页。

109 卢作孚，《苦斗中成长的民生实业公司》，《航务通讯》，1948年，第5期，9-11页。此文尽管卢作孚署名，但很可能不是卢作孚本人所写；更大的可能是民生公司内其他人的写作。

110 《死亡载道》，《兴华》，1929年，第26卷26期，45-46页。

111 《江安农村破产》，《四川农业》，1934年，第1卷第9期，61-62页。

112 《救济川灾所得之教训：呈请国府灾赈与罢捐之结果》，《四川旅沪同乡会会刊》，1932年，第1期，86-89页。

113 吕超，《四川空前未有之奇灾》，《中国公论（南京）》，1937年，第1卷第4期，5-9页。

114 周勇、刘景修编，《近代重庆经济与社会发展1876—1949》，成都：四川大学出版社，1987年，136页。

115 《令重庆军事警察厅长李字杭为转饬各区署所查禁在城内烧化袱纸文（十六年七月）》，《重庆商埠月刊》，1927 年，第 7 期，95 页。

116 《重庆大火续志》，《时报》，1930 年 9 月 11 日，［0004 版］。

117 《财政：税捐：四川捐税之繁重》，《中行月刊》，1931 年，第 3 卷第 2 期，57 页。

118 《财政：捐税：廿一军：重庆各种税捐调查》，《四川月报》，1934 年，第 4 卷第 3 期，44-51 页。

119 《筹捐改良警察》，《新闻报》，1906 年 8 月 19 日，［0003 版］。

120 民舌，《重庆市杂捐举要》，《民间意识》，1934 年，第 23/24 期，74-175 页。

121 《小日报》，1935 年 9 月 1 日［0003 版］。

122 沈云龙、张朋园、刘凤翰访问，张朋园、刘凤翰记录，《刘航琛先生访问记录》，北京：九州出版社，2012 年，11 页。

123 《中外大事记：新旧要人：四川军事领袖之略历》，《兴华》，1930 年，第 27 卷第 8 期，44-45 页。

124 《选评：评四川近事》，《兴华》，1930 年，第 27 卷第 22 期，50-51 页。

125 以上所引的蒋介石日记，见美国斯坦福大学胡佛研究所档案馆藏，蒋介石日记（手稿本）。

126 1936 年王治裳在《改进重庆市政之刍议》中认为，重庆路网是如纽约的棋盘式与如巴黎的放射式的结合。这一观点实在是有点牵强和勉强。

127 李育，《西南公路之推展及改善》，《浙江省建设月刊》，1936 年，第 10 卷第 1 期，1 页。

128 李育，《西南公路之推展及改善》，《浙江省建设月刊》，1936 年，第 10 卷第 1 期，15 页。

129 魏军藩，《发刊词》，《四川公路月刊》，1936 年，创刊号，3 页。

130 列举的这些银行，特别是地方银行并不完整。"到 1937 年为止，四川历年共设银行 33 家，其中 22 家设在重庆，占 63.63%。经历年倒闭，改组，这一年实际上存在的还有 18 家，其中重庆 12 家，占 66.66%。全川共有各种银行的总分支行处 130 个。其中重庆和重庆银行的派出机构即 120 个，占 92.3%"，见周勇，近代重庆金融中心的形成和发展，载于重庆市渝中区政协文史资料委员会，重庆市渝中区金融工作办公室主编，重庆渝中区文史资料（第十八辑），2008 年，13-14 页。

131 《述，聚兴诚银行新厦预志》，《建筑月刊》，1937 年，第 5 卷第 1 期，24 页。

132 （美）巴兹尔（Basil, G.C.）著，钱士、汪宏声译，《美国医生看旧重庆》，重庆：重庆出版社，1989 年，172-173 页。

133 阿美，《地理常识：一座山城：重庆》，《儿童生活》，1911 年，创刊号，12-13 页。

134 林森、汪兆铭，《国府迁都洛阳宣言》，《民治旬刊》，1932 年，第 13 期，3-4 页。

135 公文：关于政治者：十六、函中央政治会议（附二件）：关于切实进行长安陪都洛阳行都之建设事宜，请即妥议筹办，《中央党务月刊》，1932 年，第 52 期，33-36 页；时事撮要（三月四日起至十日止）：西安定为陪都：中央派张继等筹备，《民众周刊（济南）》，1932 年［第 4 卷第 10 期，11 页］。

136 大风，《迁都长沙》，《社会日报》，1933 年 3 月 12 日，［0002 版］。

137 《抗战文献：国府迁都宣言》，《时事类编》，1937 年，特刊第 6 期，48 页。

138 《林主席反对迁都昆明》，《晶报》，1938 年 5 月 22 日［0002 版］。

139 《政府决不迁都渝秩序渐复》，《晶报》，1939 年 5 月 12 日［0001 版］。

140 《旧的城市在锐进中·重庆的街道风景线》，《迅报》，1938 年 11 月 29 日 ［0003 版］。

141 张恨水，《重庆旅感录续篇》，《旅行杂志》，1940 年，第 14 卷第 1 期，31-33 页。

142 石滨，《从宜昌到重庆》，《孤岛》，1938 年，第 2 卷第 6 期，105-109 页。

143 殷一鸣，《到首都重庆去》，《现世报》，1939 年，第 43 期，4 页。

144 熊珑一，《宜昌和重庆间的交通》，《众生》，1938 年，第 2 卷第 1 期，34-35 页。

145 文艺简报：本会总务部长老舍于月前入川，《抗战文艺》，1938 年，第 2 卷第 4 期，58 页。

146 唐幼峰编，《国内杂志介绍：（5）青年世界》，《詹詹》，1933 年，第 3 期，3-4 页。

147 唐幼峰，《区堂讯息：重庆十字堂的今昔》，《中华基督教会全国总会公报》，1948 年，第 20 卷第 3 期，15-16 页。

148 卢冀野，《重庆重来》，《旅行杂志》，1945 年，第 19 卷第 1 期，28-30 页。

149 吴锡泽，《沙坪坝》，《今日评论》，1939 年，第 2 卷第 14 期，220-222 页。

150 礼恒，《重庆和沙坪坝》，《辰光》，1939 年，创刊号，13 页。

151 梅心，《在繁荣中的沙坪坝》，《大风（香港）》，1939 年，第 49 期，1554 页。

152 魏中雄，《战时首都杂感》，《新青年》，1939 年，第 1 卷第 10 期，8-11 页。

153 雪人，《战时首都的重庆》，《时代生活（上海）》，1939 年，第 5 期，27 页。

154 曾智中，尤德彦编，《张恨水说重庆》，《山城回忆录》，成都：四川文艺出版社，2001 年，24 页。

155 Lewis,G.C.，钱士全译，《一个美国医师口中的重庆杂谭》，《人间》，1941 年，第 2 卷第 5 期，32-36 页。

156 褚问鹃，谢唯一，《轰炸中的重庆市》，《大风（香港）》，1939 年，第 39 期，1238-1240 页。

157 法鲁，《重庆在五月的轰炸下更生》，《杂志》，1939 年，第 4 卷第 6 期，6-8 页。

158 《国府明定重庆为陪都》，《全面抗战特辑》，1941 年，第 5 期，85 页。

159 刘王笙，《渝州风景谈：长安寺》，《礼拜六》，1922 年，第 183 期，61 页。

160 萧红，《长安寺》，《天地间》，1940 年，第 2 期，52-53 页。此文有两个版本。第一个版本发表在 1939 年《鲁迅风》第 19 期，那时长安寺还没有被炸。结尾的部分是这样写的"但我突然神经过敏起来——可能的有一天这上面会落下了敌人的一颗炸弹。而可能的那两条小水龙也救不了这一场大火。那时，那些喝茶的将没有着落了，假如他们不愿意茶摆在瓦砾场上"。1940 年长安寺被炸，"实现"了萧红的想象。

161 卢冀野，《重庆重来》，《旅行杂志》，1945 年，第 19 卷第 1 期，28-30 页。

162 冯英子，《重庆航讯：轰炸给了重庆些什么？》，《星岛周报（香港）》，1939 年，第 6 期，16-17 页。

163 夏青译，《轰炸中的重庆》（中英文对照），《译丛周刊》，1939 年，第 71 期，18-23 页。

164 韬奋，《伦敦与重庆》，《全民抗战》，1940 年，第 138 期，2102 页。

165 《战时的伦敦》，《世说（重庆）》，1943 年，第 68 期，2-4 页。

166 白夫，《战时的伦敦和巴黎》，《民众公论》，1940 年，第 2 卷第 1 期，11-12 页。

167 《滇黔公路举行通车》，《道路月刊》，1936 年，第 52 卷第 1 期，66 页。

168 史汀生，《滇缅公路》（中英文对照），《英华文摘》，1939 年，第 1 卷第 3 期，26-28 页。

169 张孟令译，《滇缅公路旅行记》，《抗战与交通》，1939 年，第 14 期，289-290 页。1940 年 7 月 12 日，英国接受日本要求，封闭滇缅公路三个月，在 10 月 10 日重开。见郭廷以的《中华民国史事日志》记载。

170 萧乾，《新中国的动脉：滇缅公路》，《现代中国（上海 1939)》，1939 年，第 1 卷第 13 期，18-20 页。

171 《中美抵抗侵略互助协定》，《抗战建国大画史》，1948 年，4 月，451 页。

172 致黎，《驼峰：中印唯一空输线》（附图），《常识》，1944 年，第 6 期，29 页。

173 伊利克·塞佛列特著，静文译，《驼峰线上的冒险家》，《会讯（昆明)》，1944 年，第 3 期，7-8 页。

174 伊利克·塞佛列特著，静文译，《驼峰线上的冒险家》，《会讯（昆明)》，1944 年，第 3 期，7-8 页。

175 鲁莽，《史迪威公路开筑的经过》，《宇宙（上海)》，1946 年，第 4 期，60-61 页。

176 鲁莽，《史迪威公路开筑的经过》，《宇宙（上海)》，1946 年，第 4 期，60-61 页；也有报道是 1945 年 2 月 4 日开通，由皮克少将驱车，带领 113 辆车行驶在史迪威公路，进入昆明为标志。

177 《史迪威公路及中印油管将被废弃》，《金融周报》，1945 年，第 13 卷第 4 期，30 页。

178 沃尔夫岗·卡佛岗著，董经绚译，《重庆往事：一个犹太人的晚年回忆（1940—1951)》，西安：陕西人民出版社，2004 年，31 页。

179 沃尔夫岗·卡佛岗著，董经绚译，《重庆往事：一个犹太人的晚年回忆（1940—1951)》，西安：陕西人民出版社，2004 年，124 页。

180 沃尔夫岗·卡佛岗著，董经绚译，《重庆往事：一个犹太人的晚年回忆（1940—1951)》，西安：陕西人民出版社，2004 年，87 页。

181 沃尔夫岗·卡佛岗著，董经绚译，《重庆往事：一个犹太人的晚年回忆（1940—1951)》，西安：陕西人民出版社，2004 年，139 页。

182 《旧的城市在锐进中·重庆的街道风景线》，《迅报》，1938 年 11 月 29 日，0003 版。

183 思红，《重庆生活片段》，《旅行杂志》，1940 年，第 14 卷第 4 期，7-10 页。

184 沈弢，《忆重庆》，《旅行杂志》，1941 年，第 15 卷第 8 期，55-58 页。

185 司马讦，《重庆客》，重庆：重庆出版社，1983 年，36 页。

186 张恨水著，曾智中，尤德彦编，《张恨水说重庆》，《山城回忆录》，成都：四川文艺出版社，2001 年，22 页。

187 沃尔夫岗·卡佛岗著，董经绚译，《重庆往事：一个犹太人的晚年回忆（1940—1951)》，西安：陕西人民出版社，2004 年，100 页。

188 柯槐青，《重庆的茶馆》，《礼拜六》，1946 年，第 23 期，11 页。

189 柯槐青，《重庆的茶馆》，《礼拜六》，1946 年，第 23 期，11 页。

190 沃尔夫岗·卡佛岗著，董经绚译，《重庆往事：一个犹太人的晚年回忆（1940—1951)》，西安：陕西人民出版社，2004 年，99 页。

191 孟友岩，《重庆城市的卫生谈》，《渝声季刊》，1923 年，创刊号，105-118 页。

192 贝西尔（Basil,G.C.）著，钱士、汪宏声译，《美国医生看旧重庆》，重庆：重庆出版社，1989 年，19 页。

193 《重庆市卫生运动一督》，《新蜀报四千号纪念特刊》，1934 年，纪念刊，149 页。

194　沃尔夫冈·卡佛冈著，董经绚译，《重庆往事：一个犹太人的晚年回忆（1940—1951）》，西安：陕西人民出版社，2004年，53页。

195　吴华甫，《计划：陪都市政建设》，《市政工程年刊》，1943年，61-66页。

196　《山城的吼声：重庆千人合唱大会》，《良友》，1941年，第165期，22页。

197　尔强，《外国人笔下的：喧嚷的陪都》，《一四七画报》，1946年，第1卷第12期，11页。

198　《重庆十描》，《一四七画报》，1946年，第2卷第4期，3页。

199　《罗斯福总统致书赞颂重庆市民坚毅精神》，《重庆市政》，1944年，第2卷第1期，2页。

200　咸一，《陪都祝胜记》，《古今谈月刊》，1945年，第1卷第1期，19-21页。

201　《国民政府还都令文》，《四川省政府公报》，1946年，第389期，1页。

202　张恨水著，曾智中，尤德彦编，《张恨水说重庆》，《山城回忆录》，成都：四川文艺出版社，2001年，37页。

203　张恨水著，曾智中，尤德彦编，《张恨水说重庆》，《山城回忆录》，成都：四川文艺出版社，2001年，37页。

204　胡风，离重庆前×日记，《草莽》，1946年，第2期，19-29页。

205　胡风，离重庆前×日记，《草莽》，1946年，第2期，19-29页。

206　吴锡泽，《沙坪坝》，《今日评论》，1939年，第2卷第14期，220-222页。

207　《生活谈：重庆人话"重庆人"》，《生活知识（上海1945）》，1945年，第5期，12-13页。

208　扬恶，《我看重庆人》，《新生中国》，1945年，第4期，10-11页。

209　卓方，《重庆客》，《生活与学习》，1946年，第1卷第3-4期，81页。

210　《重庆人话"重庆人"》，《生活知识》，1945年，第5期，12-13页。

211　丰子恺，《重庆漫笔：谢谢重庆》，《新重庆》，1947年，创刊号，110-111页。

212　丰子恺，《重庆漫笔：谢谢重庆》，《新重庆》，1947年，创刊号，110-111页。

213　丰子恺，《重庆漫笔：谢谢重庆》，《新重庆》，1947年，创刊号，110-111页。

214　《忆重庆》（附照片），《生活》，1946年，第2期，17页。

215　雨苍，《橙黄橘绿忆重庆》，《礼拜六》，1947年，第102期，9页。

216　《嘉陵江流域地理考察报告》，《中国地理研究所地理专刊》，1946年，第1下卷期，99页。

217　丰子恺，《沙坪的美酒》，《新重庆》，1947年，第1卷第2期，91-93页。

218　千家驹，《论当前的经济危机及其出路》，《理论与现实（重庆）》，1946年，第3卷第1期，37-41页。

219　《民生公司奄奄一息》，《经济通讯》，1946年，第8期，13-16页。

220　李紫翔，《胜利前后的重庆工业》，《四川经济季刊》，1946年，第3卷第4期，4-16页。

221　《怎样度过旧历年？：重庆》，《经济通讯》，1947年，第2卷第2期，12-13页。

222　《新建筑》，1936年，第2期。

223　黎宁，《抗战胜利纪功碑之建筑》，《新重庆》，1947年，第1卷第3期，60-62页。

224　张笃伦，《一年来重庆市政之检讨》，《新重庆》，1947年，创刊号，11-14页。

225　朱家骅，《新重庆建设与新时代》，《新重庆》，1947年，第1卷第3期，18页。

重庆府文庙（画面中后方处）

（图片来源：南加州大学数字图书馆）

外一篇　陪都重庆文庙修葺计划：1941 年

2017 年初我在撰写近代重庆市政建设历史的过程中，发现了一份梁思成先生未曾发表过的《重庆文庙修葺计划》。在林洙整理的《梁思成著作一览表》中，1930—1937 年有各种论著，接着的 1938—1942 年却是一片空白；在《梁思成全集》中，也未见收录《重庆文庙修葺计划》。下文将对 1941 年重庆陪都建设计划委员会主导的这次修葺计划进行讨论，希望将梁思成的《重庆文庙修葺计划》放置在一定的时空脉络与社会关系中展开论述。其中涉及陪都建设计划委员会与重庆市市政机构间的关系；梁思成，夏昌世，基泰工程司的关颂声、杨廷宝等之间的关系；也涉及战时仓皇建设之际的城市建设与历史文化保护问题。

1　民初的文庙及其问题

自清朝解体、民国成立后，文庙就是一个持久的复杂问题。它既是一个观念问题、产权归属问题，也是一个物质形态问题。旧政权退去，新政权建立，文庙作为旧意识形态的载体，维护旧政权的礼制建筑，随着政权涣散和崩溃便出现缺少管理和维护的状况，甚至在民初遭到变卖。[1] 但随后北洋政府很快制定了相关法规，将与文庙相关的田产税赋等用于办学校；并要求各省市县不得变卖文庙——彼时的地方政府财政困顿，变卖旧时公产为普遍的做法。1926 年底北洋政府还颁布法规，禁止各省兵士占据文庙。北洋政府提倡"孔圣祀典"，但对于彼时代表"进步思想"的南方国民政府而言，如何处理文庙也就成了一个问题。1928 年江苏省政府回复地方提出既然"孔圣祀典"已经废弛，各县文庙是否应当拆除的咨询，回答是"暂维现状"。[1] 1928 年浙江省政府发文，禁令地方将文庙的部分拆除，改建洋式房屋，要求地方整改，文庙由市、县保存。[2] 1929 年，国民政府教育部发布《孔庙财产保管办法》，规定不同等级文庙保管的责任部门[3]。1931 年国民政府行政院令内政部、

1　但有机构如孔教会反对破坏文庙，要求修葺文庙和举行祭祀活动。

财政部和山东省政府修复孔庙。[4]

如何使用文庙在当时引起争论。1929年有人提出文庙的利用方案
（见表1），体现出强烈的将传统事物改造为现代所用的意图。从之后
全国各地区的一些实践上看，类似的利用方案却是普遍的做法。这一在
伦理道德、意识形态和物质形态上的公产在许多讨论中转变为彼时的
公共空间，成为或者教育机构，或者民俗教育馆、图书馆、陈列馆等，
或者新式公园的一部分。上海设市后，1931年开始将文庙及周围一带
改为文庙公园，很是成功。这大概是全国最早的一例将文庙改为城市公
园的案例。于是之后"文庙"这一历史词语便和"公园"这一舶来的
词语组合成了"文庙公园"，开始在四处出现。1926年郭沫若发表了
《马克斯进文庙》，意在讨论马克思主义与儒学间的关系，引起了不小
的争论[5]。在这些讨论中，文庙已经成为一个文化符号。1934年各市
举行孔诞纪念，文庙大成殿的主位已经变成孙中山像和青天白日旗（图
1）[2]。彼时中日战争的乌云压顶，祭孔成为民族动员的一种重要方式。
"现在非发扬孔教，实无以约束人心；非修孔庙，实无以昭示诚敬。"
[6]还有人谈到："中国近年来，世风日衰，道德沦丧。先哲所遗留下
来的固有文化，自五四运动提倡反对孔教以后，完全失其真谛。国内文
化呈现异态，资本主义之外力推毁中国社会组织，使人民在文化上失去
自信力，以致全国如疯如狂、如醉如痴，成了张皇失措的现象。中央当局，
体念总理指示，以孔子所遗留下来的文化基础，为中国文化的主要基础，
于今年孔子诞辰纪念日，特派大员前赴曲阜致祭，全国人士，都分别做
庄严的纪念。这可以说是国难中我国民族文化复兴的象征。"[7]

表1　文庙利用方案

原文庙构成	现改置功能
文庙头门牌楼	加工修理，悬匾额一方，某县孔子庙民众教育馆
泮池	水产动物池
文庙大门至礼门义路、经华表柱、棂星门、大成门前的射圃	民众公园、露天民众茶园
义路礼门牌楼	加工修理
四周墙壁及照壁棂星门	刷红色、白色、蓝色，以符合（中华民国）国旗色泽，表明系博爱、自由、平等之区域，绘制民众教育画

2　1943年由蒋经国签发的一份函件，谈到根据国民政府内政部的公函，"关于利用孔庙大成
殿为教育文化机关大礼堂，国父遗像应如何悬挂一案。查孔子遗像，应置于国父遗像前之案上。"
见蒋经国，《赣县县政府公报》，1943年第17期，41页。

续表

原文庙构成	现改置功能
大成门	改造为二层新式楼房，上为图书馆、下为博物馆或卫生馆；如经济困难，则维修改为民众图书馆
乐器所、祭器所	民众教育馆职员宿舍
东西庑及大成殿	孔子庙或者第一历史馆 将近代革命烈士像等陈列两庑
明伦堂	公共大会堂，用于演讲、集会、各种仪式；晚间电影
尊经阁	艺术馆
启圣祠	第二历史馆，展示地方名流相片举略
学署	教育局或教育会或实验民众学校基地

（资料来源：刘之常，各省县文庙利用方略［J］，福建教育周刊，1929，第45期，18-20页）

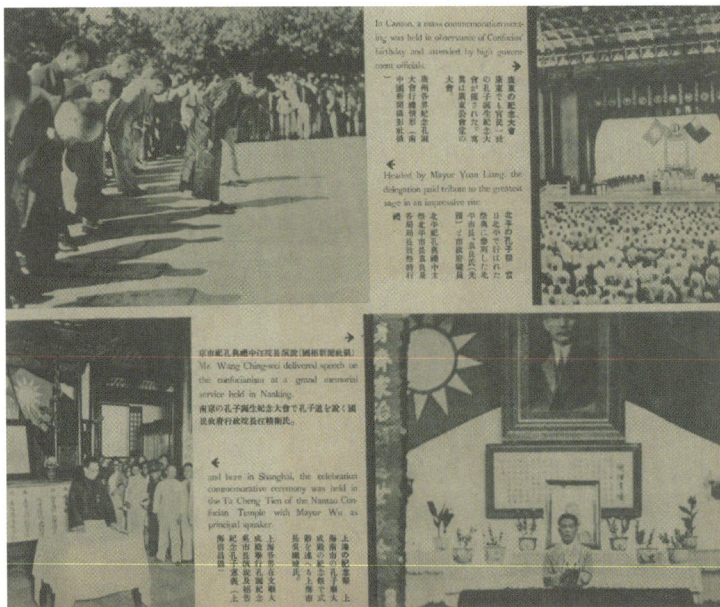

图1　1934年各市举行孔诞纪念
（资料来源：《大陆画报》，1934，第3期，7页）

　　1933年，《中国营造学社汇刊》刊发梁思成在正定调查府、县文庙（分别改为第七中学和女子乡村师范学校）等的文字。这一期中刊载了大量文庙的测绘图和照片。[3] 这应是梁思成第一次较为详细地了解和

　　3　见《中国营造学社汇刊》，1933年第4卷第2期。

测绘文庙。1935年，《中国营造学社汇刊》刊发了林徽因、梁思成的《晋汾古建筑预查纪略》，其中有文水县、霍县的文庙照片和简要文字解释。[4]1935年2月25日，山东省政府核转内政部、教育部公函，"查会同勘估曲阜孔子陵庙工程一案，前奉行政院令，会邀古建筑专家一人会同前往等因，自应遵办。兹查有中国营造学社法式组主任梁思成，曾留美专攻建筑，于东方古代建筑，研究有素，勘以当选"[8]。也就是说，梁思成介入曲阜孔庙的修葺，系直接由国民政府行政院下达指示。1935年底有报导："工程办理，系依据梁思成之主张，与山东建设厅旧有之计划，颇多变更，建设厅原定之计划，系将孔庙损坏处，仍用木料修补，以保持东方古代建筑之艺术；梁氏则主张于保持东方建筑艺术之中再参取科学办法，对于外观一仍其旧。内容则多采用钢铁，以期修整之后，较原来之建筑，更为坚固。"[9]这是涉及对历史建筑修葺的不同观念与方法。1935年第6卷第一期的《中国营造学社汇刊》刊发了梁思成详细的《曲阜孔庙之建筑及其修葺计划》，这是一期专刊。内中谈到2月初开始工作，7月始将修葺计划拟就，呈请政府审核。很可能此时梁思成与孔祥熙已经有所交往。孔祥熙祖籍曲阜，孔子的第75世孙，1935年初续任行政院副院长兼财政部长，在1935年7月26日起代理国民政府行政院长[10]。

2　陪都建设计划委员会与修葺文庙的提出

2.1　陪都建设计划委员会

1940年9月6日，国民政府颁令重庆为"陪都"。1940年11月8日，委任行政院副院长孔祥熙兼任陪都建设计划委员会主任委员，内政部部长周钟岳、杨庶堪为副主任委员。随后又委任重庆市市长吴国桢为秘书长，许大纯为副秘书长；翁文灏、张嘉璈、魏道明、刘峙、张维翰、卢作孚、刘纪文、潘文华、陈访先、吴国桢、康心如为委员。这是一个阵容庞大、位高权重的委员会。从函件记录上看，陪都建设计划委员会从1941年4月初开始办公，5月2日开了第一次委员会会议，列席人中有丁基实、夏昌世、吴华甫、丘秉敏、曾广梁等。5月9日聘任郑壁城、关颂声、茅以升、凌鸿勋、沈怡、朱尊谊、沈诚、韦以黻、

4　见《中国营造学社汇刊》，1935年第5卷第3期；1936年的《苏州古建筑调查记》中则有苏州府文庙的相关调查，见《中国营造学社汇刊》，1936年第6卷第3期；1937年的《河南省北部古建筑调查记》中有修武县文庙的调查；见《中国营造学社汇刊》，1937年第6卷第4期。

赵祖康、吕少怀、哈雄文、陆谦受、傅骕、胡光焘等为专任设计委员[11]。这也是一个社会和技术精英构成的专委会，但除了少数委员参与了陪都建设的讨论外，[5]并没有在具体的城市规划或设计中起到实质性作用。

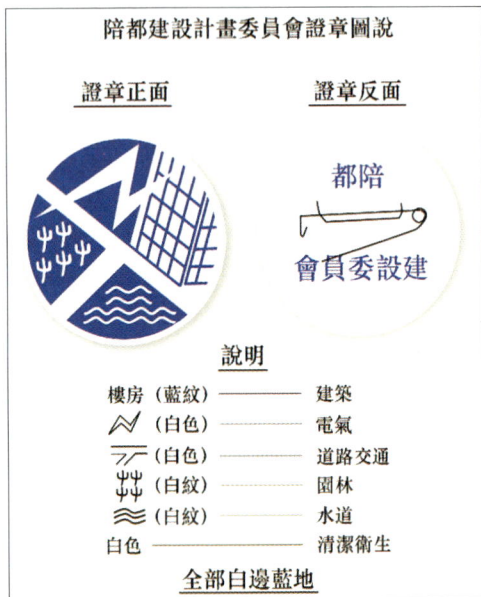

图 2　陪都建设计划委员会徽章

（资料来源：根据重庆市档案馆，档号：0075-0001-00018-0000-002-000 重绘；原图为黑白图，蓝色系根据说明填色）

图 2 是陪都建设计划委员会在当时设计的徽章。该会成立之初由设计委员会、秘书室，以及三个平行组——技术组、总务组、财务组构成，其中技术组主管城市建设事宜，组长为吴华甫（时任重庆市工务局局长），副组长为丁基实，下分简任技正、土地科、公用科与工程科。在该会技术组 3 月份拟聘请成员名单中便包含有夏昌世，其中标注夏为德国柏林工业大学博士毕业，历任铁道部简任技正与同济大学教授。[6]1941年 3 月 30 日，陪都建设计划委员会"令夏昌世，兹派该员为本会设计委员兼工程科科长，除呈请简任荐外，仰即先行到差"[7]。也就是说，夏昌世在设计委员会，同时也在技术组中的工程科，这为后面工作展开

5　见《市政评论》的"陪都建设专刊"，1941 年第 6 卷，第 7/8/9 期。
6　重庆市档案馆，档号：0075-0001-00118-0000-006-000。
7　重庆市档案馆，档号：0075-0001-00118-0000-023-000。

带来了困扰。设计委员会负责的更多是城市空间的想象与计划；而工程科却要具体而细微地落实。

　　一开始梁思成并不是设计委员。随后因为文庙修葺工作的需要，梁思成受聘为陪都建设计划委员会专任委员。

2.2　修葺文庙的提出

　　府文庙始建于宋绍兴年间，重建于明洪武四年，此后明、清历任知府对其有所修葺以崇先圣。府文庙中轴由泮池起始，经香水桥穿棂星门进入第一进院落，过大成门（戟门）至大成殿第二进院落，大成殿后为启圣祠，形成第三进院落；泮池左为魁星楼。图3是1917年美国人西德尼·甘博拍摄的重庆文庙大成殿，图4是文庙前的泮池与魁星楼。清末民初，重庆文庙和全国其他地方的文庙一样，缺少维修和管理，日益遭到破坏。1931年文庙前的泮池被填为体育场，1934年大成殿后的崇圣祠失火焚毁，1939年市政府开辟马路将文庙西南角破坏。[8] 国民政府迁驻重庆后，兵役署、军政部等借用文庙作为办公用房，在其中搭建改建，致使文庙破坏更加严重。

图3　1917年重庆文庙的大成殿
　　（资料来源：美国杜克大学甘博照片数据库）

　　8　重庆市档案馆，档号：0067-0006-00183-0000-001。

图 4　1917 年重庆文庙前的泮池与魁星楼
（资料来源：美国杜克大学甘博照片数据库）

1941 年 4 月，在国民政府行政院会议中，副院长孔祥熙提出"各地圣庙妥为保护以肃观瞻而昭崇敬"的提案通过。提案原文写到："总理倡导革命救国当以发扬吾国固有之道德文化为前提，而树吾国道德文化之极，则为我先圣孔子为能集群圣之大成，作万世之师表。历代以来于庙堂体制极其崇饰……近来各地圣庙大都倾圮不修，或被兵役所居，或为商贾所踞，不惟无以妥神灵正观听，而中外观光所及尤不足以资昭示。拟请分别函饬各战区司令长官、各绥靖主任、各省市政府主官，转令各县政府妥为保护。各部队不得驻扎，各机关团体不得占用，更不得擅加租售，为市易之所。[9]" 1941 年 5 月 15 日，国民政府第五届八中全会"关于修整孔庙保护佛刹一案"通过，并交由重庆市在内的各政府遵照办理。[10] 陪都重庆的文庙修葺计划也就由之前的酝酿走到前台。

9　重庆市档案馆，档号：0053-0014-00139-0000-001-000。
10　重庆市档案馆，档号：0053-0014-00139-0000-004-000。

3 文庙修葺计划

很可能在制订 1935 年曲阜孔庙修葺计划的过程中，梁思成与时任行政院副院长的孔祥熙已经有所交往。此次计划修葺重庆文庙，孔祥熙首先考虑到了梁思成。应在 1941 年 4 月提出修整全国孔庙的提案之前，孔祥熙已经会晤梁思成，并将重庆文庙修葺之事委托于他。梁思成在给许大纯的信件中提到："今春在渝，承孔院长面谕，为陪都建设委员会驱驰，并以孔庙修葺计划相嘱。"（图 5）[11]

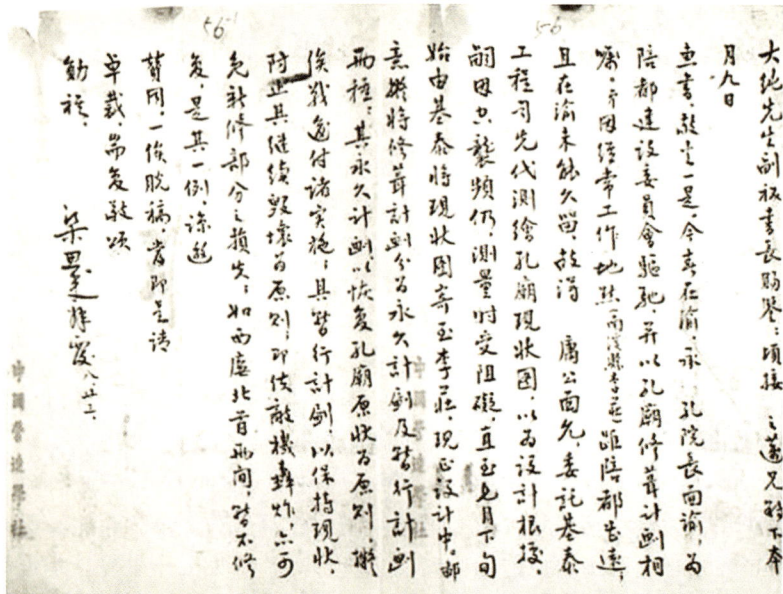

图 5　梁思成致陪都建设计划委员会副秘书长许大纯的信件（1941 年 8 月 23 日）
（资料来源：重庆市档案馆，档号：0075-0001-00025-0000-054-000）

经孔祥熙允许，梁思成将文庙现状测绘一事委托给基泰工程司，以便拟订修葺计划（基泰工程司的关颂声同时也是陪都建设计划委员会的专任设计委员）。在给许大纯的信中梁思成说："弟因经常工作地点（南溪县李庄）距陪都甚远，且在渝未能久留，故得庸公面允，委托基泰工

11　重庆市档案馆，档号：0075-0001-00025-0000-054-000

程司先代测绘孔庙现状图，以为设计根据。"[12] 在 4 月 18 日行政院秘书处至基泰工程司的信函中提到："陪都建设计划委员会来行委员梁思成委托，召端等初步测量重庆市夫子池圣庙一案，除通知军政部转饬现驻该处之附属机关免滋误会外，相应检同，澄照书函达，查照，此政关颂声、杨廷宝君。"[13]

1941 年 5 月 15 日行政院"关于修整孔庙保护佛刹一案"通过后，重庆市政府将文庙修葺工作交由重庆市工务局办理。但此后孔祥熙提出将此事专交陪都建设计划委员会。该年 6 月 18 日的给市政府训令中提到："查本市重修孔庙一案，业经贵府转饬工务局办理在案。兹奉院长面谕，该项工程计划应拨归本会主持。"[14] 此文中的本会便是陪都建设计划委员会。在 6 月 14 日，该会即令设计委员夏昌世负责筹划修葺重庆府文庙，要求其在下月 15 日，即 7 月 15 日之前提出相应的预算与计划（图 6）。[15] 至此，重庆府文庙的修葺计划便由梁思成与夏昌世两人"共同负责"。梁思成在 1941 年春受孔祥熙委托，夏昌世在 1941 年 6 月接陪都建设计划委员会令。值得注意的是，两人虽然均为陪都建设计划委员会的设计委员，但因工作地点不同（梁在距重庆甚远的四川宜宾李庄，夏在重庆），两人在该项工作上并无交集。[16] 该年 7 月 12 日，夏昌世对府文庙修葺计划与预算工作给予的答复为："该处历年迭经空袭，损坏无余，断壁颓垣，瓦砾狼藉，现拟重事修建必须有精确之测量、缜密之规划，欲期恢弘壮丽，故必须相当时日，始克成功。兹查该项工程业经主座特派本会设计委员梁思成筹划，关于初步测绘亦经委托基泰工程司关颂声、杨廷宝办理，并由行政院秘书处通知各该员在案。复查梁委员于中国古建筑造诣深湛，对此番重修圣庙收效必为圆满。拟请仍由该员负责筹划，以免工作重复。是否有当理合，签请鉴核谨查。"[17] 夏认为基泰工程司已担任测绘工作，梁思成已担任修复工作，自己若再提出修葺计划势必导致重复，请求转呈孔祥熙以寻求答复。

12　重庆市档案馆，档号：0075-0001-00025-0000-054-000。
13　重庆市档案馆，档号：0075-0001-00025-0000-010-000。
14　重庆市档案馆，档号：0067-0006-00183-0000-003。
15　重庆市档案馆，档号：0075-0001-00025-0000-006-000。
16　从此后档案内容推测也应如此。
17　重庆市档案馆，档号：0075-0001-00025-0000-010-000。

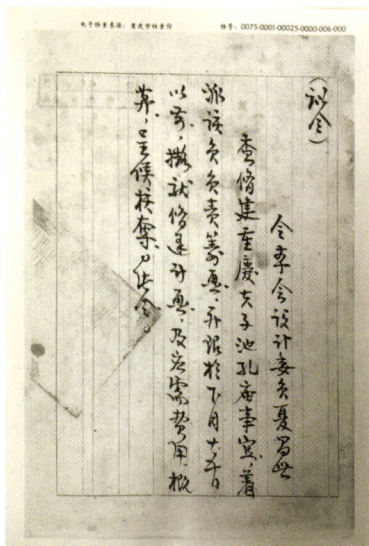

图 6　陪都建设计划委员会令夏昌世负责修葺重庆府孔庙的训令（1941 年 6 月 14 日）
（资料来源：重庆市档案馆，档号：0075-0001-00025-0000-006-000）

　　基泰工程司接到重庆府文庙测绘工作委托后，在日机频繁轰炸的状况下断续测绘，历经 50 余日完成，并在该年 7 月分别将测绘蓝图送至陪都建设计划委员会与李庄。[18] 图 7 是基泰工程司回复陪都建设计划委员会的信函，交代了过程及测绘费用。信签右侧有建筑师署名，依序分别为关颂声、朱彬、杨廷宝、关颂坚、梁衍。土木工程师的署名因在盖章下，不能辨识。测绘图共两张，一张为府文庙的平面图，测绘范围为棂星门至大成殿的两进院落，其中还包括东西庑、戟门以及其他附属用房（图 8）。另一张为府文庙的剖面及立面，其中包含了纵剖面全图、横剖面全图（大成殿南面图）、大成殿后面图（北面）、戟门前面图（南面）、戟门后面图（北面）与棂星门立面图。平面图的绘制日期为 1941 年 7 月 12 日，绘制人员为王锺仁，校正人签字模糊不清。两份测绘图分别标注了部分尺寸，并对损坏部位、损坏程度做了相应标注。

18　重庆市档案馆，档号：0075-0001-00025-0000-010-000。

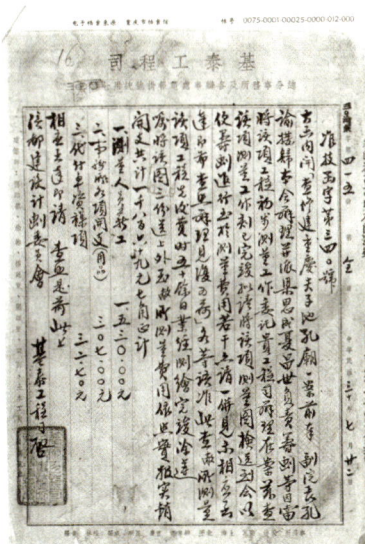

图 7　基泰工程司给陪都建设计划委员会关于夫子池孔庙（即重庆文庙）测绘的信函
（1941 年 7 月 22 日）

（资料来源：重庆市档案馆，档号：0075-0001-00025-0000-012-000）

　　一种可能是因梁思成距重庆比较远，也考虑到计划需要落实，委员会依然令夏昌世负责重庆文庙的修葺，并令郑祖良加入。两人奉命于 8 月 25 日前往重庆府、县文庙进行勘察并拟具了报告与整理意见。吴国桢、许大纯给孔祥熙的呈文中提到了夏、郑二人的整理意见，描述如下："夫子池孔庙宏大，但损坏情形过于严重，全部修葺工程费用恐数百元不敷，□□非常时期，□□修后，随时再有被炸之虞，至巴县孔庙范围狭小建筑简陋，若以此庙予以重修为陪都唯一之孔庙似又不足以丧扬先圣先师之崇高伟大，拟将府孔庙暂做初步整理后，不被继续破坏，并种植花木，以改善环境，待战后再行实施修理，并拟将县孔庙旧址改为陪都忠烈祠之建筑。"[19] 其中对府文庙的修葺意见与梁思成后来拟订《重庆文庙修葺计划》中的修葺原则相似，均建议分为两步，战时做必要的维修防止继续破坏，战后再进行整体性修葺。

　　19　重庆市档案馆，档号：0075-0001-00025-0000-054-000；该呈拟就时间似 1941 年 9 月 3 日，落款无时间，但函件开篇处标有"拟九，三"的字样。

图 8　基泰工程司的重庆文庙测绘图（1941 年 7 月）

图 9　梁思成的《重庆文庙修葺计划》封面（1941 年 8 月 27 日）

重庆文庙修葺计划

总则

壹　范围

重庆文庙除现存之大成殿部分计大成殿东庑、西庑、戟门及棂星门外，

旧有规模本为明伦堂、尊经阁及崇圣祠等部分，但因近岁拆改甚多，除

大成殿部分外，原摄鲜存，故本计划修葺范围以大成殿东庑西庑戟门棂星门

及各附属震星馀屋（总平面画红线以内部分）为限。

贰　修葺原则

甲　永久计划

以恢复原状为原则，在上述范围之内，近岁以来无论自然的或人为的更

改、损坏者按原状补造增加，著拆除之以期一律恢复原有旧状，在短计时

须尽量应用近代结构学之新方法与材料以补救旧结构之缺点，但此项新

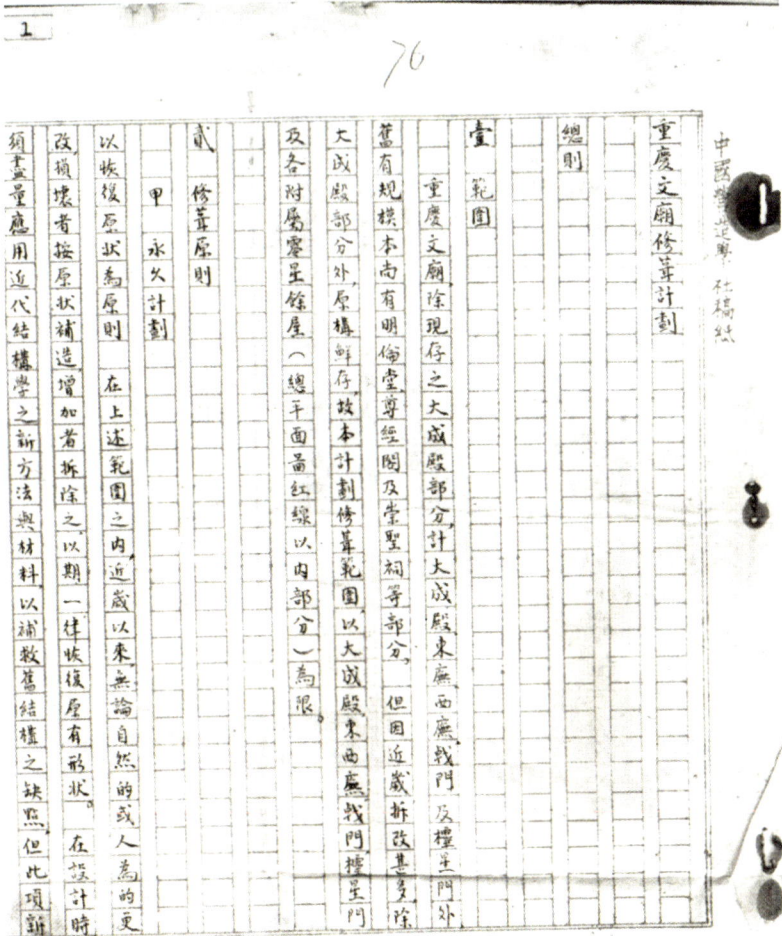

图10　梁思成的《重庆文庙修葺计划》启页（1941年8月27日）

（图8，9，10资料来源：重庆市档案馆，档号：0075-0001-00025-0000-075-000）

　　身处李庄的梁思成根据基泰工程司的测绘图拟具了稍为详尽的修葺计划。梁思成在寄与许大纯的信件中谈到："鄙意拟将修葺计划分为永久计划及暂行计划两种：其永久计划以恢复孔庙原状为原则，拟俟战后付诸实施；其暂行计划，以保持现状，防止其继续毁坏为原则；即使敌机轰炸，亦可免新修部分之损失，如西庑北首两间，暂不修复，是其一例，谅邀赞同。"[20]此后在孔子诞辰日，即8月27日拟订《重

　　20　重庆市档案馆，档号：0075-0001-00025-0000-054-000

庆文庙修葺计划》，共十三页，第一页为封面，写于中国营造学社稿纸之上。内容分为总则、修葺计划两部分（图9，图10）。总则包含本次修葺计划的范围及修葺原则。范围以"大成殿、东西庑，戟门、棂星门及各附属零星余房（总平面图红线以内部分）为限"。修葺计划分为永久计划与暂时计划，两种计划的原则与前文所提基本相同。在修葺计划部分，梁思成详细讲述了实施办法。暂时与永久计划均提倡运用现代材料与工艺进行修葺，暂时计划更注重于肃清环境，在节省开支的情况下加固修复以维持现状，以保战时稳固。[21] 而永久计划虽"以恢复原状"为原则，但在计划中对于府文庙"原状"的考证甚少[22]，应为彼时艰苦环境及暂时计划基本不需所致。[23]

梁思成向孔祥熙汇报修葺计划的信件写于 1941 年 10 月 5 日。原因在于李庄连续阴雨，导致修葺计划的蓝图无法晾晒，梁在信件中谈到："庸公院长钧鉴：……拟重庆文庙重修计划，至八月初旬基泰工程司将现状实测图寄到，当即参照春间当时勘察情形拟成计划，于孔子圣诞日脱稿，本应立即寄呈，无奈阴雨匝月，乡间僻鄙，设备简陋，未能印晒蓝图，延误至今，始克奉呈，歉仄无似。蠡见拟分修葺工程为暂时计划及永久计划两步，目前先实行暂时计划，以足蔽风雨保持现状不再浸漏，但求庄严整洁为目的，其近岁添建之房屋席棚等一律拆除，其已完全炸毁部分及琉璃瓦装修雕饰等部分拟暂缓补配，盖暴敌继续轰炸我陪都，诚恐孔庙难免再三被炸之厄，故拟先修葺至此程度为止，待战事结束以后，再行实行永久计划。永久计划以恢复孔庙古建筑原状为原则，在外表上须尽力求其恢复原状，但在工料方面则宜尽量采用力学上之新智识及新材料，以匡救我国古式结构法上之弱点而求其永固。兹仅依上述原则，试拟《重庆文庙修葺计划》。"[24] 信件附带的两份修葺蓝图均在基泰工程司现状测绘图基础上标注完成，且均为暂时计划的修葺办法，立面与剖面蓝图完成于 8 月 25 日，平面图完成于 9 月 25 日，正是前述"阴雨匝月"所致。两份图纸绘制人员签名似"江"[25]，校正人员均为梁思成。

21　如暂时计划在修葺戟门中有："西梢间被毁两柱，拟按照原式，代以钢骨水泥柱，但若目前材料缺乏，则可暂用木架或木柱替代，其目的在修复上面梁架椽檩，盖以瓦顶，俾免浸漏，以至腐朽。"永久计划中有："壬、防湿。（一）凡新砌砖墙脚下，出地面十五公分处，一律铺柏油牛毛毡，以隔潮湿。（二）凡屋顶望板之上，宜铺牛毛毡。"

22　全计划仅在两处有考证意图，一为总则中所提："本尚有明伦堂、尊经阁及崇圣祠等部分，但因近岁拆改甚多，除大成殿部分外，原构鲜存。"二为永久计划中所提："乙、前院廊庑。前院东西两头，旧时似有廊庑或碑亭，以护碑碣。宜考其旧制恢复之。"

23　重庆市档案馆，档号：0075-0001-00025-0000-075-000。

24　重庆市档案馆，档号：0075-0001-00025-000-071-000；该信件为原文抄录版，非梁思成手写原件。

25　应是莫宗江。

至此，梁思成关于重庆文庙修葺的工作已告一段落。图 11 系笔者根据梁思成的蓝图重新描绘的剖立面。[26] 图 12 是根据基泰工程司、中国营造学社图纸，综合相关历史文献、历史照片后的文庙推测图。

该年 9 月 19 日许大纯将梁思成与夏昌世的修葺计划汇成"办法五项"[27] 与预算上报行政院。[28]（1941 年 10 月 3 日，陪都建设计划委员会第三次委员会会议，审定了修葺陪都府县两孔庙的报告[12]。）10 月 17 日，重庆市政府下令，转饬市警察局与工务局，令占用府文庙内及外围场地各军政机关限期迁出以便修葺工作进行。10 月 25 日行政院下批十八万四千余元经费用于府文庙修葺工作，并令陪都建设计划委员会"补编概算，连同估单图说一并呈院"[29]。10 月 29 日，委员会技术组组长丁基实催促夏昌世尽快完成县文庙的测量工作。然而夏昌世感到难以处理："查职系人员过少而工作剧繁，每届委员会议，即赶办提案一项已感到穷于应付，致本系主要工作，如陪都计划之有关建筑设计尚未克全部□事。近以府县量孔庙补编概算估单及图说，事除府庙已绘具图样外，县孔庙尚待测量，方能据以编制预算，但此项属于实施工作，自应交由工程管理处主办，以专责成……"[30]

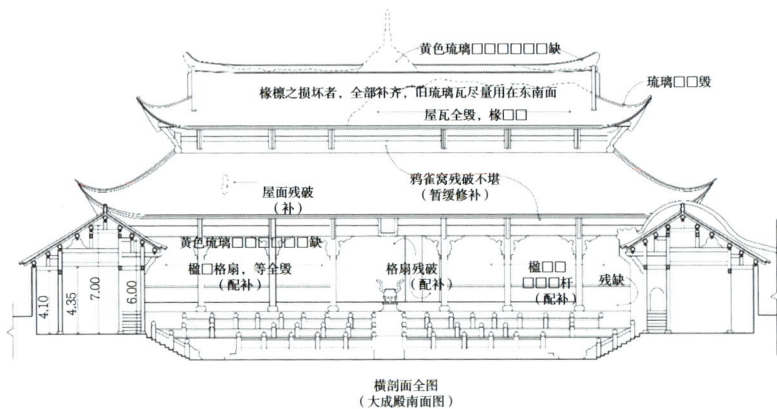

图 11　重庆府文庙剖立面描绘（根据中国营造学社绘制的蓝图，灰色字样为基泰工程司测绘现状标注，黑色字样为中国营造学社修葺意见标注）

26　本文重点不是重庆文庙空间构成、建筑形态和细节。在此只提供部分重绘图。关于文庙本身的历史考证和研究的文章另文叙之。
27　档案原因无法找到"办法五项"具体内容。
28　重庆市档案馆，档号：0075-0001-00025-0000-032-000。
29　重庆市档案馆，档号：0075-0001-00025-000-071-000。
30　重庆市档案馆，档号：0075-0001-00075-0000-025-000。

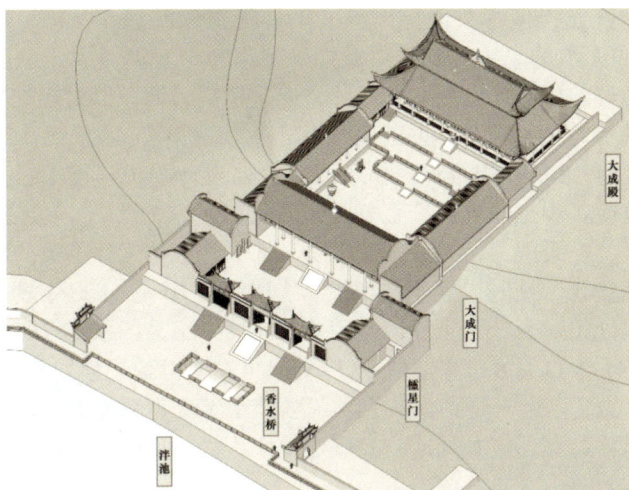

图 12 根据基泰工程司、中国营造学社图纸，综合相关历史文献、历史照片后的文庙推测图

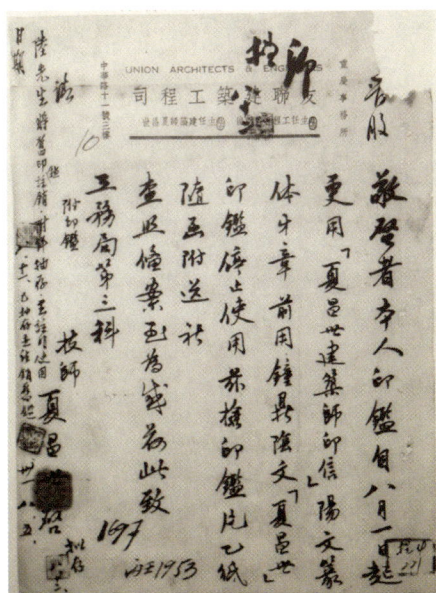

图 13 夏昌世的友联建筑工程司信签

（资料来源：重庆市档案馆，档号：0067-0001-0121-9000-0005）

夏昌世在 1941 年 3 月 30 日进入委员会，正式展开工作可能从 4 月底 5 月初开始，但不久便提出辞去工程科工作并获得批准。夏在 7 月 24 日向许大纯的呈中提到："派指导工程科事宜两月，于兹除于第二次委员会议略拟具计划提案数端外，愧乏建树，而职以材轻难孚众望，诚恐推进不力……准予辞去工程科指导事宜，俾得专心于设计工作。"[31] 辞呈在 8 月 13 日获得准许。由于成立之初设计委员与技术组分属不同系统，致使其中工作难免产生分歧，因此在 8 月 21 日，该会发布训令，将夏昌世、丘秉敏、胡光焘、曾广樏、邵福昕五位设计委员的职务一律改为简任技正，使其隶属于技术组。[32] 其后在 10 月 11 日令夏昌世兼任工程管理处第一分处副主任，此后又兼任技术组第四系主任一职。[33] 最终，在 1941 年 11 月 8 日签发训令，令夏昌世在陪都建设计划委员会停职。[34] 离开后的夏昌世一是到重庆大学工学院土木工程系建筑组任教授，另外与郑祖良、黄朝俊共同成立友联建筑工程司（Union of Architects and Engineers，见图 13）。[13]

4 计划之后

10 月 17 日市政府下令文庙内各机关限期迁出后，将近一个月，其中的机关毫无响应。11 月 6 日，吴国桢与许大纯将此情况向行政院汇报："将近一月，虽经本会会同市府一再向各该机关□催促，不但无迁让之象，反有积极兴工之意。"[35] 此后孔祥熙令陪都建设计划委员会调查统计文庙内现驻各机关及文庙外基地上自行建筑房屋情况。11 月 10 日，委员会工程管理处统计完成制成表格并绘制占用情况示意图上报，所示占用情况甚为严重，府文庙仅存范围内共十个机关占用。文庙内建筑使用情况可分为三种，一是自建建筑，利用文庙内庭院空地另行加建；二是利用文庙原有建筑加以修缮；三是直接占用原有完整房屋。[36] 该年 12 月，孔祥熙以行政院副院长身份下令，令文庙内机关与基地外围建筑限期拆卸迁让，委员会将该令移交重庆市政府后，市政府转饬重庆市警察局与重庆市工务局两局进行办理。

31　重庆市档案馆，档号：0075-0001-00113-0000-055-000。林广思在《夏昌世早期活动脉络解读》推测因夏与许大纯意见不合而离职，可能不是；推论过于简单。

32　重庆市档案馆，档号：0075-0001-00111-0000-034-000

33　技术组第四系主任未找到明确的训令，上任具体时间不详，但在夏昌世停职训令的文中写到："令技正夏昌世，兼技术组第四系主任、工程管理处第一分处副主任"（重庆市档案馆，档号：0075-0001-00107-0000-038-000）。。

34　重庆市档案馆，档号：0075-0001-00107-0000-038-000。

35　重庆市档案馆，档号：0075-0001-00025-0000-045-000。

36　重庆市档案馆，档号：0075-0001-00025-0000-035-000。

但因战时紧迫且占用的各机关部门一时找不到其他办公之所，致使文庙修葺工作始终无法开展。1942 年春夏间，陪都建设计划委员会突然勒令撤裁[37]，致使此前梁思成拟定计划搁浅。同年 7 月，驻扎在府文庙内的卫生局称文庙内首进大殿（大成门）巨柱发现裂痕，向重庆市工务局请求对其修整或拆卸。工务局调查后，局长吴华甫上市长吴国桢的呈中提到，"查该房年久失修，复因空袭被炸，构造已破落不堪，且建筑范围巨大，事实上已无法支撑修理，至将破落之一般修复需款至少贰拾万元，在人力物力方面非先决定根本计划，无法施行，若暂时搁置，一旦遭受意外摧毁，设若倒塌，必致伤亡，现为顾及目前安全起见，谨拟具拆卸计划及估价单一份"[38]。吴国桢将此情况上呈行政院，随后在 9 月 12 日，吴令工务局："教育部拨款十万元，藉资兴修，兹奉前因，除咨请教育部拨款及财政局向财政部领款外……赶速估勘修复部分，[39]即就三十万元拟具计划概算及图样等。"[40]9 月 22 日，工务局拟具修葺计划；[41]棂星门、前殿（大成门）、大成殿现状勘测图[42]以及工程预算单。但其工程预算总价远超预算，致使修葺工作难以开展。同时文庙内各机关始终无法迁出，加之随着时间的推移，物价飞涨，致使此后重庆府文庙修葺一拖再拖，虽直至 1947 年仍计划对文庙拨款修葺并改造利用，但最终仍不免被拆除。[43]

5　讨论

1941 年重庆文庙修葺计划鲜明地映射了彼时城市建设的困境。1937 年国民政府迁驻重庆后，重庆面临着两大主要问题。第一，它是战时首

37　1942 年春夏间撤裁为推断，1942 年春季关于陪都建设计划委员会档案缺失，但 1942 年 1 月 21 日陪都建设计划委员会派员取回陪都展览会参展物品一案可查（重庆市档案馆，档号：0060-0001-00082-0000-007），1942 年 9 月 20 日，王希耕、黄明将陪都建设计划委员会档案一千一百六十九件交接清楚一案可查（重庆市档案馆，档号：0075-0001-00023-0000-005-000），1942 年 7 月 27 日吴国桢向孔祥熙报告重庆府文庙大成殿破损情况一案可查，其中原文道："奉饬将修复孔庙计划案卷移交陪都建设计划委员会继续办理，正在积极进行，方期可以修复完成。不料陪都建设计划委员会又奉令裁撤，遂中途又复停顿"（重庆市档案馆，档号：0053-0019-01762-0000-001-000）。因此推断陪都建设计划委员会应于 1942 年春夏间撤裁，具体时间不详。
38　重庆市档案馆，档号：0053-0019-01762-0000-003-000。
39　从此后的档案看，这里的"修复部分"应当不只大成门，而是文庙现存全部环境。
40　重庆市档案馆，档号：0053-0019-01762-0000-007-000。
41　该修葺计划书共两页，修葺对象包括大成殿、前殿、两旁耳房（东西庑）、牌坊（棂星门）及什项。以清理现状，运用简单材料及做法修复防止进一步破坏为原则，其中对于棂星门因其残缺过甚而不予修补。
42　与此前基泰工程司测绘图相比甚为简陋。
43　见重庆市档案馆，档号：0053-0019-01762-0000-003，1，7，-000；0067-0006-00183-0000-008；0053-0019-02195-0000-108-000。

都，它的存在首先是为了打胜这场反法西斯战争；它特别需要通过各种社会动员，来保持国民政府在中国，尤其在重庆的权力合法性和正义性。第二，它必须要应对急速的、畸形城镇化的基本问题。大量东部地区的人员、物资等在仓促之间迁入重庆，改变和重造了这个城市的社会与文化景观。为了加强中央政府的控制，重庆从四川省的一个市，在 1939 年 10 月被提升为国民政府行政院直属市，1940 年 9 月再次提升为"永久陪都"。在具体的实践层面，战争带来了日机对重庆的狂轰滥炸，构成重庆城市需要应对的第一问题；而畸形的城镇化，带来了巨大的通货膨胀、五方杂处和高度社会分化的新城市景观与问题。

1941 年重庆文庙修葺计划就是在这一背景状况下产生的。它首先是由在行政设置上与重庆市政府平级的，同属于国民政府行政院管辖的陪都建设计划委员会提出。行政院副院长兼陪都建设计划委员会主任的孔祥熙提出修葺全国孔庙的提案。但尊孔修庙的因由并非自孔祥熙始，而是清朝解体后经由轻微震荡后新政府（无论是北洋政府还是国民政府）选择的一条实践路径。特别在面对民族国家间战争危机时，迫切需要利用传统文化来重塑民族的文化认同与凝聚力，来确定权力的合法性。在这样的情况下，在 1941 年抗日战争最激烈的年份中，在全国战火四起，在各地建设财政困顿的状况下，修葺孔庙的计划最大可能只有落在陪都重庆文庙的修葺。[44]

陪都建设计划委员会的设立从一开始就处在尴尬境地。一定程度上，它与重庆市政府之间责权不清。[45]孔祥熙在委员会第一次会议上的发言，已经看到了两者间可能的冲突，提出委员会与市政府要合作："本会与市政府事实上同直属于行政院，是以机关虽然不同，其基源则是同一的。本会的工作并不是仅限于市政府工作计划以内的，本会应该周详顾到建设陪都的各方面，以补市政府计划之不足。所以本会对于市政府是需要精诚合作的。同时市政府方面也应尽力协助本会的工作，同样的秉承精诚团结的精神，与本会合作，取得密切的联系，共同负起陪都建设的艰巨的责任。"[14]委员会从根本上讲是个计划机构，它并无执行的能力。为了解决这一问题，它的做法，是把重庆市市长吴

44　一个意味深长的状况是，在东部中国的汪伪政权治下，祭孔和重修文庙也正成为一项政府的工作。到了 1939 年，汪伪政府重新设置了"文庙奉祀官"，把文庙中的祭孔活动纳入到政府的日常管理中。见各省市县文庙奉祀官设置条例（二十八年十一月二十二日行政院核定公布），《政府公报》，1939 年，第 82 期，4-5 页

45　在中国近代市政发展的历史上，出现这样的情况并不是第一次。比如 1929 年成立的国民政府首都建设委员会与南京市之间的关系；国都设计技术专员办事处与南京市工务局之间的关系。

国桢任命为委员会秘书长，委员会的决议交由秘书长执行；将重庆工务局局长吴华甫任命为技术组的组长。也因这样的设置，虽然在行政级别上同级，它在某种程度上对重庆市政府具有指示性作用。它在一定程度上架空了市政府部分的市政职能。责、权、利的不清晰很可能导致市政效率的低下。1941 年在《市政评论》上有一篇文章，认为"即就市行政之范畴言，凡属当前重庆市之实际行政工作，自有其职权掌管之固定机构，此种极明显之行政划分，实无需该会（指陪都建设计划委员会）过度关怀，致分心於其本位之工作……希望该会勿错过等同'伦敦大火'的优良时机，忘记其本位工作，另有其他企图。回顾三十年来我国市政工程，屡遭败绩，其主要症结，实由市工务行政职权之不能统一，今於闻悉该会'由计划跃到实施'之余，愿该会勿放弃其本位工作，而有妨市工务行政统一的举动"。[15]

另外的一个困境是在高通货膨胀状况下建设财政的极度匮乏。此时全国陷入战火，城市建设的目的是支持赢得战争。无论从国家还是地方，可以投入城建的财政十分有限，重庆亦是如此。全国四面八方的巨量人群迁入重庆造成各种物资供求关系剧变，导致物价高涨，粮食、金融等投机屡禁不止。彼时日常生活的困难和艰苦可以从张恨水、司马讦、朱自清等众多作家的笔下，或者如顾维钧等回忆录中清晰地显现出来。常有文献谈到公务员领到薪水就急着要将货币换成食物，否则隔天就可能货币贬值。1941 年，有篇短文谈到陪都的建设，"财政为事业之母，没有钱，固办不了事，这个年头有钱也难办许多事。以前物价低好几倍，市经费已感不敷分配，今日市经费如不能增加六七倍，恐连以前的成绩也难办到了。政府不能替市民多做事，当非所愿，市民得不到政府人福利，更非所愿。"[16]在日机狂轰滥炸和财政严重不敷的情况下，在土地与空间作为一种稀缺品的情况下，重庆文庙的修葺计划虽然有着国民政府行政院、陪都建设计划委员会、重庆市政府的政策、技术和少量的费用支持，却仍然只能停留在晒出来的蓝图上。

1941 年的重庆文庙修葺计划存在着几重机构与人之间的关联与关系（图14）。它的倡导和推行人是行政院副院长、陪都建设计划委员会主任孔祥熙。1941 年春他就约见梁思成，邀嘱其制订修葺计划。某种程度上，这一直接邀约越过了陪都建设计划委员会的内部议程，为后来的工作带来了些困扰。1941 年 5 月中旬，国民政府通过孔祥熙提出的整修全国孔庙的提案后，重庆市政府将整修文庙的工作下给工务局，但随即孔祥熙提出修葺计划由陪都建设计划委员会负责，将其从重庆市政府的工作中划离出来。也应该大概在 1941 年的五月间，基泰工程司接受了梁思成提出的，陪都建设计划委员会委托的文庙测绘工程，在 7 月间分别将测绘图送给陪都建设计划委员会与在李庄的梁思成。在基泰工程司提供建筑信息的基础上，梁思成于 8 月 27 日孔子圣诞日提交给副秘书长许大纯《重庆文庙修葺计划》，将文庙修葺分为暂时与永久两类方案。10 月 5 日，梁思成致函孔祥熙，提交了暂时方案的图纸。至此，梁思成完成了孔祥熙邀嘱的文庙修葺计划。比较有趣的是，在 10 月 3 日，陪都建设计划委员会已经审定通过修葺报告，10 月 17 日重庆市政府下文要求占据文庙的单位限期迁出；10 月 25 日行政院下拨了修葺经费。然而由于占用机关无法迁出，使得修葺工程难以进行；时间拖延和高通货膨胀进而使得修葺计划渺茫无望。

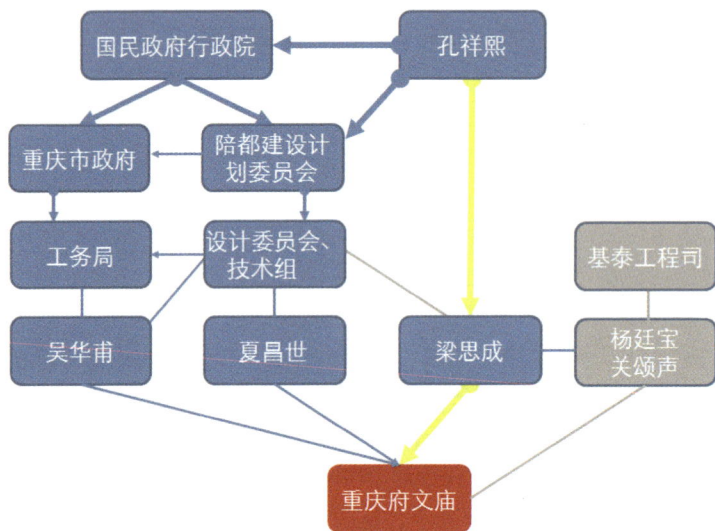

图 14　重庆府文庙修葺工作的机构与人员间关系图

　　夏昌世在 1941 年 3 月底就进入陪都建设计划委员会。6 月中下旬委员会按照孔祥熙要求，将文庙修葺工作从重庆市政府处划拨回来后，责成夏昌世负责，要求在 7 月中旬完成计划与预算。这对夏昌世来说有点左右为难。夏昌世与梁思成应该比较熟悉。1934 年在梁思成和鲍希曼介绍下，夏昌世加入中国营造学社[17]；1935 年夏昌世与梁思成、刘敦桢等参与苏州古建、园林调查。[18] 1941 年接近七月中旬该交成果的时候，夏昌世只好提出府文庙测绘工作已经由杨廷宝办理，修葺计划已经由梁思成办理，自己不宜重复介入。很可能因这一原因，在7月下旬，夏提出辞去工程科职务得到批准。但随后因为委员会中的设计委员与技术组中的简任技正间存在责、权不清和重复设置的状况，8月21日夏被改为隶属于技术组的简任技正，也因此要承担更加具体的实践工作。这与夏昌世的本意已经有所违背。随后的8月25日，夏昌世与郑祖良仍然被指派负责文庙的勘察与整理；两人提出了在战时情况下只对文庙做初步整理的意见。10月初夏再次被指派为工程管理处与技术组的负责人之一。10月下旬，府文庙修葺计划经由陪都建设计划委员会审议通过后，经由行政院划拨款项，准备着手进行维修。此时，巴县文庙修葺的计划落到夏昌世的身上。夏提出县文庙首先需要测绘，才能够编制计划与预算，而这些工作属于工程管理处。很可能因为半年多时间里夏昌世在文庙修葺工作中的种种滞阻与不顺——在很大程度上仍然是因为陪都建设计划委员会内部人与事安排的矛盾，最终导致他在11月初从陪都建设计划委员会中被停职。

随着1942年春夏之间行政院直属的陪都建设计划委员会的裁撤，重庆府文庙的修葺计划回落到重庆市政府工务局局长吴华甫[46]的职责中。文庙修葺工作从1941年春开始转了一圈，回到了地方政府的日常工作，但情况已经大不相同。在人力、物力和财力等各个方面，吴华甫均已经没有办法应对文庙的修葺，最终只能提出拆卸方案。在历史过程中，文庙逐渐被拆除，从重庆城市的地景里消失。现在重庆文庙旧址的一块为超高层建筑，另一块是重庆市第二十九中学校。从"中学"我们还可以隐约感受到一点文庙曾经的气息，而其他却只有通过甘博1917年的照片，来想象彼时文庙的宏大和壮观；只有通过阅读存留在安静的历史档案库里细细密密的档案条，寻思1941年间为修葺文庙各位前贤的努力和实践。

（本文作者：杨宇振、杜林东。杨会通、赵晨至协助了档案查阅和绘图。原文发表在《建筑师》2019年第一期。）

---

46 吴华甫，籍贯上海，复旦大学土木专业毕业，1934年燕京大学工程师；1935年南京经济委员会督察工程师；1936年福建公路局总工程师、天津北洋工学院教授；1939年起任重庆市工务局局长；1941年兼任陪都建设计划委员会技术组组长；1943年兼任交通部专门委员。1947年兼任公用、工务两局局长。

参考文献

[1] 杂述：各县文庙应暂维现状，江苏省政府公报，1928年，第26期，38页。

[2] 何应钦、朱家骅，命令：中华民国国民政府浙江省政府令民字第一〇三三三号（中华民国十七年四月二十七日），浙江省政府公报，1928年，第289期，13-14页。

[3] 孔庙财产保管办法，教育部公报，1929年，第1卷第7期，97-98页。

[4] 训令：第一八七三号（二十年四月二十二日）：令内政财政部，山东省政府：为修复孔庙原由，行政院公报，1931年，第248期，21-23页。

[5] 郭沫若，马克斯进文庙（马克斯即马克思），洪水，1926年，第1卷第7期，212-219页。

[6] 国内时事纪要：中央规划修复孔庙，蒙藏旬刊，1934年，第92期，22-23页。

[7] 彭阳泉，论修复曲阜孔庙问题，大道（南京），1934年，第3卷第2期，1-3页。

[8] 韩复榘，山东省政府公函：实字第二六〇号（二十四年二月二十五日），山东省政府公报，1935年，第326期，64-65，6页。

[9] 重修孔廟，新新月报，1935年，第8期，15页。

[10] 郭荣生，民国孔庸之先生祥熙年谱，台北：台湾商务印书馆，1981年。

[11] 重庆市档案馆，重庆师范大学，中国战时首都档案文献：迁都 定都 还都，重庆：重庆出版社，2014年，116-126页。

[12] 重庆市档案馆，重庆师范大学，中国战时首都档案文献：迁都 定都 还都.重庆：重庆出版社，2014年，134页。

[13] 林广思，夏昌世早期活动脉络解读(1932—1945年)，南方建筑，2014年，Vol.（1），108页。

[14] 重庆市档案馆，重庆师范大学，中国战时首都档案文献：迁都 定都 还都，重庆：重庆出版社，2014年，121页。

[15] 市政小言：由"计划"跃到"实施"：论陪都建设计划委员会的本的工作，市政评论，1941年，第6卷第10/11期，2页。

[16] 市政小言：陪都建设，市政评论，1941年，第6卷第2期，2页。

[17] 林洙，中国营造学社史略，天津：百花文艺出版社，2008年，44-47页。

[18] 刘敦桢，苏州古建筑调查记，中国营造学社，1936年，2-3页。

后 记

倘若你住在重庆，你将如何？

2016 年 7 月的一天傍晚，我参加《新周刊》创刊二十周年在重庆举行的文化沙龙活动。活动地点在渝中区中山四路的精典书店。书店门口有一张灰蓝色的海报，上面除了相关的文字信息，是长江索道缆车和渝中半岛高楼林立的远景。进入书店，我有点诧异，不大的讲堂里挤满了各种各样的年轻人。参加讨论的人有《新周刊》的两位编辑，还有《火锅英雄》的一位演员以及一位专栏作家。是关于重庆城的话题，讲者的多元性，还是网络的推广吸引了年轻人？

《新周刊》提出的"城市的魔幻与日常"是个创意话题。魔幻和日常是极端差异的状态，它们可以是一体的两面吗？重庆可以兼有魔幻和日常的状态吗？《新周刊》发起这个议题，意味着设题者的一种潜在认识。我大略还记得当时发言的关键词是"城市的焦虑"，谈到重庆城在现代化过程中高度的"身份焦虑"。和其他城市一样，重庆必须走上充满竞争的现代化道路，却又要面对日渐消失的传统，直面原有历史、地理、社会过程中地方特色的消失。

　　真正的特色是具体社会过程中创造性的实践，是长时间积累的差异性实践；当下的一些状况是，为了在快速的变化中不失去曾经的文化特色，为了获得身份认同，为了在快速的变化中"治疗焦虑"，往往把过去的某些特点符号化和物象化——生产"表面的特色"已然成为一种"特色"。这种情况不是孤例。法国哲学家列斐伏尔曾经说"人们常常使用'深层法国'指那些落后的角落：偏僻的村庄，冻结在古风中的小镇，这不奇怪吗？这种法国特性是过时的、陈旧的。但是，这种法国特性在电视上、在报纸杂志上，却是高贵的……对于所谓'深层法国'来讲，包装它的正是与它的体制一样发展迟缓的思想观念"[1]。复杂山地地理、多样社会人群构成、特殊历史进程构成"历史重庆"的特性，也许是设题者构想的"魔幻"，更多显现在与平原城市不同的地形高低起伏差异中，显现在建筑与大地连接的各种令人惊讶的差异中，体现在可以隔江看到一座展开的城，密密细细的、光亮的、晦暗不明的、败落的楼参差其中的城；也体现在黄桷树下、在街边、在梯坎下小店里的河水豆花、回锅肉、麻辣烫、毛血旺等的日常餐食里。你生活在这座城越久——如果你还在其他城市待过一段时间的话，就可以在比较中列举出更多的"重庆特性"。然而"历史重庆"的特性正在远去，这座城市正在经历着现代化发展的竞争（以经济竞争为基本）和身份认同的焦虑与煎熬。作为名词的"魔幻"是被发明出来的魔幻，特性悄悄地存在于日常之中，之前的日常（从

1　亨利·列斐伏尔，日常生活批判（第三卷），北京：社会科学文献出版社，2018 年，592 页。

观念、社会到物质的日常）却在快速改变。

哲学家葛兰西曾经说过，存在着两种哲学。一种是词语的哲学，一种是生活的哲学。葛兰西想表达的是，哲学应从真实的生活中产生而不是词语（一些哲学家是生活在词语中的哲学家）。地理学家大卫·哈维多次在他的文章中引用古罗马的谚语"面包没有了，马戏成功了"，用来说明在现代城市治理的过程中，如词语的宣传、某处奇观的开发等吸引了眼球（马戏成功了），但实质性的改进却没有进展（面包没有了）。借用葛兰西和哈维的论述，我们也许也可以说，存在着两种都市。一种是词语的都市，一种是生活的都市。今天诸多要害问题中的一种，是词语的都市掩盖了生活的都市，以至于使我们成了"盲人"，看不到真实世界的人。"词语"是个指代，既是词与字，也是表象。"魔幻"即是其中的一词。今天在各种大众媒体、网络空间中的重庆，有许多是"魔幻"化的重庆，是词语的重庆，概念化的重庆。

每一个城市都是真实的城，活生生的城。理解城市的方式有许多种，其中的一种，是把抽象之城与具体之城结合起来，把词语之城与生活之城结合起来。在城市中生活，在生活中体验（以减少深陷于词语之城的可能），又要思辨，要超越城市的空间界限和诸般限制（以免于现象的堆积）。《100像》和《五十章》写与编的出发点，大概在于此。希望通过历史文献、图像、影像等的钩沉和整理，提供面貌更加具体和丰富的"历史重庆"，以避免虚空的想象。我尽可能提供书中的图像、影像、文献资料的出处，但仍然有少数图片因是过去十多年间收集的，难以落实具体出处，只有等以后进一步确认。

"倘若你住在重庆"借用了《五十章》里一章的标题。倘若你住在重庆，你将如何？这是一个有着各种答案的问题。抗战时期丰子恺在重庆沙坪坝住了很长一段时间，战后回到杭州写了《谢谢重庆》。有人说，这篇文章的重点在从"漫卷诗书归去也，问群儿恋此山城否？言未毕，齐摇手"到"还是重庆好"到"谢谢重庆"。我倒以为不是。丰子恺谢谢重庆，是因为这个城市在危难之时收留了他，重庆和他的人生有了一段时期的共轨。丰子恺更想说的是，"想来想去，大约是'做人不能全为实利打算'的缘故吧。全为实利打算，换言之，就是只要便宜。充其极端，做人全无感情，全无意气，全无趣味，而人就变成枯燥、死板、冷酷、无情的一种动物。这就不是'生活'，而仅是一种'生存'了。古人有警句云：'不为无益之事，何以遣有涯之生？'（清项忆云语）这句话看似翻案好奇，却含有人生的至理。无益之事，就是不为利害打算的事，就是由感情、意气、趣味的要求而做的事。"——我很是喜欢丰子恺的这一小段话。如果要问我，"倘若你住在重庆，你将如何？"我的回答会是，"为无益之事，以遣有涯之生"——研究重庆城的历史是其中必要的一部分。

最后，仍然要谢谢琳和宽。和你们在一起是安慰和快乐。

壹佰像

图像与文字间的重庆城（晚清—民国）　杨宇振著

重庆大学出版社

渐增的流动性叠加了这座城另外的一种神态。它生活艰辛，

它地理隔离，可是它仍是『名城』，是川省人心中的大城，

是地区的枢纽，是在一个封闭世界中的『得风气之先』者。

于是，这座城的气象是两种状态混杂交织构成的奇异模样。

分裂的静越来越依附着这地区的中心，地区流动性的中心。

然而这地区的流动性，却不是它自己可以握住的，可以掌控的。

它越来越受动，越来越失去静时还可能具有的一些稳定性。